언어 다양성 보존을 위한
알타이언어 문서화

Documentation of Altaic Languages for
the Maintenance of Language Diversity

Thaehaksa

언어 다양성 보존을 위한

알타이언어 문서화

김주원 유원수 이용성 최문정
최운호 이호영 전순환 권재일

태학사

이 저서는 2006년도 정부재원(교육인적자원부 학술 연구 조성 사업비)으로 한국 학술진흥재단의 지원을 받아 연구되었음(KRF-2006-322-A000054)

언어 다양성 보존을 위한 알타이언어 문서화

초판 제1쇄 인쇄 2011년 6월 23일　**초판 제1쇄 발행** 2011년 6월 30일
지은이 김주원 유원수 이용성 최문정 최운호 이호영 전순환 권재일
펴낸이 지현구　**펴낸곳** 태학사　등록 제406-2006-00008호
주소 경기도 파주시 교하읍 문발리 파주출판도시 498-8
전화 마케팅부 (031)955-7580~2 편집부 (031)955-7584~90 **전송** (031)955-0910
홈페이지 www.thaehaksa.com **전자우편** thaehak4@chol.com

ⓒ 한국알타이학회 2011

값은 뒤 표지에 있습니다.

ISBN 978-89-5966-441-2 93790

머리말

최근 들어 언어 다양성이라는 말을 자주 듣게 된다. 학자들뿐만 아니라 일반인들도 책이나 방송매체, 인터넷 등을 통하여 쉽게 들을 수 있는 용어이다. 생물 다양성과 함께 언어·문화 다양성은 앞으로 인류가 지구상에서 살아가기 위해서 필수적이라는 점을 깨닫게 되었다.

자주 운위되는 말이지만 금세기 말이 되면 현재의 6,000여 개 언어 중에서 절반인 3,000개 정도가 없어질 것이라고 예측한다. 언어는 그것을 사용하는 언어공동체의 세계관, 인생관, 전통적인 지혜가 고스란히 녹아들어 있는 보물창고이다. 게다가 이것은 해당 언어공동체만의 것이 아니라 인류의 공동 재산임을 인식하게 되었다. 이렇게 보면 머잖아 사라져버릴 언어, 즉 절멸 위기의 언어를 위기에서 구해내는 것은 언어학자에게 주어진 과업이다.

이에 오늘날 전 세계의 언어학자들은 절멸 위기에 처한 언어를 구하기 위해서 노력을 기울이기 시작하였다. 절멸 위기의 언어를 조사하여 그 언어 전반에 관해서 기술하는 것을 언어 문서화라고 하며, 이를 뒷받침하는 이론적 체계로서 기록 언어학이라는 새로운 분야가 생겨났다. 이것은 종래의 기술 언어학과 유사해 보이지만 현지 조사 방법론을 정교화하고 그 언어의 모든 양상을 녹음·녹화하여 아카이브로 만든다는 점, 그리고 그 자료를 이용하는 사람은 언어학자에 그치지 않고 다양한 분야의 전문가라는 점에서 다르다. 나아가 언어 문서화는 해당 언어가 절멸하였을 때 이미 아카이브화해 놓은 자료를 바탕으로 하여 그 언어를 재교육하여 다시 사용할 수 있게 하는 것을 목표로 삼는다.

한국의 언어학자들도 세계 언어학계의 추세에 발맞추어 이러한 과업을 수행하고 있다. 1990년대 후반부터 시작되었던 알타이언어 현지 조사는 2003년도에 한국학술진흥재단에서 연구비를 지원받음으로써 본격적으로 수행할 수 있게 되었다. 이후 3년간 26개 언어, 42개 방언을 조사하였으며 이를 디지털화하였다.

2006년에 이르러서는 "한국어 계통연구를 위한 알타이언어 디지털 아카이브 구축"이라는 주제의 후속 연구를 수행하게 되었다. 이 책은 2006년부터 2009년까지 수행된 현지 조사에 대한 보고서이다. 이 연구에서는 24개 언어, 39개 방언을 조사하였다. 이 연구는 동일한 질문지를 사용하였고 최상의 음질과 화질을 얻을 수 있는 장비를 사용하여 절멸 위기에 처한 알타이언어의 모습을 담았다는 점에 큰 의미를 부여할 수 있다.

  언어 문서화 작업은 언어학자에게 주어진 소명이라고도 볼 수 있다. 오늘날 세계는 하나의 지구촌이라 불릴 만큼 가까워졌으며 그 어느 때보다 긴밀하게 연관되어 있다. 이렇게 보면 소수 민족의 언어를 보존하여 언어 다양성을 유지하는 것은 그들을 살리는 것일 뿐 아니라 우리 자신을 살리는 것이기도 하다. 이 책의 출판을 계기로 우리나라의 더 많은 학자들이 이러한 보람 있는 작업에 동참해 주기를 기대해 본다.

  끝으로 기초학문 진흥의 일환으로 이러한 연구 과제를 6년간 지원하여 준 한국학술진흥재단(현 한국연구재단)에 깊이 감사드린다. 그리고 상업성이 없는 이러한 책의 출판을 선뜻 맡아 주신 태학사 지현구 사장님께도 거듭 감사드린다.

2011년 5월 15일
김주원 삼가 씀

머리말·· 5

1장 절멸 위기에 처한 언어와 언어 문서화·· 11
    1. 절멸 위기 언어에 대한 최근의 관심 · 13
    2. 언어 절멸 위기의 단계 · 19
    3. 새로운 언어학의 탄생: 생태언어학과 기록언어학 · 24
    4. 연구 프로젝트(ASK REAL) 개요 · 31

2장 알타이언어 현지 조사 개요·· 33
    1. 알타이언어 개관 · 34
    2. 현지 조사의 방법과 과정 · 50
    3. 현지 조사 자료의 가공과 아카이브화 · 77

3장 한국알타이학회 보유 현지 조사 자료·· 105
    1. 제1차년도(2006년 7월-2007년 6월) 수집 자료 · 106
    2. 제2차년도(2007년 7월-2008년 6월) 수집 자료 · 107
    3. 제3차년도(2008년 7월-2009년 6월) 수집 자료 · 108

4장 알타이언어 현지 조사의 실제·· 111
    1. 만주퉁구스어파 · 112
    2. 몽골어파 · 134
    3. 튀르크어파 · 179

5장 알타이언어 현지 조사의 과제와 전망 ·· 263
    1. 알타이언어 조사 총괄 · 264
    2. 절멸 정도에 따른 알타이언어 평가 · 284
    3. 과제와 전망 · 287

참고문헌 ·· 292

찾아보기 ·· 298

부록 1: 알타이언어 범례 ·· 301

부록 2: 알타이언어 사용 지역 지도 ·· 303
    1. 알타이언어 사용 지역
    2. 황허 상류 지역(부분 상세도)
    3. 아무르강 하류 지역(부분 상세도)

1장

절멸 위기에 처한 언어와 언어 문서화

1. 절멸 위기 언어에 대한 최근의 관심
2. 언어 절멸 위기의 단계
3. 새로운 언어학의 탄생: 생태언어학과 기록언어학
4. 연구 프로젝트(ASK REAL) 개요

문명 발달의 끝자락인 20세기 말에 이르러서야 비로소, 지금의 상태가 계속된다면 동식물의 멸종이 가속화되고 그것은 지구에서의 인류의 삶 자체를 위협하게 될 것이라는 인식을 가지게 되었다. 이러한 생각은 생물 다양성이라는 개념을 낳게 되었는데(유네스코 생물 다양성 협약 참고, 1992년 결의, 1993년 발효) 이것은 종 다양성, 유전자 다양성 및 생태계 다양성을 포괄하는 것으로 이러한 다양성이 지구와 인류를 지켜줄 것이라고 생각하게 되었다.

가장 다양한 생태계가 융통성과 적응성을 가진 가장 강한 생태계라는 생각은 바로 언어·문화 다양성의 중요성에 눈을 뜨게 하였다. 자연 생태계의 손상, 특히 전통적 거주지의 손상은 문화와 언어의 다양성에 손상을 가져올 수 있다는 인식이 받아들여지고 있으며 거꾸로 언어의 절멸은 생물 다양성에 부정적인 영향을 미친다는 점이 밝혀지게 되었다. 즉 생물 다양성과 언어·문화 다양성은 서로 밀접하게 연관되어 있는 것이다.

언어와 생물 다양성에 관련된 전통적 지식 사이에는 근본적인 연계성이 있다. 즉 지역의 토착 공동체는 저마다 자연계에 대한 정교한 분류 체계를 발달시켜 왔는데 그것은 그들이 자신들의 지역 환경을 깊이 이해하고 있음을 반영하는 것이다. 이러한 환경에 대한 지식은 토착적인 명칭이나 구비(口碑) 전통 그리고 분류 용어 등에 녹아들어 있으며 만일에 한 공동체가 그들의 언어를 바꾸게 되고 그 언어 사용자가 없어지면 그 지식은 함께 사라지는 것이다.

인류는 20세기에 들어서 지금까지 겪어보지 못했던 언어와 문화의 절멸을 목도하였으며 20세기 후기에 그 경향이 가속화되고 있음을 깨닫게 되었다. 언어는 단순히 의사소통의 도구에 그치는 것이 아니라 그것을 사용하는 언어 공동체가 오랜 기간 축적해 온 과거의 경험과 사고 및 가치 체계, 그리고 고유한 세계관을 담고 있는 공동체 특유의 문화 복합체이다. 이렇게 볼 때 언어는 인류의 지식과 지혜의 도서관이며 어떤 언어가 사라지는 것은 그것을 사용하던 공동체의 사고 체계와 세계에 관한 이해와 지식을 영원히 잃어버리는 것으로서 그 어느 것으로도 대체할 수 없는 손실인 것이다. 게다가 각 개인의 언어는 그 개인과 사회의 자아 인식 또는 정체성을 부여하는 것이므로 해당 화자에게도 매우 소중한 것이다.

1. 절멸 위기 언어에 대한 최근의 관심

1.1. 언어 다양성 유지를 위한 노력

언어학자들은 현재의 절멸 속도를 고려할 때 별 다른 조처가 취해지지 않는다면 21세기 말에는 지금 지구상에서 사용되는 6천여 개의 언어 중 절반이 사라지고 없을 것이라는 가정을 내어 놓으며, 이들 절멸 위기에 처한 언어(Endangered Languages)를 우선적으로 기록·보존하고 교육하여 위기에서 구하자는 과업을 주창하게 되었다. 그러한 노력을 연대순으로 나열하면 다음과 같다.

- 1991년
  미국언어학회가 절멸 위기에 처한 언어에 대한 심포지엄 개최
- 1992년
  퀘벡시에서 개최된 국제언어학회의(International Linguistics Congress)에서 절멸 위기 언어의 보존을 위한 언어학적 기구에 대한 지원을 유네스코에 촉구
- 1993년
  유네스코에서 절멸 위기 언어 프로젝트(Endangered Languages Project) 채택
- 1995년-2004년
  UN의 토착민족의 10년 세계 포럼(International Decade of the World's Indigenous People)
- 1995년
  - 절멸 위기 언어 기금(Endangered Language Fund) (미국) 설립
  - 절멸 위기 언어 재단(Foundation for Endangered Languages) (영국) 설립
  - 국제 절멸 위기 언어정보 센터(International Clearing House for

Endangered Languages) (일본 도쿄대학) 출범
- 1996년

  유네스코 세계 언어 권리 선언(Universal Declaration of Linguistic Rights) (바르셀로나) 채택
- 2000년

  - 제1회 세계 모어(母語)의 날(International Mother Language Day) (2월 21일)

  - 막스플랑크 심리언어학연구소(네덜란드) DoBes(절멸 위기 언어 문서화) 시작
- 2001년

  유네스코 문화 다양성과 그 실행 계획에 관한 국제 선언 채택
- 2003년

  유네스코 다언어의 증진과 사용에 관한 권고 채택
- 2003년

  런던대학 한스라우징 절멸 위기 프로젝트(HRELP) 문서화 시작
- 2003년

  한국알타이학회 알타이언어 현지 조사 및 문서화 작업 시작
- 2007년

  유네스코 세계 언어 문서화 센터 (World Language Documentation Center) 설립
- 2010년

  유네스코 "위기에 처한 세계 언어 지도, 제3판"(Atlas of the World's Languages in Danger, 3rd edn.) 발행(제1판 1996년, 제2판 2001년)

여기에서 보듯이 최근 20여 년 동안 학계와 국제기구를 중심으로 언어 다양성을 유지하기 위한 노력이 확대되어 왔다고 할 수 있다.

1.2. 인식의 확산

언어 다양성에 대한 인식은 이제 학자들의 전유물이 아니라 일반인들의 관심사가 되어 가고 있다. 여기에는 해외에서 간행된 이 분야의 책들이 최근 몇 년간 한국어로 번역 소개되어 널리 읽히고 있다는 점이 큰 역할을 하는 듯하다. 그 몇몇 예를 들어 보면 다음과 같다.

- 김정화 옮김 (2003), 사라져 가는 목소리들, 서울: 이제이북스. (Daniel Nettle and Suzanne Romaine (2002), *Vanishing Voices: The Extinction of the World's Languages*, Oxford: Oxford University Press.)
- 권루시안 옮김 (2005), 언어의 죽음, 서울: 이론과 실천 출판사. (David Crystal (2000), *Language Death*, Cambridge: Cambridge University Press.)
- 오영나 옮김 (2008), 언어의 종말, 서울: 작가 정신. (Andrew Dalby (2003), *Language in Danger: The Loss of Linguistic Diversity and the Threat to Our Future*, New York: Columbia University Press.)

그 외에 다큐멘터리 영화나 대중적인 서적 간행, TV 특집 방송 제작 등도 눈에 띈다. 마지막 것은 한국에서 제작된 것이다.

- 2007년 "언어가 죽을 때(David Harrison, *When Languages Die: The Extinction of the World's Languages and the Erosion of Human Knowledge*. Oxford-New York: Oxford University Press.)" 출판.
- 2008년 언어 절멸과 언어 문서화를 다룬 기록 영화 "언어학자들(The Linguists)" 제작.*
- 2010년 "죽어가는 말(Nicholas Evans, *Dying Words: Endangered Languages and What They Have to Tell Us*. Oxford: Wiley-Blackwell.)"

* 자세한 내용에 대해서는 http://en.wikipedia.org/wiki/The_Linguists 참고할 것.

출판.
- ○ 2010년 "최후의 화자(David Harrison, *The Last Speakers: The Quest to Save the World's Most Endangered Languages*. Washington: National Geographic.)" 등 대중 서적 출판
- ○ 2011년 "사라진 언어, 잊혀진 세계. 제1부, 제2부" (KBS 제작, 3월 1일, 2일 방송)

그리고 선진국의 경향에 발맞추어 한국에서도 문화체육관광부의 지원으로 "언어다양성 보존 활용 센터"(http://www.cld-korea.org) 웹페이지가 제작되기도 하였다.

1.3. 인식의 전환

이처럼 언어·문화 다양성을 추구하고 절멸 위기의 언어를 구하는 것은 이제 언어학자의 일일 뿐만 아니라 일반인도 관심을 가지는 주제가 되었다고 할 수 있다. 이러한 인식의 확산은 과거 문명의 이름으로 행해졌던 야만을 반성하는 계기가 되기도 했다. 비근한 예로 오스트레일리아와 캐나다에서는 총리가 직접 나서서 과거의 잘못을 반성하기에 이르렀다.

○ **오스트레일리아의 경우**[*]

1788년 영국인들이 처음 시드니 만에 도착했을 때, 오스트레일리아에는 약 100만 명의 원주민(Aborigines)이 있었다. 그러나 오스트레일리아 정부는 1910년부터 1969년까지 '동화정책'이라는 명목 하에 무려 1만 명의 아이들을 강제로 부모들로부터 떼어내 수천 km 떨어진 백인 가정에서 양육되도록 했다(이들을 '도둑맞은 세대(Stolen Generations)'라고 한다). 인종을 '개량'하고 더 나은 삶을 제공하겠다는 명목이었지만, 입양된 원주민 아이들은 백인 가정에 적응하지 못해 약물이나 알코올 중독에 빠지기도 했다.

[*] BBC NEWS 참고(http://news.bbc.co.uk/2/hi/asia-pacific/7241965.stm)

2008년 2월 13일 오스트레일리아 정부는 과거에 원주민에 대해 자행한 탄압 정책에 대해 공식 사과하였다. 집권 노동당의 케빈 러드(Kevin Rudd) 총리는 TV로 중계된 이날 의회 연설을 통해 다음과 같이 사과하였다.

> "오늘 우리는 이 땅의 토착민들과 인류사에서 가장 오래된 문화에 대해서 경의를 표합니다. (중략) 같은 오스트레일리아인인 원주민에게 엄청난 고통과 슬픔을 초래한 역대 정부의 법과 정책에 대해 사과합니다. 긍지를 지닌 사람들과 자랑스러운 문화에 가해진 멸시와 비하에 대해서 우리는 사과합니다. 과거의 불의는 다시는 생기지 않을 것입니다."

○ 캐나다의 경우[*]

캐나다 정부는 1870년부터 연방 정부가 원주민(Indian, Native Americans) 어린이들을 가정과 공동체로부터 분리하여 교육한 사실에 대해서 사과하였다. 2008년 6월 11일 캐나다의 총리 스티븐 하퍼(Stephen Harper)는 다음과 같은 사과 연설을 함으로써 과거의 정책이 잘못이었으며 원주민의 문화와 전통이 우수한 것이었음을 인정하였다.

> "이제 캐나다 정부는 아이들을 집으로부터 강제로 떼어낸 것이 잘못이었음을 인정하고, 이에 대해 생존해 계신 약 8만 명의 그 당시의 학생들과 그 가족, 그리고 공동체 구성원들에게 사과드립니다. 우리는 아이들을 풍부하고 생동감 넘치는 그들 자신의 문화와 전통으로부터 분리했던 일이 많은 이들의 삶과 공동체에 크나큰 공백을 초래한 잘못된 일이었음을 인정하고 사과합니다."

물론 정부가 나서서 사과한 경우는 극소수이다. 일례로 미국의 경우에는 다음과 같은 토착민 교육 정책을 시행했었지만 사과했다는 말은 아직 들어본 적이 없다.

> "20세기 초에 미국에서는 토착민을 강제로 동화하는 정책을 시작하였다. 당국

[*] CBS NEWS 참고(http://www.cbc.ca/news/canada/story/2008/06/11/pm-statement.html)

은 원주민 아이들을 기숙학교로 보냈으며 그들의 '야만적인 사투리'를 없애기 위해서 언어 문제를 집중적으로 교육하였다. 같은 언어를 쓰는 어린이들을 분리하여 다른 언어를 쓰는 어린이들과 함께 배치하였으며 교실에서든, 운동장에서든, 기숙사에서든 자신의 언어를 사용하면 벌을 받았다. 그 결과, 자신의 언어를 증오하는 마음이 생겨나서 그들이 성장한 이후에도 가정에서 자식들에게 자신의 언어를 쓰지 않게 된 경우가 많았다. 아이들이 일단 영어로 말하는 데 익숙해지면 그들이 결혼을 하고 가정을 갖게 되더라도 사용 언어가 영어가 되는 것은 자명한 일이다. 결과적으로 기숙학교 출신들이 지금은 매우 고령이지만 자신의 언어를 아는 마지막 세대인 것이다."(Leanne Hinton 2007: 452 참고)

1.4. 언어 활성화에 대한 연구

한편 언어학계에서는 언어 다양성을 유지·보존하거나 절멸 위기의 언어를 기록하는 구체적 방안에 대한 연구가 진행되었으며, 더 적극적으로 절멸 위기에서 되살리는 방안에 대한 연구도 진행되고 있다. 언어 활성화(Revitalization)에 대한 대표적인 연구는 다음과 같은 저서로 출판되었다. 문서화(Documentation)에 관한 것은 아래 3.2.에서 소개한다.

Leanne Hinton and Ken Hale (eds.) (2001), *The Green Book of Language Revitalization in Practice*, London: Academic Press.

Kendall A. King (2001), *Language Revitalization Processes and Prospects: Quichua in the Ecuadorian Andes*, Clevedon: Cromwell Press.

Lenore A. Grenoble and Lindsay J. Whaley (2006), *Saving Languages: An Introduction to Language Revitalization*, Cambridge: Cambridge University Press.

이상에서 최근의 동향을 살펴보았다. 요약하자면 20세기 말부터 언어가 사라져가는 사실에 관심을 가지게 되었고, 곧 그것이 인류 유산의 손실임을 깨닫게 된 데 이어서 언어와 문화의 다양성을 유지하려는 노력이 세계 각국에서 시작되었다. 이 일은 비단 학계나 비정부기구뿐만 아니라 일반인들도 깊은 관심을 가질 정도로 중요한 과업이 되었다.

2. 언어 절멸 위기의 단계

이하에서는 최근에 논의되고 있는 언어 절멸의 단계에 대해 자세히 소개하고 이어서 언어 문서화에 대해서 소개하기로 한다.

여기에서는 UNESCO(2003)에 발표된 '언어의 활성도와 위기의 정도'의 내용을 중심으로 해서 언어의 위기의 정도를 측정하는 기준을 소개하기로 한다.*

언어의 활성도와 문서화의 필요성을 측정하는 기준은 모두 9개 항목이 있는데 6개의 항목은 언어의 활성도와 위기의 상태를, 2개의 항목은 언어에 대한 태도를, 1개의 항목은 문서화의 긴급성을 각각 평가하는 것이다. 여기에서 주의할 점은 각 항목을 개별적으로 평가하는 것이 아니라 전체 항목을 종합적으로 고려할 때에 비로소 언어의 사회언어학적 상황을 특징짓는 데 유용하다는 점이다.

2.1. 언어 활성도 평가

2.1.1. 언어 활성도를 평가하는 주요 기준

제1항목: 세대 간의 언어 전승

가장 일반적으로 이용되는 항목이다. 위험도는 '안전'부터 '절멸'까지의 연속 값이다. '안전'이라고 하더라도 언어 활성이 보장되는 것은 아니다. 왜냐하면 다음 세대로의 언어 전승을 화자들이 언제든지 중단할 수 있기 때문이다. 화자의 인구 구성에 따라 절멸 위기의 정도를 다음과 같이 6단계로 구분한다.

* *Language Vitality and Endangerment* by UNESCO Ad Hoc Expert Group on Endangered Languages, 2003. (http://www.unesco.org/culture/ich/doc/src/00120-EN.pdf)

위기의 정도	등급	화자 인구
안전	5	아이들을 포함하여 모든 연령층이 사용
취약	4	일부 아이들이 모든 영역에서 사용하거나, 모든 아이들이 일부 영역에서 사용
명백한 위기	3	부모 또는 그 이상의 세대에서 사용
심각한 위기	2	조부모 또는 그 이상의 세대에서 사용
치명적 위기	1	증조부모 세대의 극소수가 사용
절멸	0	화자가 없음

<표 1-1>

'안전(5)'과 '취약(4)' 사이에 한 단계를 더 넣어서 '아직은 안정적이나 위협을 받음(5-)'을 설정할 수 있다. 이 경우는 다언어를 사용하지만(다언어 자체가 위협이 되는 것은 아니다) 한두 우세 언어가 어떤 중요한 의사소통 환경에서 독점적으로 사용되는 경우를 이른다.

제2항목: 화자의 절대수

화자의 절대수에 대해서 유효한 해석을 제시하는 것은 불가능하지만, 규모가 작은 언어공동체는 언제나 위기에 처해 있다고 할 수 있다. 적은 인구는 많은 인구에 비해 질병, 전쟁, 자연 재해 등에 의한 사멸에 훨씬 취약하다. 또한 작은 규모의 언어 집단은 인접 언어 집단에 병합되면서 그들의 언어와 문화를 잃을 수도 있다.

제3항목: 전체 인구 중 언어 사용자의 비율

위기의 정도	등급	전체 인구 중 언어 사용자의 비율
안전	5	모든 사람이 사용
취약	4	거의 모든 사람이 사용
명백한 위기	3	다수가 사용
심각한 위기	2	소수가 사용
치명적 위기	1	극소수가 사용
절멸	0	화자가 없음

<표 1-2>

제4항목: 언어 사용 영역의 동향

위기의 정도	등급	영역과 기능
보편적 사용	5	모든 영역에서 쓰이며 모든 기능을 가지고 있다.
다언어 동일 자격	4	어떤 공식적인 자리에서는 우세 언어를 쓰고, 또 다른 공식적인 자리에서는 자신의 언어를 쓴다.
축소된 영역(가정 언어)	3	가정에서 쓰이고 있지만 부모도 점차 우세 언어를 말하는 양상을 보인다.
한정된 영역	2	의식이나 민족 축제와 같이 매우 공식적인 자리에서만 사용된다.
극히 한정된 영역	1	매우 제한된 영역에서 특별한 경우에만 극소수에 의해 사용된다.
절멸	0	어떤 영역에서도 쓰이지 않고 어떤 기능도 가지고 있지 않다.

<표 1-3>

제5항목: 새 영역과 매체에 대한 대응

위기의 정도	등급	새 영역과 매체를 받아들이는 정도
역동적	5	모든 새 영역에서 쓰임
견고함/능동적	4	대부분의 새 영역에서 쓰임
피동적	3	다수의 새 영역에서 쓰임
대처적	2	소수의 새 영역에서 쓰임
최소한	1	극소수의 새 영역에서 쓰임
비활성적	0	새 영역에서 전혀 쓰이지 않음

<표 1-4>

제6항목: 언어 교육 및 식자(Literacy) 자료

등급	글로 쓰인 자료에 대한 접근성
5	문법, 사전, 교재, 문학, 일상적 미디어 등에 확립된 정서법과 읽기·쓰기 전통이 있으며, 행정과 교육에서의 글쓰기가 해당 언어로 이루어진다.
4	글로 쓰인 자료가 있으며 학교에서 아이들은 그 언어로 읽고 쓰는 능력을 기른다. 해당 언어로의 글쓰기가 행정 분야에서 사용되지 않는다.
3	글로 쓰인 자료가 있지만 아이들은 이를 학교에서나 접할 수 있다. 인쇄 매체를 통해서 그 언어를 배우지 않는다.
2	글로 쓰인 자료가 있지만 공동체의 일부 구성원들에게만 유용할 뿐이며 다른 사람들에게는 상징적 의미만을 갖는다. 해당 언어의 읽기와 쓰기 교육이 학교 교육 과정에 들어 있지 않다.
1	실생활에서 쓰는 정서법이 있으며 몇몇 기록물이 있는 정도이다.
0	정서법이 없다.

<표 1-5>

2.1.2. 부수적 평가 기준 1: 언어에 대한 태도와 정책

제7항목: 언어에 대한 정부와 공공기관의 태도와 정책

지원의 정도	등급	언어에 대한 공식적 태도
동등한 지원	5	모든 언어가 보존된다.
차별적 지원	4	소수 언어가 사적 영역의 언어로 보존된다. 그 언어를 사용하면 칭송을 받는다.
소극적 동화	3	소수 언어에 대한 분명한 정책이 없다. 우세 언어가 공공 영역에서 압도적으로 사용된다.
적극적 동화	2	정부가 우세 언어로의 동화를 장려한다. 소수 언어에 대한 보호는 없다.
강제적 동화	1	우세 언어가 유일한 공식 언어이며 열세 언어는 인정도 보호도 되지 않는다.
금지	0	소수 언어가 금지된다.

<표 1-6>

제8항목: 언어에 대한 공동체 자신의 태도

등급	언어에 대한 공동체 구성원들의 태도
5	모든 구성원이 자신의 언어를 가치 있게 생각하며 널리 알려지는 것을 보기를 원한다.
4	대부분의 구성원이 언어의 유지를 지지한다.
3	다수의 구성원이 언어의 유지를 지지하지만, 그 외의 사람들은 무관심하거나 오히려 언어의 소실을 지지한다.
2	소수의 구성원이 언어의 유지를 지지하지만, 그 외의 사람들은 무관심하거나 오히려 언어의 소실을 지지한다.
1	극소수의 구성원만이 언어의 유지를 지지하며 그 외의 사람들은 무관심하거나 오히려 언어의 소실을 지지한다.
0	아무도 언어의 소실에 대해서는 관심이 없다. 모두가 우세 언어의 사용을 선호한다.

<표 1-7>

2.1.3. 부수적 평가 기준 2: 문서화의 긴급성

제9항목: 문서화의 양과 질

문서화의 정도	등급	언어의 문서화
훌륭함	5	종합적 문법서와 사전이 있으며 텍스트도 광범위하게 있다. 독서물이 늘 유통된다. 주해가 달린 고음질 고화질의 음성 영상 기록물이 풍부하다.
좋음	4	한 권의 좋은 문법서와 여러 권의 적정 수준의 문법서, 사전, 텍스트, 문학 작품, 가끔 업데이트되는 일상 미디어가 있다. 주해가 달린 고음질 고화질의 음성 영상 기록물이 충분히 있다.
괜찮음	3	한 권의 적정 수준의 문법서(또는 양적으로 충분한 수량의 문법서들), 사전, 텍스트가 있지만, 일상 미디어는 없다. 질적 수준과 주해 정도에서 차이가 나는 음성 영상 기록물이 있다.
부분적임	2	제한된 언어학적 연구에 유용하지만 그 범위가 불충분한 소수의 문법 개요, 단어 목록, 텍스트 등이 있다. 다양한 수준의 음성 영상 기록물이 있지만, 주해는 없을 수도 있다.
불충분함	1	극소수의 문법 개요, 짧은 단어 목록, 단편적인 텍스트만 있을 뿐, 음성 영상 기록물은 아예 없거나, 있더라도 질이 낮아서 이용할 수 없고, 주해가 전혀 달려 있지 않다.
문서화되지 않음	0	아무런 언어 자료도 존재하지 않는다.

<표 1-8>

2.2. 평가의 종합

위에서 제시한 아홉 가지 평가 기준을 함께 고려하면, 언어의 상태에 대한 평가는 물론, 언어의 유지, 활성화, 영속화, 문서화를 위해 어떤 유형의 지원이 필요한지에 대해서도 가늠할 수 있다.

다만 언어의 활성도가 언어공동체의 상황에 따라 다르고 문서화의 필요성 또한 다양한 조건에 따라 다르므로, 단순히 숫자만으로 판단할 것이 아니라 종합적으로 고려하여 활성도 평가에 이용하여야 할 것이다.

참고로 이러한 기준을 원용하여 이 책 제5장의 2에서 알타이언어의 활성도를 잠정적으로 평가하여 제시하였다.

3. 새로운 언어학의 탄생: 생태언어학과 기록언어학

1990년대부터 생물 다양성과 언어·문화 다양성의 개념이 발전하는 과정에서 언어학 분야에서 새로운 학문 분야가 생겨났다. 즉, 생태언어학(Ecolinguistics)과 기록언어학(Documentary Linguistics)이 그것이다. 이제 이에 대해서 간단히 살펴보기로 한다.

3.1. 생태언어학[*]

20세기는 산업의 발달과 함께 전례 없이 주위 환경이 훼손되고 파괴된 시기였다. 그리하여 생태와 환경 문제에 대한 해결책을 제시하는 데에서의 언어의 역할을 연구하는 분야가 생겨났는데 이것이 생태언어학이다. 생태언어학자들은 생물 생태학의 개념을 은유적으로 활용하여 언어 체계를 분석한다.

생태언어학자들은 랑그와 파롤 층위의 언어를 비판하며, 인간에게 얼마나 유용한가 하는 관점에서 자연을 대하는 '인간 중심주의'를 비판한다. 더 넓게 보자면 '성장주의', '성적 편향', '분류주의'도 비판한다.

생태언어학의 또 하나의 주요한 연구 분야는 언어 다양성과 생물 다양성의 관계를 연구하는 것이다. 국내에는 알빈 필의 저서가 번역되어 있다.

> 박욱현 옮김 (1999), 생태언어학, 한국문화사.
> (Alwin Fill (1993), *Ökolinguistik. Eine Einführung.* Tübingen.)

3.2. 기록언어학

기록언어학이라는 용어는 Himmelmann(1998)에서 처음으로 주창되어 최근까지 많은 연구가 이어지고 있으며 기술언어학을 이론적 배경으로 하여 언어 문서화에 대한 논의도 활발하게 이루어지고 있다. 지금까지 출간된 대표적인 문서

---
[*] Ecolinguistics(http://www-gewi.uni-graz.at/ecoling/) 참고.

화 관련 논저를 추리면 다음과 같다.

Nikolaus P. Himmelmann (1998), Documentary and Descriptive Linguistics, *Linguistics* 36-1: 161-195.

Nikolaus P. Himmelmann (2002), Documentary and Descriptive Linguistics (full version). In Osamu SAKIYAMA and Fubito ENDO (eds.) *Lectures on Endangered Languages* 5 (Endangered Languages of the Pacific Rim, Kyoto). pp. 1-34.

Jost Gippert, Nikolaus P. Himmelmann and Ulrike Mosel (eds.) (2006), *Essentials of Language Documentation*, Trends in Linguistics: Studies and Monographs 178, Berlin: Mouton de Gruyter.

Tony Woodbury (2003), Defining Documentary Linguistics. In P. Austin (ed.) *Language Documentation and Description*, 1: 35-51. London: SOAS.

Bernard Comrie (2007), Documenting and/or Preserving Endangered Languages. In O. Miyaoka et al. (eds.) *The Vanishing Languages of the Pacific Rim*, Oxford: Oxford University Press. pp. 25-34.

Lenore A. Grenoble and Louanna Furbee (eds.) (2010), *Language Documentation: Practice and Values*, Amsterdam: John Benjamins Publishing Company.

이하에서는 Himmelmann(1998, 2002)의 내용을 간략히 요약하여 살펴보기로 한다.

3.2.1. 기록언어학의 필요성

1990년대부터 언어학자들이 언어 다양성을 유지·보존할 필요성을 소리 높

* 이하에서는 'documentary'는 '기록'으로 'documentation'은 '문서화'로 번역하기로 한다.

여 주창한 사실은 지금까지 여러 차례 언급되었다. 그리하여 사라질 위기에 처한 언어 또는 아직 기록이 되지 않은 언어를 적절히 기록할 필요성이 생겨났으며 이를 뒷받침할 언어학적 분야와 이론이 개발되었다. 우선 기록언어학 (Documentary Linguistics)은 기술언어학(Descriptive Linguistics)과 대비하여 이해할 필요가 있다. 기존 언어학의 한 분야인 기술언어학이 몇 가지 점에서 위의 목표를 달성하기 어렵다는 사실을 배경으로 하여 탄생한 새로운 분야가 기록언어학이기 때문이다.

잘 알려지지 않은 언어를 기록하는 데에는 두 종류의 작업이 이루어진다. 하나는 언어 자료를 수집, 전사, 번역하여 문서화하는 것이며 다른 하나는 이 자료를 1차적으로 분석하는 것이다. 이 두 작업은 서로 밀접하게 연관되어 있어서 이 둘의 차이점은 무시되고 단일한 프로젝트, 즉 '언어 기술'이라고 불리는 작업으로 뭉뚱그려서 이해가 된다. 게다가 일반적으로 '자료의 수집' 등은 '자료의 분석'을 위한 보조 작업으로 생각되는 것이 보통이었다.

그러나 이 두 작업은 그 결과뿐만 아니라 이용하는 방법도 근본적으로 다르기 때문에, 자료의 문서화 작업을 자료의 분석 작업과 구분되는 하나의 학문 분야로 독립시킬 필요성이 있다. 두 작업의 차이점을 정리하면 다음과 같다.

	문서화(수집)	분석(기술)
결과	발화 코퍼스: 특정 형태나 구문에 대한 화자와 편집자의 관찰과 해설 기록	기술적 진술: 한두 예를 제시함
과정	참가자 관찰, 대답 유도하기, 채록, 1차 자료의 전사와 번역	음성, 음운, 형태통사, 의미 분석(스펙트로그램, 분포 테스트 등)
방법	샘플링, 신뢰성, 자연성	용어와 층위의 정의, 분석의 정당화(적합성)

<표 1-9> 문서화 작업과 분석 작업의 차이

3.2.2. 기록언어학의 기본 가정

기록언어학, 즉 언어 문서화의 목표는 "해당 언어 공동체 특유의 언어 실행에 대한 포괄적 기록을 제공하는 것"이다. 언어 실행과 전통은 1) 관찰 가능한 언어 행동과 2) 토박이 화자의 자기 언어에 대한 메타언어적 지식(metalinguistic knowledge)으로 드러난다. 전자는 언어 공동체의 구성원들 간의 일상적 상호 교류에 나타나는 것이고, 후자는 언어적 단위와 사건에 대한 해석과 분류 체계를 제공하는 토박이 화자의 능력으로 드러나는 것이다.

이러한 점에서 기록언어학은 기술언어학과 다음과 같은 차이가 생긴다.

기술언어학	기록언어학(문서화)
언어를 구성하는 형식적 특성의 채록	언어 공동체의 언어 실행과 전통의 채록
언어체계를 기술하려는 단일 목표에 초점을 둠.	언어에 대한 다양한 접근을 통합함. 즉 문서에 대한 모든 잠재적 청중을 고려함.
분석적 진술이 핵심적이며, 언어 자료는 실례를 들기 위해서 이용됨.	1차적 언어 자료 전체를 제공하며, 여기에 주석 등을 붙임.

<표1-10> 기술언어학과 기록언어학의 차이

여기에서 잠재적 청중이란 다음과 같은 분야를 지칭한다.

- 사회학적, 인류학적 접근
- '하드코어' 언어학(이론언어학, 비교언어학, 기술언어학)
- 담화 분석, 구어 연구, 수사학
- 언어 습득
- 음성학
- 윤리학, 언어 권리와 언어 계획
- 현지 조사 방법
- 구비 문학과 구비 역사
- 문헌학과 코퍼스 언어학
- 언어 교육학

3.2.3. 기록언어학의 기본 형식과 내용

문서화된 내용은 다음을 포함하고 있어야 한다.

(1) **의사소통 행위**: 언어적 행위뿐만 아니라 위치, 자세, 몸짓 등의 비언어적 양

상까지를 포함한 의사소통 행위의 총체적이고 자연스러운 면모를 기록. 화자의 메타언어적 지식을 드러내는 다양한 언어적 행위(언어 유희, 민간 분류 체계, 특정 의사소통 행위에 대한 화자의 논평 등)도 여기에 포함될 수 있다.

(2) **목록**: 동사 활용표, 수량과 단위 표현, 동식물 명칭 등에 대한 민간 분류 체계와 같이 목록화가 필요한 언어 현상들은 일반적인 의사소통 행위 속에서는 완전히 드러나지 않으므로 별도의 조사를 필요로 한다.

(3) **분석적 자료**: 위의 (1), (2)와는 별도로 화자에게서 얻은 공동체의 언어와 문화에 대한 주석이나 정보.

이 각각의 내용은 다음을 갖추고 있어야 한다.
- 원자료(전사, 음성자료, 영상자료)
- 번역(직역(행간 주석)과 의역)
- 주석(조사, 녹음 및 녹화, 전사, 번역 과정과 관련한 모든 부가적 정보)

그리고 언어 문서화 형식은 자료 위주로 되어야 하므로 (1) 어떤 1차 자료도 주어진 분석틀에 맞지 않는다거나 특정한 연구 목적에 부합하지 않는다는 이유로 배제되어서는 안 되고, (2) 문서화된 자료의 제공은 특정한 분석 체계를 따르기보다 의사소통 행위나 목록과 같은 문서들 그 자체로 이루어져야 하며, (3) 말할 필요도 없이 이러한 내용을 충분히 담기 위해서는 해당 공동체의 언어와 문화에 대한 지식이 많으면 많을수록 좋다.

3.2.4. 기록언어학의 쟁점

언어 문서화는 최소한 다음 네 단계를 포함한다.
- 어떤 자료를 채록할 것인가(개인의 사생활과 언어 권리 보호)
- 자료의 실제적인 채록(자연스러움이 중요)
- 전사, 번역, 주석

- 대중에게 공개(아카이브 제작)

채록 가능한 의사소통 행위를 범주화할 필요가 있는데 언어보편적인 기준은 아직 확립되지 않았으며 계획성의 정도에 따라서 다음과 같은 유형으로 나눌 수가 있다.

변수	주요 유형	보기
계획적	외침	"아악!"
		"불이야!"
	지시	"칼!"(수술실에서)
		인사
	대화	사교적인 짧은 대화
↕		잡담
		토론
		인터뷰
	독백	이야기
		설명
		연설
비계획적		공식 연설
	의식	호칭 기도

<표 1-11> 의사소통 행위의 범주화

자료의 실제적인 채록에는 고려해야 할 점이 여럿 있는데, 그 중 가장 널리 알려진 것이 '관찰자의 역설(paradox)'이다. 이는 조사 주체인 관찰자나 조사 도구인 녹음기, 녹화기 등이 조사 대상의 일부가 되어 객관적인 조사 과정을 왜곡할 수 있음을 일컫는 것이다. 따라서 자료제공인과 조사자가 채록 과정을 각각 덜 의식하고 덜 조정할수록 더 자연스러운 양질의 자료를 얻을 수 있다. 아래의 표는 자연스러움의 정도에 따른 분류이다.

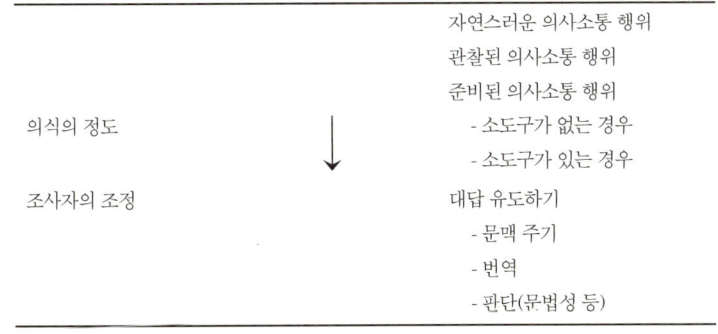

<표 1-12> 자연스러움의 정도에 따른 분류

이렇게 볼 때 기록언어학에 대한 가장 근본적인 도전은 자연스러운 의사소통 행위를 채록하는 것이 대단히 어렵다는 사실에 있다. 예를 들자면 자료제공인의 동의를 얻지 않고 의사소통행위를 채록하는 것은 불가능하지는 않지만 자료 공개를 기본적으로 가정하므로 이것은 개인의 권리를 침해하는 것이다. 이와는 반대로 채록하지 않고 조사자가 자연스럽게 의사소통 행위에 참가했다고 하더라도 그 이후 그것을 기억에 의해서 기록하는 것은 거의 불가능하다. 이렇게 볼 때 실제적인 자연스러운 의사소통 행위의 채록은 거의 불가능하므로 위의 세 번째 단계인 준비된 의사소통 행위의 채록에 관심을 집중할 필요가 생겨난다. 이 부분을 정교화하는 것이 앞으로의 과제이다.

3.2.5. 남은 문제

여러 가지가 고려될 수 있으나 네 가지만 나열하기로 한다.

첫째, 언어공동체와 관련된 문제이다. 여기에는 어떻게 하면 언어공동체를 언어 문서화 프로젝트에 능동적으로 참여시킬 수 있을 것인지에 대한 문제부터, 문서화에 대한 공동체의 생각과 조사자의 계획이 일치하지 않을 경우 어떻게 갈등을 해결할 것인가 하는 문제, 그리고 언어 문서화의 결과를 어떻게 공동체에 공개하고 이를 언어의 유지와 활성화를 위한 활동에 어떻게 연계시킬 것이냐 하는 문제 등이 포함된다.

둘째, 채록과 보존에 관련된 기술의 문제이다. 이는 어떤 장비(녹음기, 녹화기, 멀티미디어 장비 등)를 선택할 것인지에 대한 문제, 아카이브 제작과 유지와 관련된 문제, 문서화 자료의 제공과 접근을 조절하는 문제 등을 말한다.

셋째, 채록된 자료를 문서화하는 과정에서 야기되는 문제로서 주로 번역과 주석과 관련이 있다. 예를 들면, 번역은 어떤 언어로 할 것인지, 행간 주석은 어떻게 달 것인지, 각 문서에 어떤 부가적인 주해를 덧붙일 것인지 등을 고려해야 한다.

넷째, 재정 확보의 문제이다. 문서화 프로젝트는 장기간에 걸쳐 실행되어야 하는데, 대개는 지속적인 재정적 뒷받침을 받기 어렵다. 이 문제는 확고한 의식을 가진 후원 기관을 확보하는 것이 반드시 필요함을 말해준다.

3.2.6. 문서화 자료의 적극적인 용도

Himmelmann(1998, 2002)에서는 다루고 있지 않지만 최근에는 문서화를 더욱 적극적인 용도로 이용할 수 있도록 자료의 질적 기준을 더욱 강화하고 있다. 일례로 영국의 런던대학 아시아아프리카학 연구소(SOAS)에서 운영하는 한스 라우징 절멸 위기 언어 프로젝트(The Hans Rausing Endangered Languages Project, http://www.hrelp.org)에서는 문서화의 목표를 다음과 같이 보고 있다.

> "언어 문서화는 다양한 사회 문화 환경에서 사용되는 언어에 대해 오디오, 비디오, 사진, 텍스트 문서 등을 수집하고 생산하는 것을 목표로 삼는다. 수집, 채록, 분석, 아카이브화 작업의 주안점은 다음과 같다.
> (1) 다양한 언어 현상을 기술할 수 있을 정도로 고급 수준의 언어 자료를 창조해야 한다.
> (2) 다른 모든 자료가 없어진다고 해도 그 언어에 대한 지식을 회복할 수 있도록 해야 한다.
> (3) 언어의 유지와 학습을 지원할 수 있는 자원을 만들 수 있어야 한다."

4. 연구 프로젝트(ASK REAL) 개요

절멸 위기에 처한 언어와 언어문서화에 관심을 가지고 출발한 우리 연구 프로젝트에 대해 소개하고자 한다.

○ **연구 주제**: "한국어 계통 연구를 위한 알타이언어 디지털 아카이브 구축"
○ **연구 기간**: 2006년 7월 1일~2009년 6월 30일(3년)

○ **연구 내용**: 이 프로젝트는 한국학술진흥재단이 지원한 것으로서 2003년 9월부터 3년간 진행된 프로젝트("한국어 계통 구명을 위한 알타이언어 현지 조사 연구 및 음성 영상 DB 구축")*의 후속 프로젝트이다. 이 연구는 절멸 위기에 처한 알타이언어를 현지 조사하여 디지털화 작업을 거쳐서 아카이브를 구축하는 것을 목표로 삼고 있으며 ASK REAL이라는 약칭으로 불리기도 한다. 즉 ASK는 '한국알타이학회'(The Altaic Society of Korea)를, REAL은 '절멸 위기에 처한 알타이언어 연구'(Researches on Endangered Altaic Languages)를 의미한다.

○ **연구 참여자**

연구 책임자:

    김주원(서울대학교 언어학과)

공동 연구원:

    권재일(서울대학교 언어학과), 이호영(서울대학교 언어학과), 고동호(전북대학교 국어국문학과), 신용권(인천대학교 중어중국학과), 유원수(서울대학교 인문학연구원), 이용성(서울대학교 인문학연구원), 최문정(서울대학교 인문학연구원), 최운호(서울대학교 인문학연구원), 김건숙(서울대학교 인문학연구원), 손남호(서울대학교 인문학연구원), 연규동(서울대학교 인문학연구원), 전순환(서울대학교 인문학연구원)

연구 보조원:

    강진희, 국경아, 박상철, 박수지, 박예정, 박재현, 박현덕, 아셀 자일로바예바(Asel Dzhailobajeva), 양재민, 오청분, 오르트 나산, 유영란, 윤수연, 이형미, 임홍선, 장하연, 정성훈, 진후이(金慧), 차가영, 최계영 (이상 서울대학교)

    백승민, 여은지 (이상 전북대학교)

---

* 이 프로젝트의 성과의 일부는 ASK REAL DIGITAL ARCHIVE (http://altaireal.snu.ac.kr/askreal_v25/) 에서 볼 수 있다.

2장

알타이언어 현지 조사 개요

1. 알타이언어 개관
2. 현지 조사의 방법과 과정
3. 현지 조사 자료의 가공과 아카이브화

1. 알타이언어 개관

알타이언어란 만주퉁구스어파(11개), 몽골어파(10개), 튀르크어파(34개)의 55개 언어를 포괄하여 이르는 총칭으로, 만주퉁구스어파는 15만 명, 몽골어파는 880만 명, 튀르크어파는 1억 4천여만 명 정도의 화자가 있다. 알타이언어의 사용자는 유럽 동부 지역에서부터 중앙아시아, 중국의 서북부 및 동북부, 몽골, 시베리아에 걸친 광범위한 지역에 분포한다. 각 어파에 속하는 언어의 개수는 연구자나 책마다 다르다. 그 이유는 언어와 방언의 구별이 명확하지 않기 때문이다. 예를 들어 몽골어파를 14개로 보는 견해는, 동일한 언어 또는 동일한 언어에 속하는 방언이 분명한데도 러시아에서 사용되는 언어와 중국에서 사용되는 언어를 별개의 언어로 분류하기 때문이다. 일반적으로 한 어파 내의 언어들은 별개의 언어인지 한 언어의 방언인지를 구분하지 못할 정도로 가까운 언어로 구성되어 있다.

만주퉁구스어파는 세 어파 중 가장 동쪽에 위치한다. 이 어파의 사용자 중 가장 잘 알려진 만주족은 누르하치의 시기에 후금(後金)을 세우고 이어 청(淸)으로 발전하여 중원을 지배하였다. 이들은 우리의 사료에 자주 등장하는 여진족의 후손이기도 하다. 이들 외에도 이 어파에 속하는 우디허어가 있는데 그 언어를 사용하는 우디허 사람들은 조선왕조실록에 의하면 자주 우리의 국경을 넘어와서 노략질을 하기도 하고 일부는 귀화하여 벼슬도 하고 조선을 위하여 전쟁에 참가하기도 하였다. 이들의 후손이 지금도 러시아 지역 시호테알린 산맥의 동쪽에 살고 있다. 즉, 다른 두 어파와는 달리 우리와 긴밀하게 접촉을 한 어파이기도 하다.

몽골은 13세기에 그들의 첫 기록을 비문으로 남겼으며 역사책 몽골비사(흔히 원조비사(元朝秘史)라고 함)를 남겼다. 몽골은 세계적인 정복자 칭기즈칸을 낳았으며 대제국 원(元)을 세워 아시아와 유럽을 통하게 하였다. 몽골어파에 속하는 언어들의 넓은 분포는 원 시기의 팽창기를 반영한다.

튀르크라는 명칭은 현재의 터키공화국을 연상시키는 이름이지만, 튀르크족은 일찍이 중국의 역사서에 돌궐(突厥)로 기록되어 있는 종족 및 관련 종족의 후손이다. 자신의 기록으로는 8세기 전반까지 거슬러 올라가는 비문들이 오르콘강, 예니세이강 유역에 남아 있다. 즉 그들은 8세기에 현재의 몽골 지역에 있었으며 11세기경에는 서진하여 이미 현재의 터키 지역에도 거주하게 되었다. 이 사실로 미루어 보건대 이들의 원주지는 현재의 알타이 지역보다는 훨씬 동쪽일 가능성이 크다. 이들의 일파는 동로마제국을 멸망시키고 오스만튀르크제국를 세워서 20세기까지 대제국의 위세를 떨쳤다. 흔히 터키와 관련된 형용사는 **Turkish**, 튀르크족 전체와 관련해서는 **Turkic**으로 구별하기도 한다.

이 세 어파는 현저한 구조적 일치와 어휘상의 유사성을 보이며 음운대응도 발견할 수가 있다. 그러나 이 상호 유사성에 관한 해석에 있어서는 크게 두 가지의 대립되는 견해가 있는데 논란의 핵심은 이러한 유사성이 공통조어에서 유래한 것인가, 아닌가에 관한 것이다. 첫째 견해는 이러한 유사성이 공통조어에서 유래한다고 보는 견해로서 알타이어족설로 부를 수 있으며 람스테트(**G. J. Ramstedt**), 포페(**N. Poppe**) 등의 학자가 여기에 속한다. 알타이어족설에 불리한 것으로 수사 등 기본 어휘의 불일치가 논의되지만, 이들은 어떠한 언어적 사실의 결여가 논증의 증거가 될 수는 없다고 보고, 그보다는 대부분의 알타이언어에서 보이는 음운, 형태의 일치가 중요한 것으로 본다. 둘째 견해는 이러한 유사성이 오랜 역사적 접촉의 과정에서 생겨난 것으로 보는 견해인데 반알타이어족설로 부를 수 있으며 시노르(**D. Sinor**), 되르퍼(**G. Doerfer**), 클로슨(**Sir G. Clauson**) 등의 학자가 이에 속한다. 이들은 차용이 튀르크계 언어에서 몽골계 언어로, 이들 언어에서 다시 만주퉁구스계 언어로 이루어진 것으로 보며, 포페에 의해서 재구된 알타이조어(**Proto-Altaic**) 형태를 몽골계 언어와 만주퉁구스계 언어에 차용된 튀르크조어 형태로 본다.

이하에서는 이러한 세 어파의 알타이언어에 대하여 개별어별로 사용 인구와 사용 지역을 간추려 제시하고자 한다. 이에 대한 구체적인 내용은 이미 2008년도에 발간한 "사라져 가는 알타이언어를 찾아서"(김주원 외 2008)에 소개한 바 있다.*

---

* 여기에 소개한 것은 주로 http://www.ethnologue.com/의 내용을 주로 참고하였다. 그러나 튀르크어파의 경우, *The Turkic Languages*(1998)의 81-125쪽에 실린 Lars Johanson의 글과 http://en.wikipedia.org/wiki/Turkic_Languages의 내용을 주로 참고하였다. 러시아에서 사용되는 만주퉁구스어파에 속하는 언어에 대한 정보는 http://lingsib.unesco.ru/en/languages도 아울러 참고하였다. 한편 구체적으로 참고 문헌이 언급되지 않은 사용자 정보는 다음의 두 가지 출처를 이용하였다. 첫째, 러시아의 만주퉁구스어파와 튀르크어파에 속하는 언어의 사용 인구는 http://www.perepis2002.ru에 수록된 2002년도 러시아 인구 조사 결과에 따랐다. 둘째, 중국 지역의 알타이언어 사용 소수민족의 인구는 國家統計局人口和社會科技統計司·國家民族事務委員會經濟發展司(2004)를 참고하였다.

1.1. 만주퉁구스어파

[1] 어윈어 Ewen
인 구: 19,071명(2002년) 중 모어 사용자 7,168명(38%)
지 역: 러시아 사하(야쿠티야)공화국과 캄찻카(Kamchatka)반도, 오호츠크해
연안

[2] 어웡키어 Ewenki
(러시아 지역)
인 구: 35,527명(2002년) 중 모어 사용자 7,584명(21%)
지 역: 시베리아 예니세이강으로부터 오호츠크해에 이르는 지역과 사할린주
(중국 지역)
인 구: 8,923명(2000년) 중 모어 사용자 1,200명(13%)(Whaley 2000)
지 역: 네이멍구(內蒙古)자치구 어룬춘(鄂倫春)자치기(2,050명), 헤이룽장성
쉰커(遜克)현(991명), 후마(呼瑪)현(460명), 타허(塔河)현(470명) 등

[3] 솔론어 Solon, 솔론 어웡키어 Solon Ewenki
인 구: 30,505명(2000년) 중 모어 사용자 19,000명(Krauss 1992)
지 역: 중국 네이멍구자치구 후룬베이얼(呼倫貝爾)시 어원커족(鄂溫克族)자
치기, 모리다와다워얼족(莫力達瓦達斡爾族)자치기 등

[4] 네기달어 Negidal
인 구: 567명(2002년) 중 모어 사용자 100~170명(Krauss 1992)
지 역: 아무르강(=黑龍江) 하구의 하바롭스크주 카멘카(Kamenka)지구와 폴
리나 오시펜코(Polina Osipenko)지구

[5] 나나이어 Nanai

(러시아 지역)

인 구: 12,160명 중 모어 사용자 3,886명(약 40%)(2002년)

지 역: 하바롭스크주, 연해주, 사할린주 등

(중국 지역)

인 구: 4,640명(2000년) 중 모어 사용자 약 30%(吳寶柱 2003)

지 역: 헤이룽장성 퉁장(同江)시(1,060명), 푸위안(撫遠)현(468명), 라오허(饒河)현(529명) 등

[6] 윌타어 Uilta

인 구: 346명 중 모어 사용자 64명(18.5%)(2002년). 그러나 실제로 이 언어를 비교적 자유로이 구사할 수 있는 사람은 10명 미만인 것으로 추정

지 역: 러시아 사할린주의 노글리키(Nogliki)지구, 포로나이스크(Poronajsk)시, 일본의 홋카이도(北海道)

[7] 울치어 Ulchi

인 구: 2,913명 중 모어 사용자 732명(25%)(2002년)

지 역: 러시아 하바롭스크주의 울치(Ulchi)지구

[8] 우디허어 Udihe

인 구: 1,657명 중 모어 사용자 227명(14%)(2002년). 그러나 40명을 넘지 못한다는 주장도 있음.

지 역: 러시아 하바롭스크주의 나나이(Nanaj)지구 소재 그바슈기(Gvasjugi)와 연해주의 포자르(Pozhar)지구 소재 크라스니 야르(Krasnyj Jar) 및 테르네이(Ternej)지구 소재 아그주(Agzu)

[9] 오로치어 Orochi

인 구: 686명 중 모어 사용자 257명(37%)(2002년)

지 역: 러시아 하바롭스크주의 소베츠카야 가반(Sovetskaja Gavan'), 바니노(Vanino), 콤소몰스크나아무레(Komsomol'sk-na-Amure) 남쪽의 노보예 옴미(Novoje Ommi)

[10] 만주어 Manchu, 滿洲語

인 구: 10,682,262명(2000년) 중 모어 사용자 12명(趙阿平, 郭孟秀, 唐戈 2002)

지 역: 중국 헤이룽장성 헤이허(黑河)시 쑨우(孫吳)현과 치치하얼(齊齊哈爾)시 푸위(富裕)현

[11] 시버어 Sibe, 錫伯語

인 구: 중국 전체의 시버족 188,824명(2000년) 중에서 신장웨이우얼자치구에 34,566명(2000년)이 거주하는데, 이 중에서 약 24,000여 명이 시버어를 구사한다고 추정되고 있다(朝克 2006: 7).

지 역: 중국 신장웨이우얼자치구 이리(伊犁)지구 차부차얼시보(察布查爾錫伯, 찹찰시버)자치현(18,938명), 우루무치(烏魯木齊)시(3,674명), 이닝(伊寧)시(3,011명), 훠청(霍城)현(2,585명), 궁류(鞏留)현(1,381명), 타청(塔城)시(1,214명) 등

1.2. 몽골어파

[1] 다고르어 Dagur, 達斡爾語

인 구: 132,394명(2000년) 중 모어 사용자 80% 가량(에스놀로그)

지 역: 중국 네이멍구자치구 모리다와다워얼자치기, 헤이룽장성 치치하얼시 메이리쓰(梅里斯)다워얼족구, 신장웨이우얼자치구 타청시

[2] 몽구오르어 Monguor, 토족어 Tu, 土族語
인 구: 241,198명(2000년) 중 모어 사용자 80% 가량(에스놀로그)
지 역: 중국 칭하이(青海)성의 후주투족(互助土族)자치현, 민허후이족투족(民和回族土族)자치현

[3] 보난어 Bonan, 保安語
인 구: 16,505명(2000년) 중 모어 사용자 1만여 명
지 역: 간쑤(甘肅)성 린샤후이족(臨夏回族)자치주 지스산바오안족둥샹족싸라족(積石山保安族東鄉族撒拉族)자치현, 칭하이(青海)성 퉁런(同仁)현

[4] 캉자어 Kangjia, 康家語
인 구: 2천여 명, 그 중 487명이 캉자어를 구사하는데 그 중 387명은 능통, 110여 명은 대략 통하는 수준임(斯欽朝克圖 2002)
지 역: 중국 칭하이(青海)성 황난짱족(黃南藏族)자치주 젠자(尖扎)현의 캉자(康家)촌

[5] 둥샹어 Dongxiang, 東鄉語
인 구: 513,805명(2000년)중 모어 사용자 25만 명(에스놀로그). 둥샹어만 말하는 인구는 8만 명.
지 역: 중국 간쑤성의 서남부 주로 린샤후이족자치주 둥샹족자치현, 신장웨이얼자치구 이닝(伊寧)현과 휘청(霍城)현

[6] 동부요구르어 East Yugur, 東部裕固語
인 구: 요구르족 13,719명(2000년) 중 동부요구르어 사용자 3천 명(에스놀로그)
지 역: 중국 간쑤성 서북부 쑤난(肅南)위구족자치현

[7] **부리야트어** Buriat, 布里亞特語

(러시아 지역)

인 구: 전 세계의 부리야트족 59만 명(2004, http://www.hoodomg.com) 중 445,175명(2002년)이 러시아에 거주하고 그 중 부리야트어를 안다고 대답한 사람은 368,807명(83%).

지 역: 러시아 부랴트공화국(중심지 울란우데), 이르쿠츠크주, 치타주

(몽골 지역)

인 구: 66,000명(2008년, http://www.hoodomg.com). 몽골 인구의 2.5%(1985년 추정)

지 역: 몽골 동북부 특히 러시아의 부랴트공화국 인접 지역

(중국 지역)

인 구: 10만 명(2000년) 중 58,000여 명은 신(新)바르가 방언, 23,000여 명은 구(舊)바르가 방언 사용자로 추정되며, 15,000여 명은 부리야트 방언 사용자로 추정(2001년)

지 역: 네이멍구자치구 후룬베이얼 지역

[8] **몽골어** Mongolian

(몽골 지역)

인 구: 2,594,800명(2006년)

지 역: 몽골

(중국, 기타 지역)

인 구: 5,813,947명(2000년, 부리야트어, 칼미크-오이라트어, 튀르크어파의 투바어 사용자 포함).

지 역: 중국 네이멍구자치구, 신장웨이우얼자치구

[9] 칼미크-오이라트어 Kalmyk-Oirat

(러시아 지역)

인 구: 칼미크공화국에 173,996명 거주(2002년, 그 중 칼미크어를 안다고 대답한 사람은 88%).

지 역: 러시아 칼미크공화국(중심지는 엘리스타), 돈강과 볼가강 하류 사이에 있는 스텝 지역, 카스피해 동부와 코카서스 북쪽(Dörbet와 Torgut), 중국, 키르기스스탄, 몽골 등

(중국 지역)

인 구: 264,000명(Bulaga 2005)이며 그 중 161,000명이 신장 지역에 살고 있고, 모두 모어에 능통

지 역: 신장웨이우얼자치구의 바인궈렁멍구(巴音郭楞蒙古)자치주와 보얼타라멍구(博爾塔拉蒙古)자치주, 허부커싸이얼멍구(和布克賽爾蒙古)자치현

(몽골 지역)

인 구: 205,500명(Oirat 139,000명, Dörbet 55,100명, Torgut 11,400명 포함)

[10] 모골어 Moghol

인 구: 수천 명의 모골족 중 모어 사용자는 200명 이하(추정)

지 역: 아프가니스탄 헤라트(Herat)주의 Kundur 마을과 Karez-i-Mulla 마을

1.3. 튀르크어파

[1] 추바시어 Chuvash

인 구: - 러시아 1,637,094명. 추바시어를 아는 사람은 1,325,382명(2002년, 1989년 소련에서는 1,843,300명)

　　　- 우크라이나 10,593명, 모어 사용자 2,268명(2001년)

지 역: 러시아의 추바시(Chuvashia)공화국(추바시족 인구의 절반 정도)을 중

심으로 하여 인근의 여러 주.

[2] 할라지어 Khalaj
인 구: 42,107명(2000년)(1968년 인구는 약 17,000명)(에스놀로그)
지 역: 이란의 콤(Qom)주와 마르카지(Markazi)주

[3] 터키어 Turkish
인 구: - 터키 인구의 80% 정도인 약 6천만 명(제2언어 사용자 포함 약 7천 5백만 명).
- 불가리아에 745,700명(2001년, 전체 인구의 9.4%)
- 자칭 북키프로스 튀르크공화국 주민 264,172명(2006년)의 거의 대부분
- 아제르바이잔 43,400명(1999년)
지 역: 터키, 불가리아, 키프로스, 그리스(서(西)트라키아), 마케도니아, 코소보, 루마니아, 아제르바이잔, 독일 등 30여 개 국가

[4] 가가우즈어 Gagauz
인 구: 약 25만 명
- 몰도바 147,500명(2004년)
- 우크라이나 31,923명 중 모어 사용자 22,822명(2001년)
- 터키 14,000명
- 불가리아 약 12,000명(1990년)
- 러시아 12,210명(2002년)
지 역: 몰도바(특히 가가우즈자치공화국에 집중 분포), 우크라이나 등

[5] 아제르바이잔어 Azerbaijani

인 구: 2천5백만~3천2백만 명

- 이란 1천6백만~2천3백만 명
- 아제르바이잔공화국 7,205,500명(1999년)
- 터키 약 80만 명
- 러시아 621,840명(2002년)
- 그루지야 284,761명(2002년)
- 카자흐스탄 78,295명(1999년)
- 우크라이나 45,176명(2001년)

지 역: 이란 서북부, 아제르바이잔공화국, 러시아의 다게스탄(Dagestan)공화국, 그루지야 동남부, 터키 동부, 이라크 북부 등지

[6] 투르크멘어 Turkmen

인 구: 약 6백만여 명(호라산 튀르크어 및 관련 방언 사용자 포함)

- 투르크메니스탄 인구 5,097,028명(2007년) 중 85%(추정)
- 이란 2백만여 명(1997년)
- 아프가니스탄 50만여 명(1995년)
- 러시아 33,053명(2002년)
- 타지키스탄 20,300명(2000년)

지 역: 투르크메니스탄, 이란(골레스탄(Golestan)주, 북(北)호라산(Khorasan)주), 아프가니스탄, 우즈베키스탄, 러시아, 타지키스탄

[7] 호라산 튀르크어 Khorasan Turkish

인 구: 40만 명(Boeschoten 1998)

지 역: 이란 동북부의 북호라산주, 라자비 호라산(Razavi Khorasan)주

[8] 카시카이어 Qashqa'i

인 구: 150만 명(1997년)

지 역: 이란 서남부의 파르스(Fars)주, 후제스탄(Khuzestan)주

[9] 아프샤르어 Afshar

인 구: 약 30만 명, 모어 사용자는 아프가니스탄 5,000명, 이란 29,000명

지 역: 아프가니스탄(Kabul, Herat), 이란 동북부(케르만[Kerman]주, 라자비 호라산주, 남호라산주)

[10] 아이날루어 Aynallu

인 구: 약 7,000명(2001년)

지 역: 이란 서남부 파르스주의 자그로스산맥 동부, 마르카지(Markazi)주, 아르다빌(Ardabil)주, 잔잔(Zanjan)주

[11] 살라르어 Salar, 撒拉語

인 구: 104,503명(2000년), 모어 사용자 35,000여 명

지 역: 중국 칭하이(青海)성의 쉰화싸라족(循化撒拉族)자치현과 화룽후이족(化隆回族)자치현, 간쑤성의 지스산바오안족둥샹족싸라족(積石山保安族東鄉族撒拉族)자치현, 신장웨이우얼자치구의 이리하사커(伊犁哈薩克)자치주의 이닝(伊寧)

[12] 위구르어 Uyghur, 維吾爾語

인 구: 1천만 명 정도

　　- 중국 8,399,393명(2000년)

　　- 카자흐스탄 210,339명(1999년)

- 키르기스스탄 46,944명(1999년)

지 역: 중국 신장웨이우얼자치구, 카자흐스탄, 키르기스스탄 등

[13] **우즈베크어** Uzbek

인 구: 2천8백만 명 정도

- 우즈베키스탄 약 22,220,000명
- 아프가니스탄 약 2,870,000명
- 타지키스탄 936,700명(2000년)
- 키르기스스탄 664,950명(1999년)
- 투르크메니스탄 약 45만 명
- 카자흐스탄 370,663명(1999년)
- 러시아 122,916명(2002년)
- 파키스탄 약 8만 명
- 중국 약 12,370명(2000년)
- 우크라이나 12,353명(2001년)

지 역: 우즈베키스탄, 키르기스스탄(오시(Osh)주), 아프가니스탄(파르얍(Faryab)주, 조우즈잔(Jowzjan)주, 발흐(Balkh)주), 타지키스탄(페르가나(Fergana) 계곡), 투르크메니스탄, 카자흐스탄, 러시아, 중국(신장웨이우얼자치구)

[14] **크림 타타르어** Crimean Tatar

인 구: 약 50만 명

- 우크라이나 248,193명 중 모어 사용자는 228,373명(2001년)
- 우즈베키스탄 약 20만 명
- 루마니아 약 25,000명

지 역: 우크라이나(크림 반도), 우즈베키스탄(페르가나(Fergana)계곡), 루마니아(북도브루자(Dobruja)), 불가리아(남도브루자) 등

[15] 우룸어 Urum

인 구: 약 45,000명(1989년)

지 역: 우크라이나의 동남부의 도네츠크(Donetsk)주 29개 마을, 자포리지아(Zaporizhia)주 1개 마을, 마리우폴(Mariupol')시, 도네츠크(Donetsk)시

[16] 카라임어 Karaim

인 구: - 우크라이나 1,196명 중 모어 사용자 72명(2001년)
- 러시아 366명 중 모어를 아는 사람 88명(2002년)
- 리투아니아 258명 중 모어를 아는 사람 60명 정도(2001년)
- 폴란드 45명(2002년)
- 터키 50명 등

지 역: 리투아니아, 벨라루스, 우크라이나(주로 크림 반도), 러시아, 폴란드, 이스라엘, 터키(이스탄불)

[17] 카라차이-발카르어 Karachai-Balkar

인 구: -러시아 300,608명(카라차이족 192,182명, 발카르족 108,426명), 카라차이-발카르어를 아는 사람 302,748명(2002년)
- 터키 약 1만 명

지 역: 러시아 카라차이-체르케시아(Karachai-Cherkessia)와 카바르디노-발카리아(Kabardino-Balkaria), 터키 에스키셰히르(Eskişehir) 일대 등

[18] 쿠므크어 Kumyk

인 구: 422,409명, 쿠므크어를 아는 사람은 458,121명(2002년)

지 역: 러시아연방 다게스탄공화국, 카자흐스탄, 터키 토카트(Tokat)주의 위치괴젠/쿠쇼투라으(Üçgözen/Kuşoturağı), 시바스(Sivas)주의 야부(Yavu), 차낙칼레(Çanakkale) 주의 비가(Biga) 등

[19] 타타르어 Tatar

인 구: - 러시아연방 5,554,601명, 타타르어를 아는 사람은 5,347,706명(2002년, 1989년 당시 인구 6,645,588명 중 모어 사용자는 5,715,000명)
- 바시키르족 중 타타르어 사용자 37만 명
- 카자흐스탄 248,952명(1999년)
- 키르기스스탄 45,438명(1999년)
- 아제르바이잔 3만 명(1999년)
- 타지키스탄 19,000명(2000년)

지 역: 러시아연방 타타르스탄(Tatarstan)공화국, 바시코르토스탄(Bashkortostan)공화국과 인근 지역, 카자흐스탄, 키르기스스탄

[20] 바시키르어 Bashkir

인 구: - 러시아 1,673,389명, 바시키르어를 아는 사람은 1,379,727명(2002년)
- 카자흐스탄 23,224명(1999년)

지 역: 러시아연방 바시코르토스탄공화국, 타타르스탄공화국과 인근 지역, 카자흐스탄, 우즈베키스탄

[21] 카자흐어 Kazakh, 哈薩克語

인 구: - 카자흐스탄 인구 15,284,929명 중 53.4%(2007년, 1999년에는 7,985,039명)
- 중국 1,250,458(2000년)
- 러시아 거주 인구 653,962명 중 카자흐어를 아는 사람은 563,749명 (2002년)
- 키르기스스탄 42,657명(1999년)

지 역: 카자흐스탄, 우즈베키스탄, 중국(신장웨이우얼자치구, 특히 북부의 이리하사커자치주), 러시아, 몽골(바얀울기(Bayan-Ölgii)아이막), 키르기스스탄 등

[22] 카라칼파크어 Karakalpak

인 구: 424,000명 중 모어 사용자는 398,573명(94%)(1989년)

지 역: 우즈베키스탄의 카라칼파크스탄(Karakalpakstan)자치공화국

[23] 노가이어 Nogai

인 구: 러시아 90,666명, 노가이어를 아는 사람은 90,020명(2002년)

지 역: 러시아 카라차이-체르케시아(Karachai-Cherkessia), 스타브로폴(Stavropol') 및 다게스탄공화국 등

[24] 키르기스어 Kirghiz

인 구: - 키르기스스탄 3,128,147명(1999년)

　　　 - 중국 160,823명(2000년)

　　　 - 타지키스탄 65,500명(2000년)

　　　 - 러시아 31,808명(2002년)

　　　 - 카자흐스탄 10,896명(1999년)

지 역: 키르기스스탄, 우즈베키스탄, 중국 신장웨이우얼자치구 커쯔러쑤커얼커쯔(克孜勒蘇柯爾克孜)자치주의 아커타오(阿克陶)현, 아허치(阿合奇)현, 우차(烏恰)현, 이리하사커자치주의 자오쑤(昭蘇)현, 터커쓰(特克斯)현, 아커쑤(阿克蘇)지구의 바이청(拜城)현, 우스(烏什)현, 타지키스탄, 카자흐스탄, 러시아, 아프가니스탄 바다흐샨(Badakhshan)주의 와한(Wakhan) 지방

[25] 알타이어 Altai

인 구: 77,822명, 알타이어를 아는 사람은 69,445명(2002년)

지 역: 러시아연방 알타이공화국, 알타이주, 케메로보(Kemerovo)주의 벨로보(Belovo)지구, 구리옙스크(Gur'evsk)지구, 노보쿠즈네츠크(Novokuznetsk)지구

[26] 하카스어 Khakas

인 구: 75,622명, 하카스어를 아는 사람은 52,217명(2002년)

지 역: 러시아연방 하카스공화국

[27] 쇼르어 Shor

인 구: 13,975명, 쇼르어를 아는 사람은 6,210명(2002년)

지 역: 러시아연방 케메로보주의 미스키(Myski), 메지두레첸스크(Mezhdurechensk), 타시타골(Tashtagol)지구

[28] 출름 튀르크어 Chulym Turkish

인 구: 656명, 출름 튀르크어를 아는 사람은 270명(2002년)

지 역: 러시아연방 톰스크(Tomsk)주의 테굴데트(Tegul'det)지구, 크라스노야르스크(Krasnojarsk)주의 튜흐테트(Tjukhtet)지구

[29] 투바어 Tuvan

인 구: - 러시아 243,442명, 투바어를 아는 사람은 242,754명(2002년)
 - 몽골 27,000명
 - 중국 2,600명

지 역: 러시아연방 투바공화국, 부랴트공화국의 오카(Oka)지구, 몽골의 홉스굴(Khövsgöl)아이막, 홉드(Khovd)아이막, 바얀울기(Bayan-Ölgii)아이막의 쳉겔솜(Tsengel sum), 중국 신장웨이우얼자치구 이리하사커자치주 아얼타이지구 내의 부얼진(布爾津)현, 하바허(哈巴河)현, 푸윈(富蘊)현

[30] 토파어 Tofa

인 구: 837명, 토파어를 아는 사람은 378명(2002년)

지 역: 러시아 이르쿠츠크(Irkutsk)주 니즈네우딘스크(Nizhneudinsk)지구

의 알리그제르(**Alygdzher**) 마을, 베르흐냐야 구타라(**Verkhnjaja Gutara**) 마을 및 네르하(**Nerkha**) 마을

[31] 야쿠트어 Yakut
인 구: 443,852명, 야쿠트어를 아는 사람은 456,288명(2002년)
지 역: 러시아연방 사하(야쿠티야)공화국과 인근의 마가단(**Magadan**)주, 크라스노야르스크주의 어웡키자치구 및 타이미르자치구 등

[32] 돌간어 Dolgan
인 구: 7,261명, 돌간어를 아는 사람은 4,865(2002년)
지 역: 러시아 크라스노야르스크주(특히 타이미르 반도)

[33] 서부요구르어 West Yugur, 西部裕固語
인 구: 13,719명(2000년)
지 역: 중국 간쑤성 서북부의 쑤난위구족(肅南裕固族)자치현

[34] 푸위 키르기스어 Fuyu Kirghiz
인 구: 875명, 모어 사용자 10명(1982년)
지 역: 중국 헤이룽장성 치치하얼시 푸위현 우자쯔(五家子)촌과 치자쯔(七家子)촌

2. 현지 조사의 방법과 과정

우리는 최첨단 장비를 이용하여 알타이언어를 현지에서 녹음·녹화하였고, 이를 가공하여 언어 기술을 위한 기초 자료로 만들고 국내외 학자들이 이용할 수 있도록 웹상에서 제공하고 있다. 이 절에서는 우리의 작업 과정에서 축적된, 현

지 조사의 방법과 과정의 경험을 '사전 준비 과정', '현지 조사의 진행', '질문지', '녹음과 녹화 장비'로 나누어 서술한다.

2.1. 사전 준비 과정

현지 조사를 수행하기 위해서는 먼저 조사 대상 언어를 선정해야 하고, 자료 제공인을 비롯하여 현지 섭외를 진행하고 현지 조사팀을 구성한다. 그와 동시에 언어 조사를 위한 질문지를 작성하고 녹음, 녹화를 위한 장비를 준비하여야 한다. 그 준비 내용을 항목별로 살펴본다.

2.1.1. 조사 대상 언어 선정

조사 대상 언어를 선정하는 데에 가장 중요한 기준은 언어의 절멸 위기 정도와 조사 가능성이다. 절멸 위기의 정도가 심각한 언어부터 먼저 조사하되, 해당 언어 사용자들의 거주지에 접근할 수 있는 교통편과 안전성 등을 포함한 여러 여건을 고려하여 조사 언어를 선정한다.

2.1.2. 현지 섭외

현지 섭외는 주로 최소한 3개월 전부터 현지의 대학 또는 연구소의 연구자와 관계자의 도움을 얻어 진행한다. 우리 연구팀의 경우, 중국과 러시아, 몽골의 각 지역에 우리 활동의 목적을 잘 이해하고 있는 협력 기관과 협력 연구자들이 있어서 섭외에 적극적인 도움을 주었다.

먼저 조사 대상 언어의 사용자들이 살고 있는 지역에서 조사를 진행하기에 가장 알맞은 시기와 장소를 결정하고 자료제공인을 섭외하는 데에 현지 협력자들의 도움을 받아야 한다.

알맞은 자료제공인을 섭외하는 것은 조사 준비에서 가장 중요한 부분이다.

좋은 자료제공인의 조건은 '자신의 언어를 일상 언어로 사용하며 능숙하게 구사할 수 있는 60세 전후의 건강한 사람'이다. 그러나 조사 대상 언어가 대부분 절멸 위기의 언어이기 때문에, 가정과 사회의 일상생활에서 해당 언어를 사용하는 사람을 찾는 것은 매우 어려운 일이다. 사회생활에서는 러시아어나 중국어를 사용하는 경우가 대부분이고, 가정에서도 젊은 세대와는 이미 모어로 대화하지 않는 경우가 많기 때문이다. 어렸을 때에만 모어를 썼고 그 이후에는 쓰지 않아서 어렵사리 기억을 되살려야 하는 경우도 있다. 이렇게 자료제공인의 언어 구사 능력이 낮을 경우에는 두 명의 자료제공인을 섭외하는 것이 좋다.

자료제공인은 여성보다는 남성으로 하는 것이 나중에 녹음 자료를 스펙트로그램으로 분석할 때 더 뚜렷한 특징을 볼 수 있다는 점에서 더 좋지만, 절멸 위기의 언어 상황 때문에 여성을 선택할 수밖에 없는 경우도 많다.

2.1.3. 현지 조사팀의 구성

현지 조사팀은 주로 4명으로 구성된다. 조사 진행을 총괄하는 팀장 1명, 조사 대상 언어 어파 전공자 1명, 녹음·녹화 담당 1명, 매개 언어(중국어 또는 러시아어)를 능숙하게 구사하는 통역자 1명을 구성원으로 한다. 이들의 맡은 바 임무는 경우에 따라 중복될 수도 있다.

2.1.4. 질문지 준비

질문지는 언어 조사의 내용을 결정하는 가장 중요한 부분이다. 질문지는 조사 대상 언어의 사용 지역에 따라 중국지역용, 러시아지역용, 몽골지역용 중의 하나를 준비한다. 그 내용은 어휘, 기초회화, 문법 등 세 부분으로 이루어져 있고, 해당 매개 언어로 준비된 단어 형태와 문장 형태의 질문 항목으로 되어 있다.

조사를 거듭하는 과정에서 문제점과 개선할 사항이 발견되어 조금씩 수정을 가하기는 하였지만, 모든 조사를 통해 얻은 결과물이 서로 크게 차이가 나지 않는 균질한 자료가 될 수 있도록 가능한 한 최소한의 범위 내에서 개선하였다.

조금 더 자세한 질문지의 내용에 대해서는 아래에 별도로 서술한다.

2.1.5. 장비 준비

최첨단 녹음·녹화 장비를 이용하는 우리의 현지 조사가 성공적인 조사가 되기 위해서는 조금이라도 미비한 점이 없도록 장비를 철저하게 준비하는 것이 필수적이다. 녹음·녹화 장비 본체 외에도 해당 기계의 입출력 단자에 맞는 마이크, 현지 전압 사정을 고려한 전원 플러그와 코드, 어댑터뿐만 아니라 현지의 전기 공급 사정을 감안하여 충전기나 배터리도 준비한다. 빠짐없이 준비하기 위해서 장비 목록을 만들어 확인한다. 아래는 2009년 2월 현지 조사에서 사용한 조사 팀 1개조의 장비 목록이다.

장비	상표/모델명	세부장비	수량	비고
녹음 장비	Sound devices722	본체	1	
		휴대가방	1	
		전원어댑터/코드	1	잡음 발생으로 주로 배터리 사용
		1394 케이블	1	노트북 연결
		사용설명서	1	
	SONYNP-F770/F970	배터리	각 1	약 3시간/5시간 사용
	Sennheiser PX200	헤드폰	1	모니터링
녹화 장비	SONY DSR-PDX10	본체	1	
		휴대가방	1	
		전원어댑터/코드	1	잡음 발생으로 배터리 사용 권장
		사용설명서	1	
	SONY NP-QM91D	배터리	3	약 3시간 사용, 녹음기와 호환 가능
	SONY VCT-D680RM	삼각대	1	캠코더 연결부 분실 주의
	Cresyn LMX-E700R1	이어폰	1	모니터링
	SONY DVM60	DV테잎	60	SP모드 60분 녹화 가능
마이크	AKG C420	헤드셋	1	자료제공인
	Audio-Technica 831b	핀마이크	2	질문자 / 캠코더
	Neutrik	XLR 케이블	5	녹화 2 / 녹음기 3(여분 각1개씩)
노트북		본체	1	자료 백업 및 분석, 일정 기록
		휴대가방	1	

		전원어댑터/코드	1	
전원 관련	SONY BC V615	마우스	1	
		휴대용 하드	1	백업용 100GB
		급속충전기	1	녹음기/녹화기 배터리 공용
		멀티탭	1	
		변환코드	1	
기타		디지털카메라	1	메모리카드 및 충전기 포함
		일정정리용 파일	1	노트북
질문지			10	예) 중국어 질문지
배경 스크린			1	'ASK REAL' 배경막 (현지에서 다림질)

<표 2-1> 현지 조사 장비 목록의 예(2009년 조사의 경우)

기본 장비인 녹음기, 녹화기, 마이크에 대한 조금 더 자세한 내용은 아래에 별도로 서술한다.

2.2. 현지 조사의 진행

아래에서는 실제 현지 조사가 어떠한 방법으로 어떠한 과정을 통해 진행되는지를 서술한다. 조사 기간과 시간, 조사 장소, 진행 방식과 조사 후의 마무리 작업에 대해 알아본다.

2.2.1. 조사 기간과 시간

현지 조사는 대개 짧게는 4-5일에서 길게는 열흘 정도의 기간 동안 이루어진다. 평균적으로 일주일 정도의 기간을 잡는다. 그 중 왕복 교통편에 할애되는 시간을 제외하면 한 언어에 평균 사흘 정도의 조사 시간을 설정할 수 있다. 현지 상황과 자료제공인의 상황에 따라 다르지만 조사는 하루에 평균 6시간 정도 진행한다.

2.2.2. 조사 장소

조사 장소는 자료제공인의 집을 제일 먼저 생각할 수 있겠지만, 두 가지 면에서 별로 바람직하지 못하다. 첫째는, 개가 짖거나 병아리, 닭 등이 돌아다녀서 소음을 만들어 내거나, 외국인을 구경하러 동네 사람들이 모여드는 경우도 있어서 깨끗한 음질의 녹음을 하기 어렵다는 점이고, 둘째는 의자나 책상 같은 도구가 없는 경우, 장비를 설치하기도 어렵고 장시간의 조사가 어려워질 수 있다는 점이다. 불가피하게 야외에서 조사해야 하는 경우, 주위의 소음을 최대한 차단하기 위해 반드시 헤드셋 마이크를 사용해야 한다.

자료제공인이 동의한다면 가장 무난한 조사 장소는 호텔이다. 소음이 없을 뿐만 아니라, 자료제공인이 집에서 떠나있기 때문에 조사에 집중할 수 있고, 식사도 호텔에서 할 수 있어서 시간도 절약할 수 있다. 자료제공인이 가끔씩 휴식을 취할 수 있도록 호텔 방을 제공할 수도 있어서 편리하다. 그러나 자료제공인이 고령이어서 이동이 불편한 경우에는 조사팀이 집으로 직접 찾아가서 조사를 할 수밖에 없다.

2.2.3. 조사의 진행

먼저 조사 언어, 조사 일시와 장소, 자료제공인에 대한 기본적인 정보가 녹음되도록 한다. 자료제공인은 카메라 앞에서 헤드셋 마이크를 귀에 걸고 답을 해야 하고, 때에 따라 생각이 나지 않을 수도 있는 상황 때문에 많이 긴장할 수 있다. 먼저 자료제공인에 대한 정보를 자연스러운 대화 형태로 이끌어 내어, 자신에 대해 이야기하는 과정에서 긴장을 풀고 편안한 마음이 되도록 한다.

조사는 통역자가 매개 언어로 질문 항목을 읽고 자료제공인이 조사 대상 언어로 답하는 형식으로 이루어진다. 자료제공인은 한 항목에 대한 답변을 두 번 연달아 발음한다. 시선이 통역자에게 향하지 않고 녹화 장비인 캠코더의 카메라를 향하도록 수시로 말해준다. 소음이 들어가지 않도록 조사 시간 내내 모니터링하면서 확인한다.

    조사 순서는 질문지의 순서대로, 즉 어휘 항목부터 조사하는 경우가 대부분이지만, 경우에 따라서 자료제공인이 단어 형태를 기억해내는 것이 힘들 경우, 문장 단위로 되어 있는 기초회화, 문법의 문장 항목 중 쉬운 것을 먼저 조사하는 것이 효율적일 수도 있다.

    쉬는 시간을 두어 가며 조사하며, 장시간 조사로 자료제공인이 힘들어할 경우 충분히 휴식을 취한 후에 조사를 계속하도록 한다.

    자료제공인이 어느 정도 교육을 받은 사람일 경우, 조사 질문지를 미리 공부하거나, 집에 가지고 가서 직접 적어오겠다고 하는 경우가 있다. 생각이 나지 않는 항목에 대해 사전을 찾거나 지인에게 물어보아 답변을 적어오는 것이다.

    자료제공인의 모어 구사 능력의 수준에 따라 질문지에 따른 조사를 마치고 노래나 민담을 채록할 수도 있고, 현지에서 구한 해당 언어로 된 이야기책 등을 읽어달라고 요청하기도 한다.

2.2.4. 조사 후 마무리 작업

    자료제공인에게는 사례비를 제공한다. 현지의 임금 수준을 고려하여 그보다는 약간 많게 책정한다. 절멸 위기에 놓인 자신의 언어를 조사하기 위해 외국에서 찾아와준 것만으로도 고맙다며 사례비를 받지 않으려고 하는 경우도 있으나, 반드시 사례비를 전달하도록 한다.

    예산 집행, 조사 일정과 교통편, 현지 사정 등을 엑셀 파일에 세세히 기록하고 정리하여 다음의 조사에 참고가 될 수 있도록 한다.

    녹음과 녹화에 관한 정보는 질문지의 맨 뒷편에 마련한 음성자료 기록란, 영상자료 기록란에 자세히 기록한다.

2.3. 현지 조사 질문지

현지 조사를 준비하는 과정에서 질문지를 체계적, 효율적으로 구성하는 작업이 가지는 의의, 실제 질문지의 작성 과정과 발간 현황, 질문지의 구성과 내용, 질문지의 관리 체계를 차례로 살펴본다.

2.3.1. 질문지의 의의

질문지를 사전에 체계적으로 준비하는 것은 제한된 시간 안에 효율적으로 조사를 수행하기 위해 필수적인 작업이다. 또한 여러 지역에서 이루어지는 조사를 통해 균질한 자료를 수집하는 것은 언어의 계통이나 친족 관계를 밝혀내는 역사언어학 분야나 언어 간의 공통점과 차이점을 찾아내어 유형 분류를 시도하는 언어유형론 분야의 연구에서 기본적인 작업이다. 따라서 동일한 항목에 대한 다양한 언어의 자료를 수집할 수 있도록 체계적으로 질문지를 구성하는 작업은 현지 조사 준비의 가장 중요한 작업 중 하나이다.

2.3.2. 질문지의 작성 과정과 발간 현황

우리는 2000년부터 중국지역용, 러시아지역용, 몽골지역용 언어 조사 질문지를 제작하여 현지 조사에서 사용해왔다. 2000년에 중국의 『鄂溫克語簡志』를 참고하여 중국지역용 질문지를 처음 만든 이후, 2003년에는 중국지역용 질문지를 토대로 항목이 같은 러시아지역용 질문지를 만들었고, 2004년에는 몽골지역용 질문지를 만들었다. 이 과정에서 해당 매개 언어의 특징에 따라 조금씩 수정을 거쳤다.

2000년부터 2006년 6월까지 발간된 질문지는 모두 22권이다. 2006년 7월 이후 2009년 6월까지 발간된 질문지는 모두 10권이며 그 목록은 아래와 같다.

번호	날짜	지역	조사지역	조사언어	판쇄	판형-쪽수
1	2006-08-01	중국	헤이룽장성 치치하얼, 칭하이성 시닝	다고르어, 살라르어, 보난어	제4판 수정 5쇄	B5-214
2	2006-12-15	러시아	키르기스스탄 비슈케크, 사하(야쿠티야)공화국 야쿠츠크	키르기스어, 돌간어, 야쿠트어, 부리야트어, 어원어	제3판 수정 6쇄	B5-211
3	2007-06-15	러시아	리투아니아 트라카이, 바시키르공화국, 부랴트공화국	카라임어(트라카이 방언), 바시키르어, 추바시어, 타타르어, 부리야트어	제3판 수정 7쇄	B5-211
4	2007-06-15	몽골	헨티 아이막	몽골어 (할하강 방언)	제4판	B5-211
5	2007-06-15	중국	헤이룽장성 푸위현	만주어	제4판 수정 6쇄	B5-214
6	2007-12-20	중국	신장웨이우얼자치구 우루무치	칼미크-오이라트어 (호복사이르, 보르탈라, 바양골 방언)	제4판 수정 7쇄	
7	2008-07-25	중국	네이멍구자치구	몽골어	제4판 수정 8쇄	B5-214
8	2008-07-25	러시아	하바롭스크, 하카스공화국	울치어, 네기달어, 하카스어	제3판 수정 8쇄	B5-211
9	2008-12-26	러시아	하바롭스크, 고르노-알타이스크	네기달어, 오로치어, 알타이어	제3판 수정 8쇄	B5-211
10	2009-02-04	중국	간쑤성 란저우, 칭하이성, 하얼빈	둥샹어, 보난어, 몽구오르어, 어웡키어, 허저어	제4판 수정 8쇄	B5-214

<표 2-2> 질문지 발간 목록 (2006. 7.-2009. 6.)

2.3.3. 질문지의 구성

우리의 질문지는 크게 어휘, 기초회화, 문법으로 구성된다.

질문지의 맨 앞에는 자료제공인 정보란을 두어 자료제공인의 신상 정보를 기록하여 정리할 수 있도록 하였다. 자료제공인의 성명, 연령, 성별, 민족명, 가족 사항, 언어 사용 상황, 출생지를 포함한 거주 경력과 기타 특징을 적도록 되어 있다.

조사 일시	년 월 일 - 월 일				
조사 지역					
조사 장소:					
조 사 자:					
자료제공인:					
성 명					
연 령		세	년 월생	남 / 여	
민 족		족	직업		
가족 사항	남 명/여 명		손 인	배우자	족
주 소				전화	
언어 사용 상 황	직장				
	가정				
	기타				
거주 경력	출생지:				
특 징					

<표 2-3> 질문지의 자료제공인 정보란

질문지의 주요 부분인 어휘와 기초회화, 문법 부분에는 조사 현장에서 들으면서 곧바로 전사를 할 수 있도록 별도의 빈 칸을 두었다. 전체 분량은 2009년 2월 중국지역용 질문지(제4판 수정8쇄)의 경우 214쪽(B5)이다.

2007년 6월 이후부터는 질문지의 맨 뒤에 음성자료 기록란, 영상자료 기록란를 두어 수집된 자료의 내용을 기록하고 이후 가공 작업을 할 때 효율적으로 내용을 찾을 수 있도록 하였다. 음성자료 기록란은 파일이름, 날짜, 자료제공인, 조사내용, 녹음시간, 대응되는 비디오테이프, 파일 크기 등을 기록하도록 되어 있고, 영상자료 기록란에는 테이프 이름, 날짜, 자료제공인, 조사 내용, 촬영 시간(분)을 적도록 되어 있다.

음성자료 기록						
	파일 이름	날짜	자료제공인 (성별/나이)	잡이 (조사 내용/특기 사항)	녹음 시간(분)	대응되는 DV테이프	파일 크기 (Mbytes)
1							
2							
3							

4					
…					

<표 2-4> 질문지의 음성자료 기록란

영상자료 기록				
테이프 이름	날짜	자료제공인 (성별/나이)	잡이 (조사 내용/특기 사항)	촬영시간(분)
1				
2				
3				
4				
…				

<표 2-5> 질문지의 영상자료 기록란

2.3.4. 질문지의 주요 내용

우리 질문지의 주요 내용은 어휘, 기초회화, 문법으로 이루어져 있다. 질문지의 분량은 하루 6시간 조사를 기준으로 하여 3~4일 동안 조사할 수 있는 정도로 되어 있다. 어휘는 약 2,700항목, 기초회화는 약 340항목, 문법은 380항목이다.

[1] 어휘

질문지의 구성 내용 중 어휘 부분은 가장 기본적인 음운과 형태소 정보를 알아낼 수 있는 중요한 조사이다.

우리는 어휘 항목으로 천문 관련 어휘, 인체나 친족 명칭과 같은 기초 어휘를 일차적으로 선정하였고, 그 외에도 현지 조사 지역의 특성을 고려하여 유목, 목축, 사냥에 관한 어휘나 그 지역의 자연적, 문화적 특징을 보여주는 어휘들을 선정하였다.

어휘 부분의 항목들은 의미부류별로 구분되어 있다. 이는 자료제공인이 의미부류 상 비슷한 의미의 어휘들을 연이어 대답하게 되면 기억해 내서 답변하기가 훨씬 수월하기 때문이다. 예를 들어, '눈', '코', '입' 등과 같은 신체 부위와 관련된 단어를 연달아 대답하고, '어머니', '아버지', '할아버지'와 같은 친족을 일컫는 어휘를 이어서 대답하는 것이 그렇지 않은 경우보다 어휘를 떠올릴 수 있는 가능성이 더 높은 것이다. 우리가 설정한 24개 의미부류는 다음과 같다. 괄호 안은 의미부류 코드이다.

천문/지리 (va)	가축/사육 (vk)
기상 (vw)	조류 (vo)
시간/기간/계절 (vy)	어류 (vi)
관계/직업 (vr)	곤충류 (ve)
정치/경제/문화 (vc)	식물 (vv)
군사/교통 (vt)	금속/보석 (vj)
인체 (vb)	방위 (vd)
질병 (vz)	수량 (vq)
거주/용구 (vl)	대명사 (vp)
의복 (vg)	성질/상태 (vn)
음식/식기 (vf)	동작/행위 (vm)
동물/수렵 (vh)	기타 (vs)

<표 2-6> 어휘 의미부류

질문지의 어휘 항목을 배열하는 데에는 의미부류의 기준 외에도 중요도의 기준을 적용하였다. 모든 어휘 항목은 중요도에 따라 1급, 2급, 3급, 4급으로 분류하였다. 중요도를 설정한 것은 실제 현지 조사 과정에서 시간이 모자라거나 자료제공인의 모어 구사 수준이 낮은 경우 모든 의미부류에 걸쳐 가장 기본적인 어휘들만을 골라서 질문하는 것이 효율적이라고 판단했기 때문이다. 가장 기본적이고 쉬운 어휘들을 1급으로 설정하고, 그 다음은 2급으로 하여, 경우에 따라서 1급만 조사하거나 1급과 2급까지만 조사하고, 시간이 충분하거나 자료제공인의 모어 구사 능력이 뛰어날 경우 3급, 4급까지 조사하도록 하였다.

중요도는 여러 차례의 조사 경험을 통해서 얻어진 사용 빈도에 관한 직관과 현지의 자연적, 문화적 특징을 고려하여 설정하였다. '동물, 식물, 생물' 등과 같은 총칭류의 어휘는 답변을 기대하기 어려운 항목이므로 3급 또는 4급으로 설정하였다. '신문, 방송, 정치, 경제, 대통령, 이자' 등과 같은 현대 문명과 관련된 어휘도 답변하기 어려운 항목으로 4급으로 정하였다. 그 대신 일상적으로 사용 빈도가 높고 그 동안의 조사 경험상 답변이 잘 나왔던 '소나무, 자작나무, 곰' 등의 어휘는 1급으로 하였다.

우리는 질문지의 어휘 항목을 중요도 등급으로 먼저 배열하고, 각 등급 내의 어휘를 의미부류별로 배열하였다. 그러나 1급과 2급의 어휘는 함께 모아 의미부류별로 배열하였는데, 이는 조사 경험상 1급과 2급까지 조사를 할 수 있는 경우가 가장 많았기 때문이다. 1급과 2급에 이어 3급을 의미부류별로 배열한 후, 4급을 그 뒤에 의미부류별로 배열하였다.

아래는 질문지의 어휘 부분의 일부이다.

번호		러시아어	한국어		전사
			어 휘		
1	va001	солнце	해(태양)	1	
2	va006	луна	달	1	
3	va009	звезда	별	1	
4	va011	небо	하늘	1	
5	va013	свет	빛	2	
6	va014	земля	땅	1	
7	va015	почва	흙	1	
8	va017	поле	밭/들	2	
9	va018	песок	모래	2	
10	va031	лес	숲	1	
11	va033	пастбище	목장	2	
12	va034	гора	산	1	
13	va047	река	강	1	
14	va048	речка	시내/내	2	
15	va051	море	바다	2	
16	va052	озеро	호수	2	
17	va055	лёд	얼음	2	
18	va056	вода	물	1	
19	va057	колодец	우물	2	
20	va058	родник, ключ	샘	1	

<표 2-7> 질문지의 어휘 부분 (러시아지역용 질문지)

한편 어휘 항목을 조사할 때 자료제공인이 해당 알타이언어의 어휘를 쉽게 떠올릴 수 있도록 하기 위하여 사진 자료를 수집하여 활용하였다. 알타이언어의

현지 조사는 매개 언어인 중국어, 러시아어, 몽골어를 통해서 이루어지기 때문에, 한국어와 해당 알타이언어, 매개언어에서 특정 어휘 항목이 가리키는 바가 불명확할 수가 있다. 이런 경우, 실물 사진 자료를 보여주어 더욱 분명하게 그 의미를 이해하고 답변할 수 있도록 하였다. 사진이나 그림으로 표현이 가능한 의미부류를 천문/지리, 군사/교통, 인체, 거주/용구, 의복, 음식/식기, 동물/수렵, 가축/사육, 조류, 어류, 곤충류, 식물, 금속/보석 등 13개로 보고, 이 의미부류에 속하는 어휘 1,012개 중에서 792종(78.3%)에 해당하는 사진 875장을 수집하였고, 표현이 매우 제한적인 부류인 기상, 관계/직업, 정치/경제/문화, 질병, 방위, 성질/상태, 동작/행위 등 7개 부류에 대해서는 20~30%를 수집하였다. 수집한 자료의 전체 수는 1,029장이다. 수집된 자료는 노트북에 저장하여 현지 조사에서 활용할 수 있도록 하였으나, 실제 현지 조사에서는 대부분의 경우 이해가 잘 되지 않거나 잘 떠오르지 않는 항목에 시간을 할애하기보다는 생각이 더 잘 날 수도 있는 다른 항목으로 곧바로 이동하였기 때문에 실제로 이 사진 자료가 이용된 경우는 많지 않았다.

[2] 기초회화

질문지의 기초회화 부분은 조사 대상 언어가 비록 절멸 위기의 언어라 할지라도 자료제공인이 쉽게 떠올릴 수 있는 기본적인 대화체의 쉬운 문장을 중심으로 작성하였다. 기초회화의 조사를 통해서 어휘 항목의 단어들이 문장 내에서 어떻게 쓰이는가를 알 수 있는 문장 단위의 자료를 얻을 수 있다.

기초회화의 문장 단위 항목은 17개의 상황으로 설정하여 구성하였고 340여 개의 문장으로 되어 있다. 17개 상황은 아래와 같다. 괄호 안은 상황 코드이다.

첫 만남 (cm)	사과 (ce)
방문 (cv)	치료 (ci)
수렵 (ch)	계절 (cs)
휴식 (cr)	기쁨 (cj)
기상/출발 (cl)	이별 (cg)
날씨 (cw)	솜씨 (ct)

음식 (cf)	기호(嗜好)1(차 마실 때) (cb)
수렵물 분배 (cd)	기호(嗜好)2(여가활동) (ca)
상점 (cp)	

<표 2-8> 기초회화 상황

각 상황에 따라 자연스러운 대화문을 설정하여 자료제공인이 쉽게 문장 형태로 답할 수 있도록 하였다. 특히 '수렵, 수렵물 분배'와 같은 상황은 알타이언어 사용자들의 문화적 특수성을 고려하여 설정한 것이다. 또한 '방문'의 상황에서 손님이 개를 붙잡아 달라고 말하는 장면도 문화적 특수성을 반영한 것이다.

한편 기초회화의 문장에 나오는 인명, 지명 등의 고유명사는 매개 언어별, 조사 지역별 특성에 맞도록 선별하여 목록을 따로 만들고, 지역에 따라 다른 고유명사를 넣을 수 있도록 대체표를 만들었다. 예를 들어, '제 이름은 [   ]라고 합니다'의 경우 러시아 지역의 경우 'Таня', 중국 지역의 경우 '巴音' 등과 같이 목록을 만들어 놓고, 조사 지역에 따라 알맞은 것을 포함시키도록 했던 것이다. 그러나 이러한 작업이 준비 과정의 번거로움에 비해 별로 효율적이지 못하다는 판단 아래 2007년 이후부터는 질문지에 고유명사의 자리는 빈 칸으로 남겨두고 현지에서 자료제공인이 스스로 적당한 이름을 골라 넣도록 하는 식으로 조사를 진행하였다.

다음은 질문지 기초회화의 부분이다.

		기초회화	
		Первая встреча	첫 만남
1	cm001	Здравствуйте.	안녕하세요.
2	cm002	Рад с вами познакомиться.	처음 뵙겠습니다.
3	cm003	Здравствуйте.	안녕하세요.
4	cm004	Я тоже рад с вами познакомиться.	저도 처음 뵙겠습니다.
5	cm006	Меня зовут Миша.	제 이름은 미샤라고 합니다.
6	cm007	Как вас зовут?	당신의 이름은 무엇입니까?

7	cm009	Меня зовут [ ]. (Таня)	제 이름은 [ ]라고 합니다. (타냐)
8	cm010	Откуда вы приехали?	고향이 어디세요?
9	cm012	Я приехал из [ ].	제 고향은 [ ]입니다. (지명)
10	cm013	Я впервые здесь.	저는 이곳에 처음입니다.

<표 2-9> 질문지의 기초회화 부분 (러시아지역용 질문지)

[3] 문법

질문지의 문법 항목은 기초적인 문법 체계를 파악할 목적으로 구성되었다. 모두 7개의 범주로 되어 있고, 조사 문항은 380여 개의 문장으로 이루어져있다. 문법 항목도 기초회화와 같이 짧은 문장 단위로 되어있다.

다음은 7개 문법 범주에 대한 세부 범주를 보인 것이다.

1. 체언과 격 표지
　1.1. 인칭대명사의 성격
　1.2. 단수와 복수
　1.3. 격과 격 표지
　　1.3.1. 주격(nominative)/ 1.3.2.속격(genitive)/ 1.3.3.대격(accusative),
　　1.3.4. 조격(instrumental)/ 1.3.5. 여격(dative)/ 1.3.6. 처격(locative),
　　1.3.7. 방위격(allative)/ 1.3.8.방위종격(elative)/ 1.3.9.달격(ablative)
　1.4. 소유인칭 표지
　1.5. 후치사

2. 용언의 문법표지 (1): 활용어미
　2.1. 직설법
　　2.1.1. 현재시제/ 2.1.2. 과거시제/ 2.1.3. 미래시제
　2.2. 의도법
　2.3. 명령법
　2.4. 동명사어미
　2.5. 접속어미

2.5.1. 동시 관계/ 2.5.2. 계기 관계/ 2.5.3. 조건 관계/ 2.5.4. 기회 관계/ 2.5.5. 양보 관계/ 2.5.6. 인과 관계/ 2.5.7. 선택 관계

3. 용언의 문법표지 (2): 파생접사

3.1. 사동태

3.2. 피동태

3.3. 재귀태

3.4. 상호태

3.5. 공동태

3.6. 진행상

3.7. 반복상

3.8. 추측 양태

3.9. 목적 양태

4. 계사

4.1. 현재형

4.2. 과거형

5. 보조용언 구문의 문법

5.1. '있다/이다'

5.2. '되다'

5.3. '받다'

5.4. '주다'

5.5. '보다'

5.6. '할 수 있다'

5.7. '해야(하-어야) 한다'

6. 부정문, 의문문, 인용문

6.1. 명사 부정문

6.2. 형용사 부정문

6.3. 동사 부정문

6.4. 부정 명령문

6.5. 의문문의 형성

6.6. 부정극어

6.7. 인용문 구성

7. 특수 구문

아래는 질문지 문법의 부분이다.

문 법	
1. 체언과 격 표지	
(1) 1인칭 복수(배제형/포함형)	
1	Мы пойдём на речку, а вы идите в горы.	우리는 강으로 갈 테니, 너희는 산으로 가거라.
2	Давайте вместе пойдём в лес.	우리 함께 숲으로 가자.
(2) 인칭대명사 단수	
3	Он ушел вместе со мной.	그는 나와 함께 떠났다.
4	Я дал ему эту книгу.	나는 그에게 이 책을 주었다.
5	Он дал мне эту книгу.	그는 나에게 이 책을 주었다.
6	Ты мне нравишься.	나는 너를 좋아한다.
7	Он тебе больше нравится.	너는 그를 더 좋아한다.
8	Он ушел вместе с тобой.	그는 너와 함께 떠났다.

<표 2-10> 질문지의 문법 부분 (러시아지역용 질문지)

2.3.5. 질문지의 관리

[1] 질문지 종합 파일

우리의 질문지는 중국지역용, 러시아지역용, 몽골지역용 등과 같이 매개 언어별로 작성되어 있다. 매개 언어의 특성상 조금씩 달라지는 부분이 있기 때문에, 전체적으로 균질한 언어 자료를 수집하기 위해서는 각각의 지역에 따른 질문지를 하나로 모아서 통일적으로 관리하여야 한다. 이를 위하여 우리는 질문지 종합 파일을 작성하였다.

일련번호	분류번호	한국어	의미부류	중요도	중국어	병음	러시아어	몽골어	영어	ch_only	ru_only	mo_only
94	va087	만(灣)	천문/지리	4	湾 (港湾的+)	wan1 (gang3 wan1 de +)	залив	булан	gulf			
95	va088	만 (강의+)	천문/지리	3	河湾	he2wan1	речной залив	голын тохой	bay			
96	va089	파도	천문/지리	3	波涛	bo1tao1	волна	долгион	wave			
97	va090	강변	천문/지리	4	河边	he2bian1	речной берег	голын эрэг	riverside			
98	va091	해안	천문/지리	4	海岸	hai3an4	морской берег	далайн эрэг	shore			
99	va092	기슭	천문/지리	3	岸 (河岸上的+)	an4 (he2 an4 shang de +)	берег	эрэг	waters edge			
100	va093	해변	천문/지리	4	海边	hai3bian1	пляж	далайн хаялга	beach			
101	va094	굴/동굴	천문/지리	3	洞/洞穴/窟窿	dong4	пещера	агуй	cave		ru	mo
102	va095	굴	천문/지리	3	洞 (树洞的+)	dong4 (shu4 dong4 de +)			cave	ch		
103	va096	동굴	천문/지리	4	洞穴	dong4xue2			cave	ch		
104	va097	굴(대개고유명사 뒤)	천문/지리	4	窟窿	ku1 long			cave	ch		
105	vw001	지진	기상	4	地震	di4zhen4	землетрясение	газар хөдлөлт	earthquake			
106	vw002	눈사태	기상	3	雪崩	xue3beng1	снежная лавина	цасан нуранги	avalanche			
107	vw003	홍수	기상	2	洪水	hong2shui3	наводнение	үер	flood			
108	vw004	가뭄	기상	2	旱灾	han4 zai1	засуха	ган	drought			
109	vw005	태풍	기상	4	台风	tai2feng1	тайфун	хар салхи	typhoon	ch		mo
110	vw040	돌풍/회오리바람		4	飓风	biao1/xuan4 feng1	вихрь	хуй салхи	squall (n.)			
111	vw006	폭풍	기상	3	风暴	feng1bao4	буря	шуурга	strom, tempest			
112	vw007	아지랑이	기상	3	游丝	you2si1	дымка	зэргэлээ	haze (n.)			

<표 2-11> 질문지 종합파일의 일부 (어휘부분)

우리의 질문지는 2003년부터 **MS-Excel** 파일로 작성되었는데, 종합 파일에는 어휘, 기초회화, 문법 각각의 시트에 분류 번호, 한국어, 의미부류, 중요도와 함께 중국어, 러시아어, 몽골어, 영어의 대응어를 모두 함께 정리하였다. 뿐만 아니라 종합 파일에는 **ch_only, ru_only, mo_only**라는 열을 두어 중국, 러시아, 몽골지역용 질문지 각각에서 달라지는 항목을 따로 표시하였다. 또한 러시아 지역

용 질문지를 기준으로 질문지를 DB 상에 코드화하여 각 지역용 질문지가 연동되도록 만들었다.

분류 번호는 어휘와 기초회화 항목에 붙여서 각 항목의 고유 번호를 부여하여 관리하기 위한 체계이다. 분류 번호 앞부분의 영문 코드는 어휘의 경우 의미부류 코드(〈표 2-6〉 참조), 기초회화의 경우 상황 코드를 의미한다(〈표 2-8〉 참조). 예를 들어, '초승달'의 경우 va007이라는 고유 번호가 붙어있는데, va는 의미부류 '천문/지리'를 뜻하고, 각 어휘의 고유 번호는 모든 지역용 질문지의 모든 판본에 걸쳐 변하지 않는 고유 번호로 부여되는 것으로서 통일적인 관리를 위해 필수적인 코드이다.

종합 파일은 효율적인 관리를 위하여 '종합 파일 관리 지침'을 만들어 관리하였다.

[2] 질문지 편집 매뉴얼 작성

현지 조사 과정에서 질문지의 개선 사항이 발견될 경우, 면밀한 검토를 거쳐 각 지역용 질문지가 아닌 종합 파일에 수정을 하고, 새로운 현지 조사에 쓸 질문지를 인쇄할 경우에는 해당 지역용 질문지를 새롭게 편집하여 인쇄할 수 있도록 하는 체계를 갖추었다. 종합 파일에서 해당 지역용 인쇄용 파일을 편집하는 데 필요한 모든 사항을 매뉴얼로 작성하였다.

2.4. 녹음과 녹화 장비

현지 조사의 결과 최상의 음질로 녹음된 음성 자료를 수집하는 것이 우리의 가장 큰 목표이다. 이 자료는 컴퓨터 음성 분석 프로그램을 이용하여 분석하고 이를 토대로 해당 언어를 기술하며 나아가 웹을 통해 세계 연구자들에게 제공하기 위한 것이므로 최상의 음질로 녹음하여야 하는 것이다. 우리는 그동안 해당 시기의 최첨단 장비를 구입하여 수차례의 테스트를 거쳐 최상의 녹음 방법을 선택하여 조사에 활용해왔다. 여기에서는 최신의 장비를 중심으로 소개한다.*

* 그 이전에 우리가 사용해왔던 장비에 대한 자세한 정보는 김주원 외(2008)을 참조할 것.

[그림 2-1] 현지 조사 장소의 장비와 인원 배치

2.4.1. 조사 장비와 조사 인원의 배치

먼저 현지 조사가 이루어지는 공간에 장비와 인원을 어떻게 배치하는 것이 바람직한지 살펴본다. 녹음 장비, 녹화 장비를 설치하고 자료제공인, 통역자, 조사 대상 언어 전문가, 녹음·녹화 장비 담당 인원이 알맞은 위치에 자리를 잡는다. [그림 2-1]은 실내에서 이루어진 현지 조사 과정을 촬영한 사진이다.

[그림 2-1]에서 ①은 자료제공인이고, ②는 조사 대상 언어 전문가로 녹음 모니터링을 함께 수행하고 있다. ③은 장비 담당으로 녹화 과정을 모니터링하고 있고, ④는 통역자이다. 먼저 녹화 장비를 자료제공인이 앉을 자리의 정면에 배치하고, 녹화 장비 옆에 통역자를 배치한다. 이는 통역자가 질문을 하고 자료제공인이 이에 대해 답하는 방식으로 조사가 이루어지는 과정에서 자료제공인은 통역자를 바라보게 되므로, 통역자가 녹화 장비 바로 옆에 앉아 있어야 자료제공인의 시선이 자연스럽게 녹화 장비를 향하게 되기 때문이다.

2.4.2. 녹음 장비

2007년 여름 전까지는 디지털 녹음기인 소니(SONY) DAT TCD-D100과 마란츠(Marantz) PMD670/671을 사용했었다. DAT TCD-D100은 좋은 음질의 녹음을 할 수 있고 휴대도 간편하다는 장점이 있지만, 조사 후에 디지털 변환 과정을 거쳐야 하는 어려움이 있었다. 이 과정에서 녹음 시간만큼의 변환 시간이 소요되고, DAT 녹음시의 표본 추출률에 맞게 조정을 해야 한다. 또한 마이크 입력 단자가 하나뿐이어서 자료제공인 한 명의 음성만을 녹음할 수밖에 없다는 단점이 있다. 자료제공인이 두 명일 경우 제2자료제공인의 소리를 담을 수가 없고, 질문자 또는 다른 조사자들의 음성도 제대로 녹음되지 않는 것이다.

2005년 4월 현지 조사부터 사용하기 시작한 마란츠 PMD670 디지털 레코더는 조사 내용이 직접 디지털화되어 웨이브 파일(PCM WAV) 형태로 녹음된다는 장점이 있었다. 소리를 음성 파일로 직접 녹음하기 때문에 음성 소프트웨어를 사용하여 디지털 변환을 거치는 번거로움이 없어진 것이다. 마란츠 디지털 녹음기는 CF(compact flash) 카드와 마이크로드라이브 저장 형식(microdrive storage formats)을 지원하는데, CF 카드를 표준 저장 매체로 사용하기로 결정하였다. 이 디지털 녹음기는 또한 기존의 DAT와 달리 두 개의 마이크 입력을 지원한다는 점이 장점이 있었다. 그래서 우리는 자료제공인의 음성뿐 아니라 질문자의 음성도 함께 녹음할 수 있었고, 자료제공인이 둘인 경우에는 두 명의 음성을 동시에 녹음하였다. 다만 CF의 용량의 한계 때문에 조사 시간이 길어질 경우에 휴대용 하드디스크나 노트북 컴퓨터에 주기적으로 저장을 해야 한다. 마란츠 PMD670의 문제점은 CF 카드에 녹음한 음성 파일을 노트북 컴퓨터나 외장 하드로 이동할 때 정전기 발생 등의 문제로 간혹 파일 에러가 생겨서 녹음한 자료가 손상될 수 있다는 점이다.* 또 하나의 문제점은 4GB 용량의 CF 카드를 써서 스테레오 녹음을 할 경우, 1시간에 700-800MB를 사용하므로 약 4시간 간격으로 작업을 멈추고 녹음된 자료를 노트북 컴퓨터에 옮겨야 하는데, 이 작업에 꽤 많은 시간이 걸린다는 점이다. 또한 건전지는 현지에서 구입하면 품질이 균일하지

* CF 카드에 장애가 발생하는 경우 윈도의 chkdsk (check disk) 프로그램을 이용해서 수정하기는 하였지만 그래도 몇 초 간의 데이터 손실이 발생하였다. CF 카드의 내용을 컴퓨터와 연결했을 때 CF 카드의 드라이브가 D 드라이브인 경우에 윈도 명령어창에서 chkdsk d: 명령을 실행하면 문제가 있는 부분을 완벽하지는 않지만 수정할 수 있다.

않아서 이용 시간을 예측할 수 없는 어려움이 있기 때문에 한국에서 건전지(AA 형)를 미리 많이 준비해 가야 하는데, 공항 검색대에서 위험 물질로 오인되는 경우가 자주 있었다.

 2007년 여름부터는 사운드 디바이스(Sound Devices) 722를 사용하고 있다. 이 녹음 장비는 40기가 하드드라이브가 내장되어 있어서 CF를 사용하지 않으므로, 작업을 중단하고 플래시 메모리를 백업하는 번거로움 없이 연속해서 녹음할 수 있는 장점이 있다. 또한 노트북 컴퓨터로 녹음 자료를 이동할 때 파일 에러가 생기는 문제를 방지할 수 있으며, 하루에 한 번만 음성 자료를 옮기면 된다.* 그리고 녹음기 전용 배터리 NP-F770과 F970 이외에 캠코더용 배터리(NP-QM91D)도 호환 가능하여 사용할 수 있기 때문에 건전지를 많이 들고 다니지 않아도 된다. 게다가 내장 마이크 프리앰프가 최상급 수준이고 24비트 양자화, 192KHz 표본 추출률을 지원하기 때문에 최상의 음질로 녹음을 할 수 있다. 또한 컴퓨터로 자료를 복사할 때 IEEE-1394 포트를 지원하기 때문에 고속으로 녹음 파일을 복사하는 것이 가능하다. 크기도 마란츠 PMD670보다 작기 때문에 휴대도 편리하다. 사운드 디바이스 722는 2채널 녹음만 지원하는데, 세 명 이상을 한 자리에서 녹음해야 할 경우에 대비해서 4채널 녹음을 지원한다는 사운드 디바이스 744T를 추가로 구입하여 테스트를 하였다. 그러나 정작 외부 마이크를 꽂을 수 있는 잭이 두 채널밖에 없고 나머지 두 채널은 라인 입력 방식으로 되어 있어서 현장에서는 역시 두 사람의 목소리만 녹음이 가능한 녹음기임이 밝혀졌다.

 사운드 디바이스의 녹음 환경 설정은 다음과 같이 한다.

 - 파일 형식: PCM WAV(16bit 48kHz)

 - 마이크 입력 수준: -20dB을 넘지 않도록 조정(넘어가면 LED에 노란 경고등이 나옴.)

 - 입력 방식: stereo(자료제공인/질문자 채널 구분)

---

* 10시간 녹음을 할 경우 용량은 7기가 정도를 사용하게 되므로 반드시 하루에 한 번 옮길 필요는 없지만 백업을 위해서 보통 하루에 한 번 옮기는 식으로 진행하였다.

[그림 2-2] Sound Device 722

위에서 사운드 디바이스 744T가 두 채널밖에 없다고 하였는데 현장에서 네 채널을 분리 녹음할 수 있는 녹음기가 개발되었다. 롤란드(Roland)사에서 나온 **Edirol R-4 Pro**라는 녹음기인데 테스트한 결과 상당히 좋은 녹음 품질을 확인하였다. 하드디스크가 내장되어 있는 점에서는 사운드 디바이스와 비슷한데, 건전지를 사용한다는 점에서는 마란츠와 비슷하다.

[그림 2-3] 롤란드사의 Edirol R-4 Pro 녹음기

녹음 상태를 실시간으로 확인할 때에는 녹음되는 내용을 직접 들으면서 디지털 녹음기의 패널에 나타나는 정보를 확인해야 하는데, 이때 사용하는 헤드폰은 **PX200(Sennheiser)**이다. 디지털 녹음기의 실시간 확인은 평균 하루 6시간씩 현지 조사 기간 내내 계속해야 하기 때문에 장시간 착용해도 귀가 아프지 않고 무리가 없는 제품을 사용해야 한다.

2.4.3. 녹화 장비

음성 녹음과 동시에 영상을 녹화하는 것은 첫째, 정확한 음성 기술을 위해서는 입과 입술의 모양을 볼 필요가 있기 때문에 필요하고, 둘째, 자료제공인의 얼굴을 기록하기 위해서, 셋째, 만일의 경우 녹음 자료에 문제가 생겼을 경우 보조 자료로 사용하기 위해서 필요하다. 나아가 웹상에는 음성과 동영상 자료를 함께 제공하게 되므로 영상 녹화가 필수적이다.

녹화 장비로는 디지털 캠코더인 소니 **DSR-PDX10**이 현재 주로 사용하는 모델이다. 화질도 선명하고 외장 마이크를 사용하면 음성도 고품질로 녹음할 수 있다. 저장 매체인 디지털 비디오테이프는 소니 **DVM60**을 사용한다. 이 모델에 사용하는 배터리(**NP-QM91D**)는 사운드 디바이스 722에도 사용할 수 있다는 장점이 있다. 녹화를 할 때

[그림 2-4] 소니 DSR-PDX10

는 전원을 사용할 수도 있지만 배터리를 사용하는 것이 바람직한데, 첫째, 지역에 따라 전기 공급 상태가 원활하지 않아서 전원을 연결할 수 없는 상황이 있을 수 있고, 둘째, 전원을 연결해서 녹화하는 경우 기계 잡음이 녹음되는 문제가 발생하기 때문이다. 특히 두 번째 사항은 좋은 음질을 유지하기 위해 반드시 고려해야 하는 것이므로 전원 코드 대신 배터리를 사용하는 것이 바람직하다. 녹음 음성의 표본 추출률(**Sampling Rate**)은 48kHz로 설정한다.

우리 팀은 또한 소니 HDR-FX1 캠코더를 구비하고 있는데, 이 장비는 DV 테이프에 **HD**(고밀도)로 촬영하여 **MPEG2**로 압축하여 기록하는 방식을 취하는 **HDV** 캠코더이다. 방송용 화질에 가까운 영상 자료를 얻을 수 있고, 광학식 손떨림 보정, 오디오 레벨링 등의 수동 기능을 지원한다. 그러나 **DSR-PDX10**에 비

[그림 2-5] 소니 HDR-FX1

해 휴대성이 떨어지고 수동 기능이 매우 복잡하다는 단점이 있다. 음성 녹음은 역시 외장 마이크를 이용하며, 자료제공인의 촬영은 캠코더 기종에 상관없이 **DV SP** 모드로 통일한다. 현재는 소니 **DSR-PDX10**으로 부족한 경우, 즉 조사팀이 여러 팀인 경우에 한해서 사용한다.

2008년 이후부터는 하드디스크가 내장된 소니 **HDR-SR8**을 구입하여 사용하고 있다. 이 장비는 100 기가바이트의 대용량 하드디스크에 직접 녹화를 하기 때문에 위의 장비들처럼 1시간 간격으로 테이프를 교체할 필요가 없고, 현지 조사 기간이 길지 않은 경우, 노트북 컴퓨터나 외장 하드디스크에 파일을 옮기는 수고를 하지 않아도 된다. 또 하나의 큰 장점은 하드디스크에 녹화를 하면 매우 짧은 시간에 녹화된 영상을 컴퓨터로 옮길 수 있다는 점이다. 그뿐만 아니라 고화질 **HD** 촬영이 가능하며, 크기도 매우 작아서 휴대성이 뛰어나다. 현재 이 모델은 풍경, 민속 등 기타 자료를 촬영하는 데에 사용하고 있다. 이 기종을 주요 장

[그림 2-6] 소니 HDR-SR8

비로 사용하지 않는 이유는 동영상 자료의 경우 테이프 형태로 보관하는 것이 파일로 보관하는 것보다 안전성 면에서 낫기 때문이고, 촬영한 파일 포맷이 아직 널리 쓰이는 것이 아니라서 avi에 비해 편집, 배포하기가 어려운 점도 있기 때문이다.

한편 녹화는 캠코더를 삼각대(소니 **VCT-D680RM**)에 고정해 놓고 진행한다. 자료제공인이 오랜 시간 동안 화각의 범위 안에서 꼿꼿한 자세를 유지하는 것이 힘들기 때문에 자세나 위치가 수시로 조금씩 변할 수 있으므로 리모트 컨트롤

기능을 사용하여 카메라의 위치를 조정하면 편리하다.

2.4.4. 마이크

좋은 음질로 녹음을 하기 위해서는 마이크의 선택도 중요하다. 자료제공인과 통역자가 마이크를 착용하게 되는데, [그림 2-7]에서 보듯이 자료제공인은 두 개의 마이크를 착용한다. 그 중 하나는 디지털 녹음기에 연결되는 것이고, 다른 하나는 녹화용 캠코더에 연결되는 것이다. 디지털 녹음기에는 헤드셋 마이크를 연결하여 착용하고, 캠코더용으로는 핀마이크를 착용한다.

또한 질문자(통역자)도 핀마이크를 사용하여 녹음기에 연결한다. 헤드셋 마이크는 자료제공인의 입과 마이크의 거리를 일정하게 유지할 수 있고, 녹음시 게인(**Gain**)값(외부 음압을 마이크가 받아들이는 정도)이 높다는 장점이 있다. 자료제공인이 헤드셋 마이크를 착용하는 것에 대해 거부감을 갖거나 긴장을 하게 되지 않을까 우려를 하였으나 실제로는 큰 문제가 없었다. 캠코더에 연결되는 핀마이크는 옷깃에 달기 때문에 헤드셋 마이크와 함께 사용하기에 적합하나, 헤드셋 마이크에 비하면 입과 마이크의 거리를 일정하게 유지하는 것이 어렵다는 점도 있고, 숨소리, 옷에 스치는 소리 등 불필요한 잡음이 들어갈 수도 있다는 단점이 있

[그림 2-7] 두 개의 마이크를 착용하고 있는 자료제공인의 모습

다. 숨소리를 최소화하기 위해 이어폰으로 들으면서 마이크와 입의 방향과 거리를 항상 조정하였으며, 자료제공인이 움직일 때 핀 마이크가 옷에 스치는 소리를 없애기 위해서 마이크 핀에 면 손수건을 대주었다([그림 2-7]). 현재 주로 사용하고 있는 마이크 모델은 콘덴서 방식의 헤드셋 마이크인 오디오테크니카 ATM75 또는 AKG C420과 핀마이크인 오디오테크니카 AT831b인데, ATM75보다 AKG C420의 성능이 더 우수한 것으로 판명되어 AKG C420을 주 마이크로 사용하고 있다.

이전에 사용하였던 단일지향성(unidirectional) 다이내믹 마이크인 슈어 SM58은 뛰어난 음질의 녹음이 가능하다는 장점이 있지만, 마이크 지지대를 세워서 꽂아야 하고 자료제공인과의 거리를 일정하게 유지하기 위하여 늘 움직여야 하는 단점이 있었다. 또 단일지향성 마이크이기 때문에 방향을 잘 맞추지 못하면 원음이 매우 작게 녹음될 수도 있고, 지지대 때문에 휴대 편이성도 떨어지는 불편이 있어서 사용을 중단하였다.

[그림 2-8] AKG C420

[그림 2-9] AT831b

3. 현지 조사 자료의 가공과 아카이브화

3.1. 음성 영상 자료의 기본 가공

현지 조사에서 녹음한 음성 자료와 녹화한 영상 자료의 기본 가공은 크게 2단계의 처리 과정을 거치는데, 이 과정은 형식적인 가공인 마킹, 절단과 이를 바탕으로 한 전사(transcription)로 나누어 생각할 수 있다.* 음성 영상 파일 원본은

* 이전에는 테이프에 녹음된 자료를 디지털 파일로 변환하는 디지털화(digitalizaion) 작업이 필요했었으나, 2005년부터는 마란츠, 2007년부터는 사운드 디바이스라는 녹음 장비를 사용하여 현지에서 직접 디지털 녹음을 하게 됨으로써 테이프에 저장된 내용을 디지털화하는 과정은 필요 없게 되었다.

질문지 항목별로 구간 마킹을 하고, 각 항목에 따라 별개의 파일로 절단되어 추출된다. 이 과정을 통해서 질문지 항목마다 하나의 파일이 생성되며, 이렇게 생성된 파일은 파일 이름의 길이와 항목 고유 번호 등에 따라서 이름을 정규화한다. 마지막으로 이름이 정규화된 파일을 웹 서비스용 파일로 변환하게 된다. 이러한 작업의 흐름을 그림으로 보이면 다음과 같다.

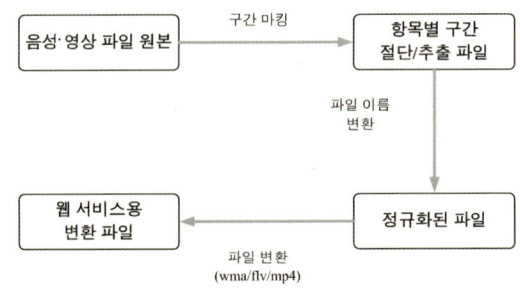

[그림 2-10] 음성 영상 자료의 기본 가공 작업 흐름도

3.1.1. 음성 자료의 마킹과 추출

사운드디바이스로 녹음한 음성 파일을 단어 또는 문장 단위로 필요한 부분만 구간 표시를 하는 것을 마킹(marking)이라고 하며, 소니 **Sound Forge** 프로그램을 이용한다. 이 과정은 질문지의 각 질문 항목에 대한 답변을 구간으로 표시하고 이름을 붙여서 이후에 쉽게 활용할 수 있도록 하고, 표시된 구간을 자동으로 추출해서 저장하고 재활용하기 위한 것이다.

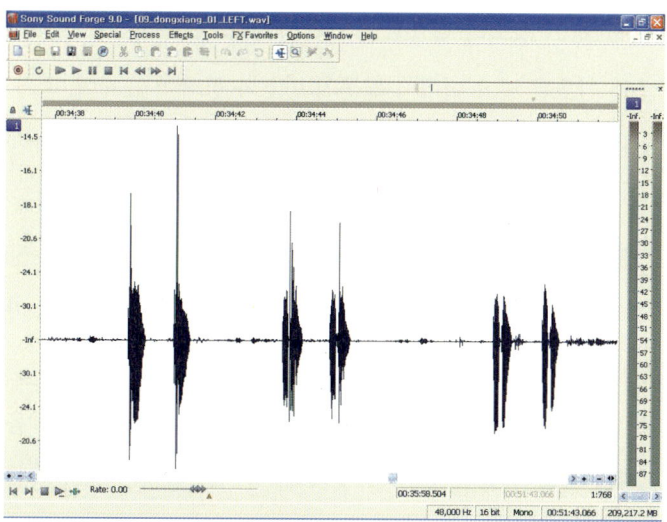

[그림 2-11] 가공 전 녹음 원파일의 일부

위의 그림은 음성 자료를 **Sound Forge** 프로그램을 이용해서 열어 본 결과이다. 이 파일에 구간별로 표시를 해서 마킹을 하면 아래 그림과 같은 모양의 파일을 얻게 된다.

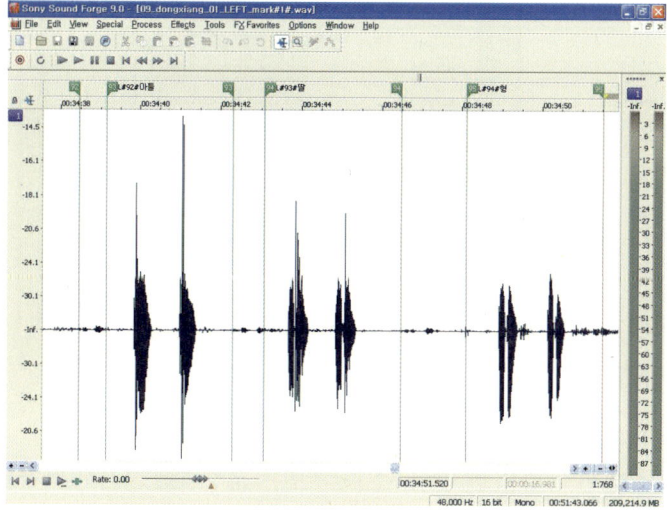

[그림 2-12] 마킹이 완료된 파일의 일부

각각의 마킹 구간에 통일된 규칙에 따른 명칭을 부여하기 위하여 마킹 규약을 만들었다. 질문지가 어휘(**Lexicon**), 기초회화(**Conversation**), 문법

(Grammar)으로 구성되어 있으므로 각각의 영문 첫 자를 따서 L, C, G와 같이 맨 앞에 분류 기호를 넣고 이어서 질문지 번호와 한국어 표제어, 추가 설명을 파일명에 표시하였다. 즉 구간별로 나뉜 각각의 파일에 '분류#번호#한국어 표제어#추가 설명'의 방식으로 명칭을 부여하여 마킹을 하는 것이다. 예를 들면 질문지 어휘 부분의 56번 항목 '오늘'을 물어본 것에 대한 대답이라면 'L#56#오늘', 기초회화의 130번 항목에 대한 답변은 'C#130#좀 피곤하군요'와 같이 마킹하는 것이다.

마킹 결과는 마킹 목록으로 따로 저장된다. 아래 그림은 하나의 음성 파일에 마킹된 결과를 목록만 따로 열어 본 것이다. 각 구간별로 표시한 항목마다 마킹 구간이 시작되는 시간과 끝나는 시간이 지정되고 각 구간에 붙인 명칭이 함께 저장된다. 이 명칭은 절단하여 추출할 때 자동으로 각각의 파일 이름으로 지정된다.

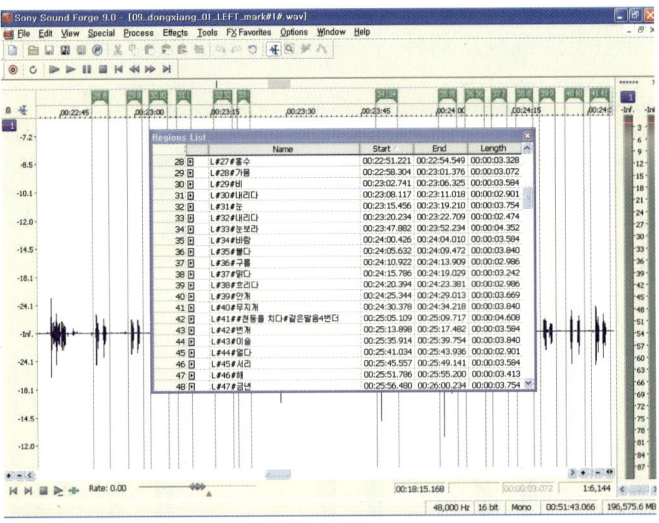

[그림 2-13] 마킹 목록 확인 화면의 일부

마킹이 끝나면 마킹을 한 단위, 즉 단어 또는 문장별로 끊어서 각각을 하나의 파일로 저장한다. 따라서 마킹을 한 단위의 숫자만큼의 새로운 파일이 생기게 되는 것이다. 아래 그림은 하나의 마킹 단위를 하나의 파일로 따로 저장한 예이다.

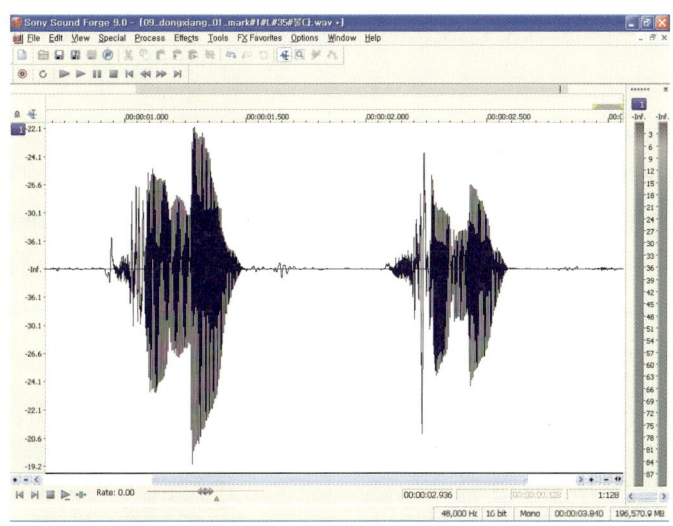

[그림 2-14] 단어별 파일의 예 (동샹어 '불다')

    이렇게 마킹된 각 구역을 개별적인 음성 파일로 만들어 주는 작업을 추출(extraction)이라고 한다. 사운드포지에는 추출 작업을 명령어 하나로 실행할 수 있도록 하는 배치 파일 기능이 있어서 매우 편리하다. 마킹된 파일을 추출하기 위해서는 추출된 파일을 보관할 폴더를 미리 만들어 두어야 한다. 폴더명은 규칙에 따라 조사년도, 조사 언어, 자료제공인 등에 관한 정보가 포함되도록 정한다. 또한 어휘(L), 기초회화(C), 문법(G) 구분도 표시한다. 즉 [조사년도_조사언어_mark_1(제1자료제공인)_L(어휘)]과 같이 폴더명을 부여하여 폴더를 만든다. 예를 들어 [2008_Orochi_mark_1_L], [2008_Orochi_mark_1_C]와 같이 폴더명을 붙인다. 그리고 각각의 마킹 파일은 '조사년도_조사언어_테이프번호_mark##'라는 접두어와 함께 추출되도록 한다. 예를 들면 '04_Ewenki_ 01_mark##L#88#아버지'와 같은 이름으로 추출된다.

    이렇게 마킹과 추출의 과정을 거친 음성 파일은 각각의 질문 내용이 표시된 자료제공인의 음성 파일이므로, 음성 전사를 위한 기초 자료로 가공이 된 것이며, 또한 웹 서비스용으로 쓸 수도 있다. 웹 서비스를 위해서는 각각의 wav 파일을 용량이 작은 wma 파일로 변환하게 된다. 현재 저용량 파일로의 변환 작업은 전에는 Adobe Audition 1.0을 이용하여 했었으나, 2007년부터는 Sound Forge

9.0을 사용하게 되면서 변환 작업도 Sound Forge를 이용하게 되었다.

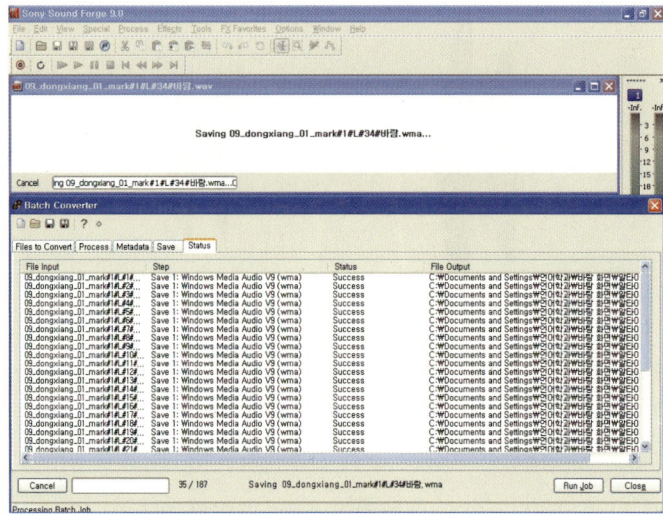

[그림 2-15] wav파일을 wma로 변환하는 과정(1)

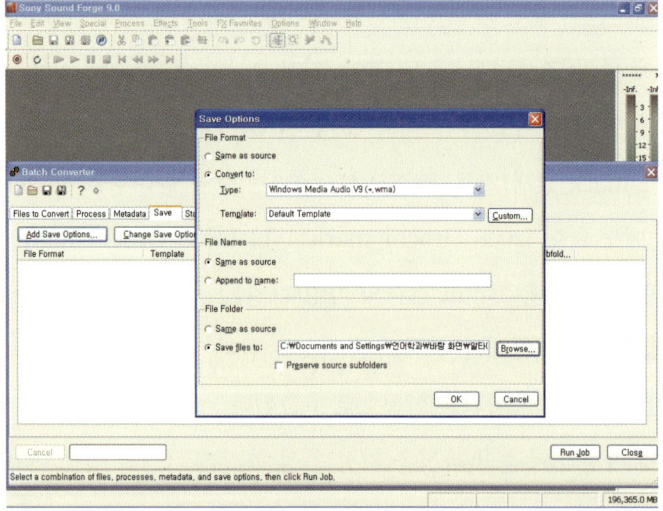

[그림 2-16] wav파일을 wma로 변환하는 과정(2)

3.1.2. 영상 파일의 변환과 마킹 및 추출

[1] 영상 자료의 디지털화

현지 조사 결과 녹화된 영상은 6mm 비디오테이프에 저장되어 있다. 이 자료는 컴퓨터를 이용하여 디지털 파일로 변환한다. 좋은 화질과 음성을 확보하기 위하여 캠코더와 컴퓨터의 IEEE1394 포트(Firewire)를 직접 연결하여 변환하는 방식과 캠코더와 컴퓨터를 영상 캡처 보드로 간접 연결하는 방식을 테스트한 결과 IEEE1394 포트를 이용한 직접 연결 방식이 더 좋다는 결론을 내렸다. 변환에 사용되는 소프트웨어는 윈도 무비 메이커(Windows Movie Maker)이다.

원본 테이프의 화질 손상이 없이 디지털화하기 위해서 DV 테이프의 내용을 DV-AVI 형식의 디지털 파일로 변환하였으며, 변환 결과 한 시간 분량의 영상 자료는 약 13기가바이트의 용량이 되었다. MPEG이나 WMV 파일 형식이 아닌 비압축 형식의 DV-AVI를 선택한 이유는 분석용으로 고화질의 동영상이 요구될 수도 있기 때문이다. 파일 용량이 방대해지므로 하드디스크 공간을 충분히 확보하여야 하며, 효율적인 관리를 위해 조사 언어별로 하드디스크를 구분하여 저장하는 것이 좋다.

[그림 2-17] Windows Movie Maker를 이용한 작업 모습

[2] 절단

디지털 변환된 영상 파일은 음성 파일과 마찬가지로 단어 혹은 문장 단위로 마킹하여 추출한다. 그러나 동영상 파일은 음성 파일과는 달리 파일 자체에 구역을 설정하고 각 구역에 주석을 달거나 구역별로 추출하여 파일을 일괄 생성하는 작업을 할 수 있는 소프트웨어가 없다. 따라서 작업 방식을 달리 하여, 먼저 디지털 파일에서 필요한 구역을 절단하여 개별 파일로 저장한 후에 파일명을 각각 입력하는 순서를 취한다. 이 작업을 위하여 어니스테크 이지 비디오 에디터(**Easy Video Editor**)라는 소프트웨어를 사용한다. 매우 단순화된 사용자 인터페이스가 특징인 이 소프트웨어는 사용 방법을 익히기가 쉽고 사용 환경이 단순하고 안정적이어서 비전문가의 작업에 유리하다. 파일 형식은 **DV-AVI**의 타입 1, 해상도 **NTSC** 720*480, 오디오샘플링 48kHz로 한다.

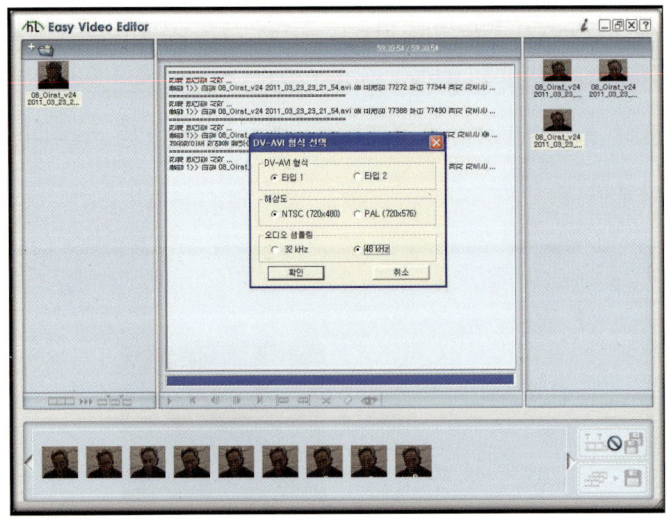

[그림 2-18] Honestech Easy Video Editor를 이용한 작업 모습

[3] **파일명 입력**

단어 또는 문장 단위로 절단된 파일은 필요할 때 원래의 절단 위치를 찾기 쉽도록 **Honestech Easy Video Editor**의 파일 저장 기본 옵션인 '(원본 파일

명)+(프레임 정보)'로 저장하게 된다. 이렇게 저장된 파일은, 음성 자료의 경우에 비추어 보면, 구간만 있고 마킹은 되지 않은 상태라고 할 수 있다. 그러므로 절단된 영상 파일에 파일명을 입력하여야 어떤 질문지 항목에 대한 자료제공인의 답변 자료인지를 구별할 수 있게 되는 것이다.

파일명 입력은 다음과 같은 규약을 따랐다.

"구분기호#질문지 번호##1차주석$2차 주석"
예) L#1234##집으로 가다

파일명을 입력할 때에는 맨 앞에 질문지의 세 가지 구성 내용인 어휘(L), 기초회화(C), 문법(G)에 따른 구분 기호를 붙인다. 음성 자료의 마킹과는 달리 질문지 표제어는 따로 입력하지 않고 질문지 번호 뒤에 주석을 붙인다.

파일명 작업 개요

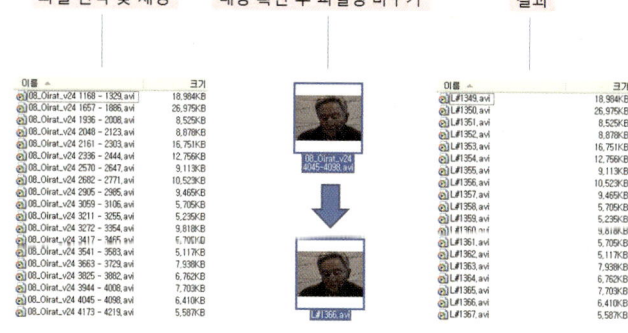

[그림 2-19] 파일명 작업 개요

[4] 웹 서비스를 위한 파일 압축

웹 서비스를 위해서는 파일명 입력이 완료된 DV-AVI 형식의 파일을 스트리밍(streaming)용 파일로 변환하여야 한다. 여기에는 Any Video Converter라는 소프트웨어를 이용하였다. 이 때 항상 전송률을 고려해야 하는데, 세계의 여러 연구자들이 이 자료를 접하게 될 경우, 인터넷 환경이 다양하므로 어떤 환경에서도 안정적인 화상을 볼 수 있도록 할 필요가 있다. 전송률이 높을수록 고화질의 화상을 제공할 수 있으나 그러한 전송률을 지원하지 않는 환경에서는 화상이 끊어지는 경우가 있다. 2009년까지는 스트리밍용 파일은 **DV-AVI**형식의 파일을 **wmv/asf** 형식으로 변환하였는데, 전송속도에 따라 다양한 옵션이 있다. 어느 환경에서도 안정적인 화상을 볼 수 있도록 "**Video for LAN, Cable Modem, or xDSL(100kbps)**"을 선택하여 변환한다. 2010년부터는 파일 호환성을 위해서 동영상 파일을 플래시 무비 형식인 .flv 형식으로 변환하여 사용하다가 2011년부터는 웹 접근성을 위해서 **MPEG-4** 형식인 .mp4로 변환하여 서비스에 이용한다. 현재 구축된 자료는 .flv와 .mp4가 함께 공존하는데, flv 파일은 순차적으로 다시 .mp4 형식으로 변환하고 있다.

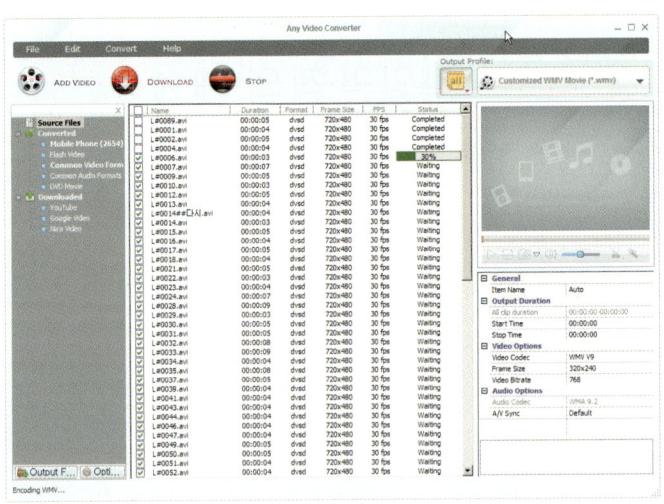

[그림 2-20] Any Video Converter를 이용한 작업 모습

[5] 원본 파일의 압축과 보관

1시간 분량의 원본 파일은 그 용량이 약 13기가바이트 내외로 고가의 하드디스크를 다량 소모한다는 점에서 그대로 보관하기에는 무리가 있다. 따라서 이를

CD 한 장 용량에 해당하는 MPEG 파일로 변환하여 저장하도록 하였다. 이 작업을 위해서는 Honestech MPEG encoder를 이용하였다.

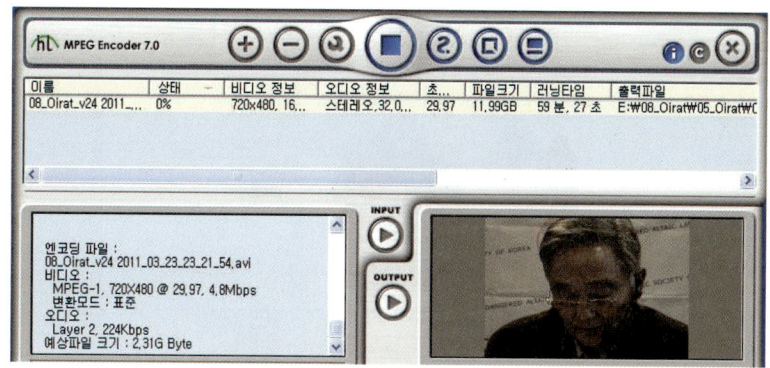

[그림 2-21] Honestech MPEG encoder를 이용한 작업 모습

그리고 웹 서비스용으로 변환하였던 .asf 파일들은 자료 백업을 위해 DVD로 기록하여 보관하고 있다.

3.1.3. 전사(transcription)

전사 작업은 해당 언어 연구자가 추출된 음성 파일을 반복해서 들으면서 한다. 전사는 국제음성문자(**IPA**)를 사용하여 입력한다. 음성 자료만으로 판단하기 어려운 경우에는 영상 파일을 보고 자료제공인의 입과 입술 모양을 참고한다.

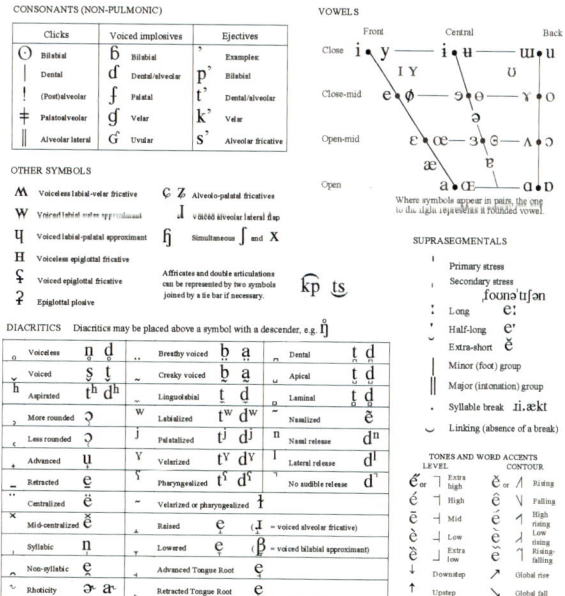

<표 2-12> 음성 전사를 위한 IPA

정확한 전사를 위하여 Praat의 도움을 받는다. 아래의 것은 분석 대상 언어의 모음 음가를 파악하기 위하여 스팩트로그램을 열어 포먼트를 측정하기 위한 그림이다.

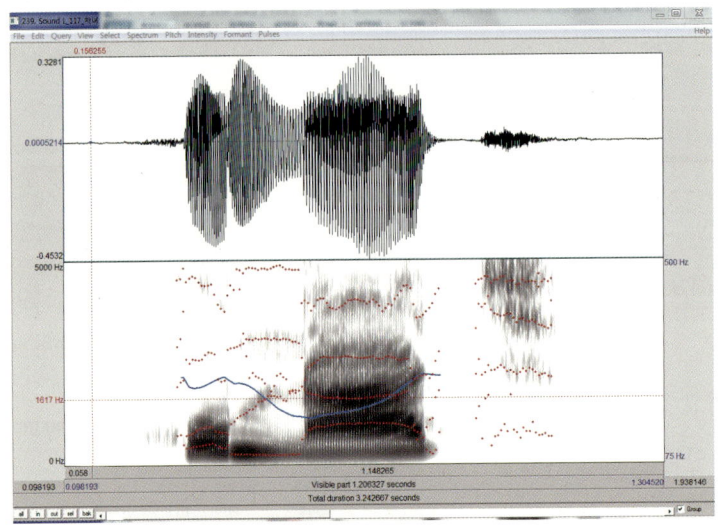

[그림 2-22] Praat로 스팩트로그램을 본 예 (Ewen어)

각각의 음가에 대한 분석이 끝나면 개별 자음과 모음 단위로 다음과 같이 마킹을 하고 Textgrid에 음가를 기록해 둔다.

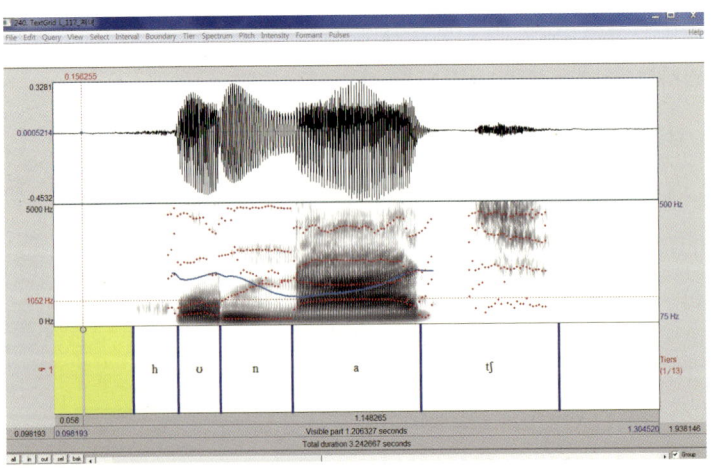

[그림 2-23] Praat의 Textgrid에 음가를 기록한 예 (Ewen어)

3.2. ASK REAL 아카이브의 구축과 웹 서비스

현지 조사 과정에서 수집한 음성·영상 자료는 변환과 분할 과정을 거쳐서 관리되며, 그 중의 일부는 **ASK REAL** 웹 서버[*]를 통해서 인터넷으로 공개되고 있는데, 그 내용은 다음과 같다.

- ■ ASK REAL 소개
- ■ 알타이언어 분포
  - ■ 만주퉁구스어파의 분포
  - ■ 몽골어파의 분포
  - ■ 튀르크어파의 분포
- ■ 참여 인원
  - ■ 연구책임자와 공동연구원
  - ■ 국외 협력자
  - ■ 참여연구원과 연구보조원
- ■ 디지털 아카이브
  - ■ 현지 조사에 협력해 준 국외 연구 기관
  - ■ 자료제공인
  - ■ 현지 조사 개요(연차별)
  - ■ 사진 아카이브
  - ■ 조사 항목 아카이브
- ■ 연구서 출판 목록

이러한 내용이 포함된 웹 사이트를 구성하기 위해서는 디지털 아카이브에 포함되는 사진과 동영상 등의 멀티미디어 자료를 웹을 통해서 제공하기 위한 프로그램 구성을 해야 하는데, 여기에는 사용자 인터페이스를 위한 디자인과 동영상 플레이어, 사진을 볼 수 있는 뷰어 등이 포함이 되어야 한다. 한정된 인력으로 웹 사이트 구성을 위한 디자인과 프로그램을 모두 구성하고 직접 제작하기에는 무

[*] ASK REAL의 URL 주소는 http://altaireal.snu.ac.kr이다.

리가 있어서, 공개된 툴을 이용해서 웹 사이트를 구성하였다. [그림 2-24]는 ASK REAL 사이트의 첫 화면이다.

ASK REAL 사이트의 구성에는 jQueryTOOLS와 flowplayer를 사용하였다.[*] jQueryTOOLS는 사진 아카이브의 구성과 사이트의 구성 전반에 걸쳐서 사용하였고, flowplayer는 영상·음성 자료의 뷰어로 사용하였다.

jQueryTOOLS와 flowplayer는 모두 Java Script로 제작된 툴로 웹 페이지 제작의 편리성을 최대화하고 제작 시간을 단축시켜주는 프로그램으로, Ajax[**]를 지원하고 있다. 웹 페이지에서 링크를 클릭했을 때 페이지가 이동하면서 새로운 페이지를 브라우저로 불러오던 방식과 달리 Ajax는 페이지를 미리 준비하고 있다가 화면의 전환이 없이 비동기식으로 사용자 입력에 반응할 수 있어서, 페이지 전환이 빠른 속도로 가능하다. Ajax가 적용된 부분은 메인 페이지의 이미지 콜라주, 참여 인원

[그림 2-24] ASK REAL 웹 사이트

뷰어, 디지털 아카이브이다. 메인페이지의 이미지 콜라주는 클라이언트 브라우저에서 필요한 이미지들을 로딩한 뒤 페이지 전환 없이 이미지 갤러리의 전환이 이루어지며, 참여 인원 뷰어도 마찬가지로 연구책임자와 공동연구원, 국외 협력자, 참여연구원과 연구보조원의 내용이 페이지 전환 없이 실시간으로 전환이 이루어진다. 또한 디지털 아카이브의 협력기관과 자료제공인, 연도별 현지 조사 기록, 이미지 아카이브, 멀티미디어 라이브러리에 Ajax가 적용되어서 페이지 전환이 빠른 속도로 이루어진다.

[*] jQueryTOOLS와 flowplayer는 http://www.flowplayer.org 에서 내려 받아서 사용할 수 있다.

[**] Asynchoronous JavaScript and XML의 약자로 클라이언트 자바 스크립트와 XML을 결합해서 비동기 방식으로 반응하는 웹 프로그래밍 방식이다.

3.2.1. 음성·영상 자료의 아카이브화

현지 조사에서 수집한 음성·영상 멀티미디어 자료는 『언어 조사 질문지』를 기반으로 하고 있다. 알타이언어 현지 조사 대상 지역이 대부분 러시아, 몽골, 중국 지역이기 때문에 질문지의 매개 언어도 이 세 가지 언어로 이루어져 있다. 질문지 항목에 기반을 두고 조사된 항목들을 한국어, 영어, 러시아어, 몽골어, 중국어(병음) 주석과 함께 제시하고 있는 페이지가 [그림 2-25]에 나타나 있다.

항목 하나를 선택하면, 조사된 언어에서 그 항목에 해당하는 조사 결과를 [그림 2-26]과 같이 볼 수 있도록 구성되어 있다. [그림 2-26]은 만주어 현지 조사에서 촬영한 항목이다.

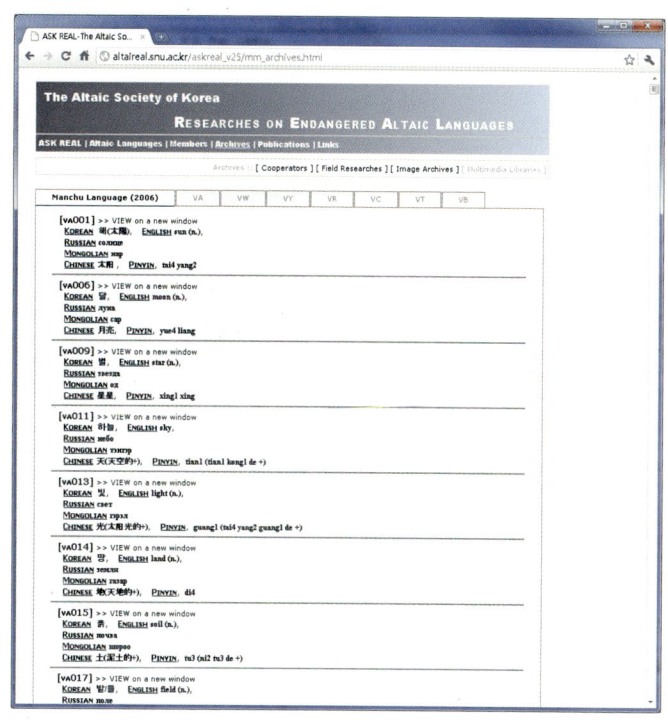

[그림 2-25] 현지 조사 결과 멀티미디어 자료 아카이브

현지 조사 디지털 아카이브를 구축하기 위해서 [그림 2-25], [그림 2-26]과 같이 두 가지 데이터를 결합하여 관리하고 있다. 우선 각 현지 조사에서 사용한 질문지 파일에 있는 조사 항목의 고유 번호를 실제 조사한 항목의 음성·영상 파일에 연결해 놓는 것이다. 이러한 자료가 〈표 2-14〉에 제시되어 있고, 각 현지 조사에서 사용되는 질문지 내용을 종합해 놓은 데이터가 〈표 2-13〉의 질문지 종합 테이블이다. 〈표 2-13〉에서 **lex_class_no** 필드는 질문지 항목의 개념 코드(conceptual code) 번호이다. 개념 코드 번호 va001은 한국어로는 '해(太陽)', 중국어로는 '太阳', 러시아어로는 'солнце', 몽골어로는 'нар'로 표현되는 개념을 대표하는 기호이다. 이 개념의 가중치(weight), 즉 중요도는 1등급으로 기

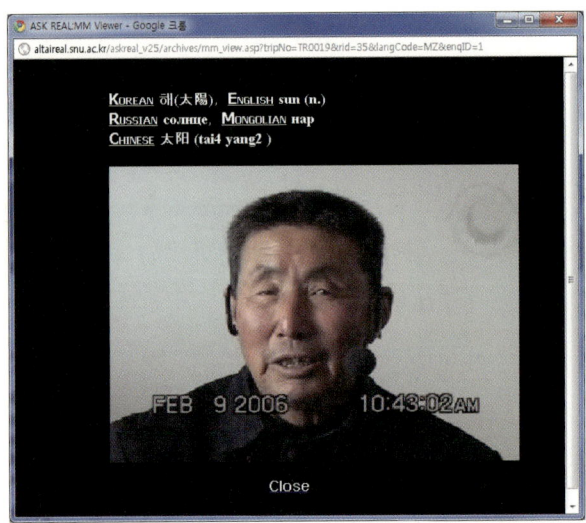

[그림 2-26] 만주어 어휘 항목 영상 스트리밍

초 어휘에 해당한다. 의미부류(sem_class)는 '천문/지리'에 해당하며 이 의미부류의 코드 번호는 '17'이다. 이 질문지 종합 정보 데이터에서 각 현지 조사의 매개 언어에 맞게 질문지를 생성하고 문화적 차이에 따른 설명을 추가해서 언어조사 지역별 질문지가 출판된다.

tbl_enquete_lexset (질문지 종합 테이블)		
필드	데이터 (값)	데이터 (값)
lex_class_no	va001	va006
kor	해(太陽)	달
sem_class	천문/지리	천문/지리
weight	1	1
chn	太阳	月亮
pinyin	tai4yang2	yue4liang
sem_code	17	17
eng	sun (n.)	moon (n.)
rus	солнце	луна
mog	нар	сар

<표 2-13> 질문지 종합 파일 관리 테이블 구조와 데이터 예

가상의 개념 코드 항목 va001을 실제 현지 조사에서 조사한 결과는 음성·영상으로 기록이 되며, 각 항목에 따라 파일이 작성된다. 실제 현지 조사용 질문지는 중국어, 러시아어, 몽골어 중 하나의 매개 언어를 이용해서 기술이 되어 있고, 개념 코드가 아닌 질문지 일련번호를 이용해서 조사 항목이 구분된다. 〈표 2-14〉는 va001, va006, va009 등 개념 코드가 실제 현지 조사에서 조사된 결과를 정리한 파일 정보를 기록하고 있다. researchID가 35인 현지 조사에서 조사된 언어는 만주어(MZ)이고, 각 개념 코드에 해당하는 파일 이름이 fileName 필드에 저장되어 있다.

tbl_enquete_lexfilelist (조사 항목 멀티미디어 파일)			
필드	데이터 (값)	데이터 (값)	데이터 (값)
tripNo	TR0019	TR0019	TR0019
researchID	35	35	35
langCode	MZ	MZ	MZ
dataType	L	L	L
enqID	1	2	3
fileName	TR0019_035_MZ_L_001.swf	TR0019_035_MZ_L_002.swf	TR0019_035_MZ_L_003.swf
eq_lex_class	va001	va006	va009

<표 2-14> 조사 항목 멀티미디어 파일 관리 테이블과 데이터 예

〈표 2-14〉에서 va001, va006 등과 같은 개념 코드를 이용해서 〈표 2-13〉의 질문지 종합 파일 관리 테이블을 참조하게 되는데, 조사 항목의 개념 코드가 va001이라면 이 개념 코드를 〈표 2-13〉의 질문지 종합 파일 관리 테이블에서 검색하고 이 개념 코드에 해당하는 다른 필드 정보를 확인해서 [그림 2-26]에 있는 것과 같이 질문지 정보를 출력하게 된다.

음성·영상 멀티미디어 자료를 웹을 통해서 서비스하기 위해서는 웹에서 스트리밍으로 전송이 허용되는 파일 포맷을 지켜야 한다. 최근에는 웹에서 전송되는 멀티미디어 자료의 형식이 Adobe의 Flash 형식으로 많이 사용되고 있다. 우리 연구에서는 플래시 파일 형식으로 멀티미디어 자료를 변환하여서 사용하고 있으며, 수 초 정도의 짧은 파일은 *.swf 형식으로 변환하였지만, 시간이 긴 파일은

.flv 형식으로 변환하여서 탑재할 예정이다. FLV 파일 형식은 SWF 형식과 비교했을 때 내용에 대한 인덱스와 전후 이동이 자유롭다는 장점이 있으며, 멀티미디어 파일을 플래시 파일로 변환하는 데에는 FFmpeg 프로그램을 사용하였다.

3.2.2. 언어분포 지도의 제작

언어 분포 지도는 연구 대상 언어의 사용자가 현재 분포하고 있는 지역을 표시해 주는 지도이다. 언어분포지도를 제작하기 위해서는 분포지역을 표시하기 위해서 바탕이 되는 지도(blank map)를 먼저 작성해야 한다. ASK REAL 연구팀에서는 위키피디아에서 제공하는 바탕 지도를 이용하여 알타이언어의 사용지역 분포 지도를 작성하였다.** 위키피디아에는 SVG 형식의 세계지도와 대륙별 지도 등이 있는데, SVG 파일 형식 자체가 텍스트로 되어 있어서 편집이 용이하고 제어가 편리하다. 55개 알타이언어의 언어분포지도를 제작하는 과정 자체를 설명하는 것은 복잡하기 때문에 SVG 파일의 특징과 제작 방식에 대해서 간략히 살펴보고, 이 SVG 파일을 어떻게 활용할 수 있는지만 간단히 설명하도록 한다.

SVG는 Scalable Vector Graphics의 약자로, 벡터 방식으로 그래픽을 처리하기 때문에 이미지를 확대해도 곡선의 깨짐 현상이 없으며 XML을 기반으로 하고 있기 때문에 편집이 용이하다. XML을 기반으로 하고 있다는 것은 그래픽 파일을 텍스트로 편집할 수 있다는 것을 의미한다.

[그림 2-27]은 SVG로 작성한 간단한 그래픽 파일이다. SVG는 XML을 기반으로 해서 텍스트로 작성하는 그래픽 파일이기 때문에 파일의 수정과 편집이 용이하다.

---

* http://www.ffmpeg.org
** 공개적으로 사용할 수 있는 Google map API를 이용해서 지도를 작성할 수도 있지만, 이 지도는 출판 목적으로는 적당하지 않다.

[그림 2-27] SVG 샘플

[그림 2-27]에 제시된 그래픽 파일의 소스 코드는 〈표 2-15〉에 나타나 있다. 여기에서 좌측의 숫자는 행의 번호이고, 실제 SVG 파일은 행번호의 오른쪽에 있는 내용을 텍스트 파일로 저장하면 된다. 파일을 저장할 때에는 **utf**-8으로 저장하고 확장자는 *.svg로 저장하면 된다. 파일 이름의 예를 들면, **svg_sample.svg** 와 같다.

```
1    〈?xml version="1.0" encoding="utf-8" ?〉
2    〈!DOCTYPE svg PUBLIC "-//W3C//DTD SVG 20000802//EN"
3             "http://www.w3.org/TR/2000/CR-SVG-20000802/DTD/svg-20000802.dtd" 〉
4    〈svg
5             width="100%"
6             height="100%"
7             xmlns:dc="http://purl.org/dc/elements/1.1/"
8             xmlns:cc="http://creativecommons.org/ns#"
9             xmlns:rdf="http://www.w3.org/1999/02/22-rdf-syntax-ns#"
10            xmlns:svg="http://www.w3.org/2000/svg"
11            xmlns="http://www.w3.org/2000/svg"
12            xmlns:xlink="http://www.w3.org/1999/xlink"
13            xmlns:sodipodi="http://sodipodi.sourceforge.net/DTD/sodipodi-0.dtd"
14            xmlns:inkscape="http://www.inkscape.org/namespaces/inkscape"〉
15   〈desc〉ASK REAL MARK〈/desc〉
16
17   〈rect
18            x="20px" y="10px" width="260px" height="50px"
19            style="fill:rgb(0,51,102); stroke:gray; stroke-width:2px" /〉
20   〈text id="Sample001" x="30px" y="53px" style="fill:white; stroke: white; font-size:50px;"〉
21            ASK REAL
```

22	⟨/text⟩
23	⟨circle cx="30" cy="120" r="10" stroke="gray" stroke-width="2" fill="rgb(255,255,153)"/⟩
24	⟨circle cx="60" cy="115" r="10" stroke="gray" stroke-width="2" fill="rgb(255,255,0)"/⟩
25	⟨circle cx="90" cy="110" r="10" stroke="gray" stroke-width="2" fill="rgb(255,255,0)"/⟩
26	⟨circle cx="120" cy="105" r="10" stroke="gray" stroke-width="2" fill="rgb(255,255,0)"/⟩
27	⟨circle cx="150" cy="100" r="10" stroke="gray" stroke-width="2" fill="rgb(255,255,0)"/⟩
28	⟨circle cx="180" cy="100" r="10" stroke="gray" stroke-width="2" fill="rgb(255,255,0)"/⟩
29	⟨circle cx="210" cy="115" r="10" stroke="gray" stroke-width="2" fill="rgb(255,255,0)"/⟩
30	⟨circle cx="240" cy="120" r="10" stroke="gray" stroke-width="2" fill="rgb(255,255,0)"/⟩
31	⟨circle cx="270" cy="125" r="10" stroke="gray" stroke-width="2" fill="rgb(255,255,0)"/⟩
32	⟨/svg⟩

<표 2-15> svg_sample.svg

여기에 제시된 SVG 샘플 파일의 1-3행은 이 파일의 헤더와 같은 것이다. 1행은 XML로 파일을 작성하며 텍스트의 인코딩은 utf-8로 되어있다는 것을 알려준다. 2-3행은 W3C*의 SVG 파일 형식을 준수한다는 것을 알려준다. 5-14행은 네임스페이스(name-space)를 정의하는 부분이고, 15행은 이 파일의 내용에 대한 간략한 설명이다. 실제 그래픽의 내용은 17-31행에 제시되어 있다. 17-19행은 사각형을 그리라는 지시이다. 20-22행은 ASK REAL이라는 텍스트를 좌측 상단을 기준으로 X축은 30 픽셀, Y축은 53 픽셀 떨어진 위치에 출력하라는 내용이다. 32-31행은 각각 원을 그리도록 지정했다. 그 결과가 위의 [그림 2-27]에 제시되어 있다.

⟨표 2-15⟩처럼 텍스트 파일로 이미지를 작성해서 SVG 뷰어로 보면 이 텍스트 파일은 이미지로 그려지게 된다. 현재 브라우저 중에 마이크로소프트의 인터넷 익스플로러는 SVG를 지원하지 않지만, 구글 크롬(chrome), 오페라(opera), 애플 사파리(Safari)는 모두 SVG를 기본으로 지원하고 있다. 다음 그림은 위키피디아에서 제공하는 바탕 지도(blank map)**에 ASK REAL이라는 텍스트를 삽입한 예이다.

---

* W3C는 World Wide Web Consortium의 약자이다. W3C의 표준안에 대해서는 http://www.w3.org를 참조하라.
** http://en.wikipedia.org/wiki/File:BlankMap-World-162E-flat.svg에서 바탕 지도를 내려 받을 수 있다.

[그림 2-28] SVG 바탕 지도의 편집

위키피디아에서 제공하는 SVG 바탕 지도를 내려 받아서, 텍스트 에디터로 파일을 열어서 파일의 제일 마지막 행 〈/svg〉 태그 앞에 다음 내용을 삽입하면 [그림 2-28]과 같은 세계 지도가 제작이 된다. 수정 후 다시 저장된 파일은 구글 크롬이나 애플 사파리, 오페라 등의 브라우저에서 열어보면 된다. [그림 2-28]은 구글 크롬에서 열어 본 결과이다.

〈text id="askreal_mark" x="500px" y="900px"
 style="fill:gray; stroke: black; font-size:350px; font-weight:bold; font-family:Tahoma, Times New Roman"〉
ASK REAL
〈/text〉

SVG 바탕 지도를 XML 기반의 텍스트 상태에서 직접 편집하고 제작하는 것은 상당히 지루하고 힘든 작업이다. 위키피디아에서 내려 받은 세계 지도만 해도 16,500행이 넘는 긴 파일인데 이 파일에서 수정해야 할 부분을 일일이 찾아서 편집한다는 것은 대단한 인내심이 필요하다. 우선 W3C에서 제공하는 Amaya 라는 브라우저/편집기를 이용할 수가 있다. Amaya는 HTML과 SVG를 열어보고 편집할 수 있는 프로그램으로 W3C의 홈페이지에서 무료로 내려 받아서 사용할 수가 있다.* 보다 전문적인 그래픽 프로그램을 사용하고 싶다면 Adobe

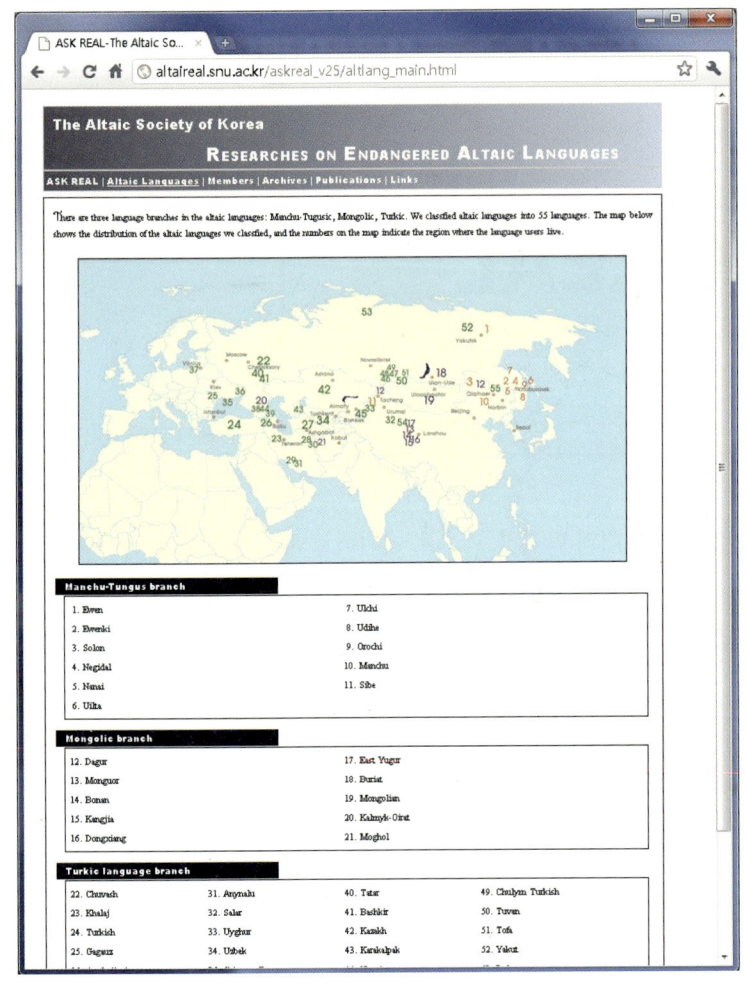

[그림 2-29] 알타이언어 분포 지도

Illustrator를 추천한다. Adobe Illustrator는 SVG 파일을 읽어 들여서 Illustrator 전용 파일 포맷으로 변환한 뒤, SGV에 있는 레이어를 그대로 편집할 수 있게 해준다. 물론 그 결과는 다시 SVG로 저장할 수도 있지만, 출판이나 연구·교육용 자료로 사용하기 위해서 JPG나 PNG 포맷으로 변환해서 사용하는 것도 좋은 방법이다. [그림 2-29]와 [그림 2-30]은 바탕 지도를 편집해서 55개의 알타이언어가 분포하는 지역을 표시한 알타이언어 분포 지도와 만주-퉁구스어파의 다고르어가 분포하는 지역을 표시한 지도이다. [그림 2-29]는 세계 지도를 바탕 지도로 사용해서 작성한 지도이고, [그림 2-30]은 아시아 지도 중에서 중국, 러시아 지역만을 추출하여서 다시 편집한 지도이다. SVG에서 필요한 아시아 부분만 추출하는 작업은 텍스트 에디터에서 작업을 하고, 지도의 편집과 색상 처리, 지역 표시 등은 Illustrator를 이용해서 수정한 뒤 출판을 위해서 고화질 JPG로 저장했다.

* http://www.w3.org/Amaya

[그림 2-30] 다고르어 분포 지도

3.2.3. 현지 조사의 정리와 웹 데이터 구축

2003년-2009년까지의 연도별 현지 조사 과정 전체를 정리해서 우리가 조사한 언어와 조사 지역, 기간 등을 일목요연하게 웹으로 제공하고 있다. 데이터는 **DBMS(Database Management System)**에 저장되어서 다른 데이터와 함께 활용되고 있는데, 현지 조사 경과에 대한 정리 테이블의 구성과 데이터의 예는 다음과 같다. 아래 데이터의 조사 번호, 연구 번호 등을 이용해서 사용된 질문지 파일 등을 알 수 있도록 구성해 놓았다. 〈표 2-16〉은 2009년 고르노-알타이스크 시에서 이루어진 현지 조사에 대한 데이터이다.

tbl_fieldResearchTable		
필드	설명	데이터 (값)
tripID	조사 번호(ID)	39
tripNO	조사 번호	tr0039
strYea	연도	2009
strSeason	조사 기수 구분	2
strTrip	조사 회차	17
strItinerary	여정(이동 기간 포함)	2009-01-15~2009-01-30
strResearchDate	조사 기간	2009-01-18~2009-01-28
fieldNoInTrip	조사 회차 내 조사 번호	1
researchID	연구 번호	66
langFamily	조사 언어 어파	TK
langKor	조사 언어(한국어)	알타이어
langRoman	조사 언어(영문 로마자)	Altai
regionKor	조사 지역(한국어)	러시아 알타이공화국 고르노-알타이스크
regionRoman	조사 지역(영문)	Russia Altai Gornoaltaisk
position	위치	51°57'/85°58'
longitude	경도	51.57
latitude	위도	85.58

[표 2-16] 연도별 현지 조사 여정 정리 테이블 구조와 데이터 예

〈표 2-16〉의 데이터를 이용해서, [그림 2-31]에 있는 웹 페이지를 생성해 내게 된다. 〈표 2-16〉의 연구번호의 값은 사용된 질문지와도 연동이 되어 있어서, [그림 2-31]에서 ENQUETE 부분에서 질문지 파일(PDF)을 접속 사용자가 확인해 볼 수 있도록 제공하고 있다. 또한 경도와 위도에 대한 데이터가 저장되어 있어서, 이 위치 정보를 Google MAP과 연동하도록 되어 있는데, [그림 2-31]의 [View the MAP]을 클릭하면 페이지 안에서 이 경위도에 해당하는 구글 지도로 이동하게 된다. 이러한 과정은 JavaScript를 이용해서 Google MAP API를 사용하고 있다.

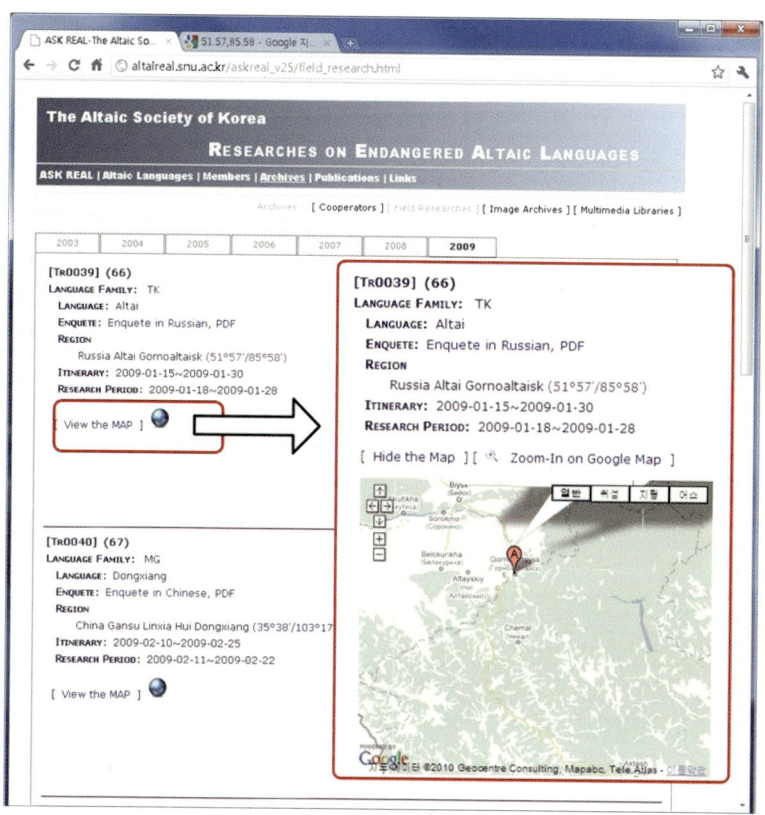

[그림 2-31] 연도별 현지 조사 여정 정리

3.2.4. 이미지 자료의 아카이브화

6년의 조사 기간 동안 촬영한 수만 장의 사진 중에서 7,800여 장의 사진을 선별해서 주석(annotation)을 달았다. 사진의 분류는 419 종류로 분류해서 주석을 달았으며, 이 주석은 연구 번호와 내용 코드를 이용해서 분류하였다. 이렇게 정리된 사진은 연도별, 조사 지역별로 구별이 되어서 [그림 2-32]와 같이 웹 페이지가 구성되었다.

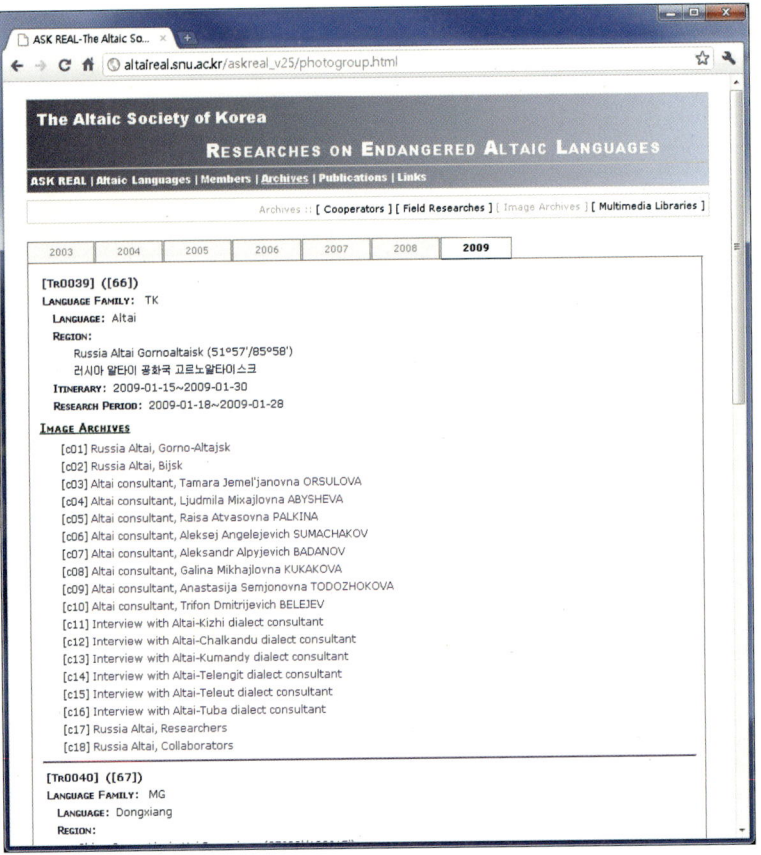

[그림 2-32] 사진 아카이브

[그림 2-32]에서 알타이어 자료제공인 **Raisa Atvasovna PALKINA**로 분류된 이미지 아카이브 항목을 선택하면 [그림 2-33]과 같이 이 분류의 사진들을 상세한 분류 설명과 함께 확인해 볼 수 있다.

이렇게 선별된 7,800여 장의 사진을 관리하기 위해서는 각 사진 파일에 대해서 이 사진 파일이 어떤 분류에 해당되고, 또 해당 분류는 어떤 기간에 어느 지역에서 조사된 것인지를 알기 위해서 자료가 정리되어야 한다. 이를 위해서 4개의 테이블을 설계해서 데이터를 분할하여 저장하였다. 사진 아카이브를 관리하기 위한 테이블의 설계와 테이블 사이의 관계는 [그림 2-34]와 같다. [그림 2-34]에서 **tbl_RIDPHOTOMAP** 테이블의 **researchID** 필드에 해당하는 값이 선택되면, 해당 researchID에 대응되는 사진 분류 코드 목록을 tbl_photoClassMap 에서 추출해 낸다. 특정 researchID 에 대응되는 사진 분류 목록의 예는 [그림 2-32]에서 특정 기간에 이루어진 현지 조사 사진의 주제 분류 목록에 해당된다. 각 주제 분류에 해당하는 사진 파일의 목록은 다시 tbl_photoFileNameList에 저장되어서 기록되며, 사용자가 특정 주제 분류를 선택하면 선택된 주제 분류에 따라서 tbl_photoFileNameList에 저장된 파일 목록들을 이용해서 이미지 갤러리를 동적으로 구성하며, 이렇게

[그림 2-33] 사진 주제별 이미지 보기

구성된 이미지 갤러리가 [그림 2-33]이다. 사진 관리에서 제일 중요한 부분은 사진 분류 코드를 관리하는 **tbl_photoClassMap** 테이블이다. 이 테이블에 저장된 정보의 예가 〈표 2-17〉에 제시되어 있다.

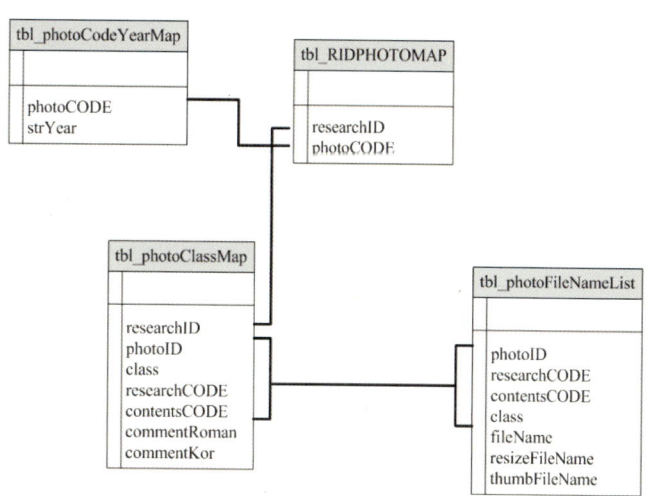

[그림 2-34] 사진 아카이브를 관리하기 위한 테이블 관계

tbl_photoClassMap	
필드	데이터 (값)
researchID	66
photoID	y2009_rid0066
class	rid0066_c05
researchCODE	rid0066
contentsCODE	c05
commentRoman	Altai consultant, Raisa Atvasovna PALKINA
commentKor	알타이어 자료제공인, 라이사 아트바소브나 팔키나

<표 2-17> 사진 분류 코드 테이블의 구조와 데이터의 예

〈표 2-17〉은 researchID 필드의 값이 66에 해당하는 현지 조사 기간에 촬영한 사진 중 주제 분류 코드가 c05인 사진들이 있다는 것을 나타내며, 이 분류는 [그림 2-33]에 있는 것처럼, 'Altai consultant, Raisa Atvasovna PALKINA'라는 것을 나타낸다.

3장

한국알타이학회 보유 현지 조사 자료

1. 제1차년도(2006년 7월~2007년 6월) 수집 자료
2. 제2차년도(2007년 7월~2008년 6월) 수집 자료
3. 제3차년도(2008년 7월~2009년 6월) 수집 자료

우리 연구팀은 1차년도(2006. 7~2007. 6)에 6차례, 2차년도(2007. 7~2008. 6)에 6차례, 그리고 3차년도(2008. 7~2009. 6)에 7차례에 걸쳐 현지 조사를 실시하였다. 총 19차례에 걸쳐 24개 언어 39개 방언을 조사하였다.

우리 연구팀은 알타이언어 현지 조사에서 음성 자료뿐만 아니라 영상 자료도 함께 제작하였다. 수집된 자료의 총 용량은 음성 자료 766.5기가바이트, 영상 자료 45,754분이다. 우리 연구팀이 연도별로 실시한 현지 조사 내역과 현지 조사에서 수집한 음성·영상 자료의 용량을 어파, 언어별로 나누어 정리하였다.

1. 제1차년도(2006년 7월~2007년 6월) 수집 자료

우리 연구팀은 1차년도에 6차례에 걸쳐 현지 조사를 실시하였다. 제1차년도에 실시한 현지 조사 내용을 현지 조사 기간, 조사 지역, 조사 언어 등으로 나누어 도표로 정리하면 다음과 같다.

기간	조사 지역	조사 언어
2006.08.10.~2006.08.17.	중국 헤이룽장성 푸위현	만주어
2006.08.18.~2006.08.26.	중국 칭하이성 시닝	몽구오르어(민허, 후주 방언)
	중국 칭하이성 시닝	보난어(퉁런 방언)
	중국 칭하이성 시닝	살라르어
2006.12.20.~2007.01.11.	키르기스스탄 비슈케크	키르기스어
2007.01.17.~2007.02.02.	러시아 이르쿠츠크 주, 러시아 부랴트공화국 툰카지구	부리야트어(알라르, 에히리트-불라가트, 툰카, 오카 방언)
2007.01.28.~2007.02.07.	러시아 사하(야쿠티야)공화국 야쿠츠크	돌간어, 야쿠트어, 어원어
2007.06.23.~2007.06.28.	서울대 언어학과 음성녹음실	몽골어(다르하드 방언)

<표 3-1> 제1차년도(2006년 7월~2007년 6월) 현지 조사 내용

제1차년도에 조사한 언어들을 어파별로 분류하고, 수집한 음성 자료와 영상 자료의 용량을 도표로 정리하면 다음과 같다.

어파	언어명	음성 자료(GB)	영상 자료(분)
만주퉁구스어파	만주어	12.2	1,147
	어원어	13.5	2,011
몽골어파	몽골어	43.9	462
	몽구오르어	5.3	478
	보난어	7.5	650
	부리야트어	57.8	2,803
튀르크어파	돌간어	30.2	1,953
	살라르어	34.5	1,118
	야쿠트어	2.3	209
	키르기스어	61.7	5,552
총 계		268.9	16,383

<표 3-2> 제1차년도 수집 음성·영상 자료의 용량(어파별, 언어별)

2. 제2차년도(2007년 7월~2008년 6월) 수집 자료

우리 연구팀은 제2차년도에 6차례에 걸쳐 현지 조사를 실시하였다. 제2차년도에 실시한 현지 조사 내용을 현지 조사 기간, 조사 지역, 조사 언어 등으로 나누어 도표로 정리하면 다음과 같다.

기간	조사 지역	조사 언어
2007.07.05.~2007.07.15.	몽골 헨티아이막 빈데르솜/다달솜	몽골어(함니강 방언)
2007.07.16.~2007.07.31.	리투아니아 트라카이	카라임어(트라카이 방언)
2007.08.01.~2007.08.14.	러시아 부랴트공화국 셀렌가지구 타시르(유리)촌	부리야트어(총꼴, 사르톨, 오랑차이 방언)
2007.08.05.~2007.08.25.	러시아 바시키르공화국 우파/크라스노우솔스크/라옙카/아스카르	바시키르어, 추바시어, 타타르어
2007.08.09.~2007.08.16.	중국 헤이룽장성 푸위현	만주어
2008.01.04.~2008.01.16.	중국 신장웨이우얼자치구 허부커싸이얼멍구자치현	칼미크-오이라트어(호복사이르, 보르탈라, 바양골 방언)

<표 3-3> 제2차년도(2007년 7월~2008년 6월) 현지 조사 내용

제2차년도에 조사한 언어들을 어파별로 분류하고, 수집한 음성 자료와 영상 자료의 용량을 도표로 정리하면 다음과 같다.

어파	언어명	음성 자료(GB)	영상 자료(분)
만주퉁구스어파	만주어	17.1	1,292
몽골어파	몽골어	21.1	1,025
	부리야트어	13.4	1,279
	칼미크-오이라트어	21.2	1,981
튀르크어파	바시키르어	70.5	3,576
	추바시어	2.3	115
	카라임어	27.6	2,801
	타타르어	2.7	137
총 계		175.9	12,206

<표 3-4> 제2차년도 수집 음성·영상 자료의 용량(어파별, 언어별)

3. 제3차년도(2008년 7월~2009년 6월) 수집 자료

우리 연구팀은 제3차년도에 7차례에 걸쳐 현지 조사를 실시하였다. 제3차년도에 실시한 현지 조사 내용을 현지 조사 기간, 조사 지역, 조사 언어 등으로 나누어 도표로 정리하면 다음과 같다.

기 간	조사 지역	조사 언어
2008.08.01.~2008.08.15.	중국 네이멍구자치구	몽골어(오르도스, 바린, 호르친 방언)
2008.08.05.~2008.08.19.	러시아 하바롭스크	울치어, 네기달어
2008.07.30.~2008.08.21.	러시아 하카스공화국 아바칸/체르노고르스크	하카스어
2008.12.22.~2008.12.31.	러시아 하바롭스크	네기달어, 오로치어
2009.01.15.~2009.01.30.	러시아 알타이공화국 고르노-알타이스크	알타이어
2009.02.10.~2009.02.25.	중국 간쑤성 린샤후이족자치구 둥샹족자치현	둥샹어(쑤오난바 방언), 보난어(지스산 방언), 몽구오르어(민허, 후주 방언)
2009.06.10.~2009.06.18.	중국 헤이룽장성 하얼빈	솔론어, 허저어
2009.08.	하얼빈 싱왕	솔론어

<표 3-5> 제3차년도(2008년 7월~2009년 6월) 현지 조사 내용

제3차년도에 조사한 언어들을 어파별로 분류하고, 수집한 음성 자료와 영상 자료의 용량을 도표로 정리하면 다음과 같다.

어파	언어명	음성 자료(GB)	영상 자료(분)
만주퉁구스어파	네기달어	21.2	1,509
	오로치어	7.3	325
	어웡키어	26.5	2,448
	울치어	12.1	1,092
	허저어	15.0	1384
몽골어파	둥샹어	24.4	566
	몽골어	22.8	815
	몽구오르어	13.1	606
	보난어	13.7	627
튀르크어파	하카스어	84.0	3,950
	알타이어	81.6	3,843
총 계		321.7	17,165

<표 3-6> 제3차년도 수집 음성·영상 자료의 용량(어파별, 언어별)

4장

알타이언어 현지 조사의 실제

1. 만주퉁구스어파
2. 몽골어파
3. 튀르크어파

이 장에서는 알타이언어가 사용되는 현장에 가서 조사한 내용을 바탕으로 하여 그 언어의 사용 실태와 언어 조사 상황을 구체적으로 기술하기로 한다.

1. 만주퉁구스어파

1.1. 솔론 어윙키어(Solon Ewenki)[*]

1.1.1. 언어 개관

알타이언어학계에서 어윙키인이라고 하면 일반적으로 러시아에 거주하는 어윙키인을 말한다. 그러나 중국에도 어윙키인이 있다. 우리는 중국의 어윙키인을 전통적으로 불러오던 대로 솔론인이라고 부르고 그들의 언어를 솔론어라고 한다. 다만 이들의 자칭이 어윙키이므로 우리는 이들을 러시아의 어윙키인들과 구별하기 위하여 솔론 어윙키인, 솔론 어윙키어로 구별하여 부르기로 한다.

이하는 중국의 솔론 어윙키어에 대한 기술이다. 중국에는 세 종류의 어윙키인이 살고 있다. '솔론' 어윙키족과 '퉁구스' 어윙키족, 그리고 '야쿠트'라 불리는 어윙키족이 그들이다. 퉁구스 어윙키족의 퉁구스라는 명칭은 이웃인 야쿠트인들이 이들을 부른 명칭이 굳어져서 된 것인데 주로 네이멍구자치구 후룬베이얼시의 천바얼후(陳巴爾虎)기와 어원커족자치기 시니허동솜(錫尼河東蘇木)에 거주하고 있다. 부리야트인들은 이들을 함니강(卡木尼甘)이라고 부르기도 한다. 야쿠트 어윙키족은 튀르크계인 야쿠트인들과 같은 지역에 살면서 순록을 길렀기 때문에 붙여진 이름인데 순록어윙키(馴鹿鄂溫克)라고도 한다. 건허(根河)시 아오루구야어윈커레민(敖魯古雅鄂溫克猎民)향에 거주하고 있다. 솔론 어윙키족은 네이멍구자치구의 어원커족자치기, 아룽(阿榮)기, 자란툰(扎蘭屯)시, 헤이룽장(黑龍江)성 넌장(嫩江)현, 너허(訥河)현 및 치치하얼(齊齊哈爾)시에 거주한다. 1957년부터 이 세 집단을 어윙키족이라고 통칭하고 이들을 어윙키인이라고

---

[*] 이하의 내용은 김주원 외(2008) 과 Endangered Languages of Indigenous People of Siberia(http://lingsib.unesco.ru/en/languages)를 참고로 하여 작성되었다.

부르고 있다.

솔론 어웡키족의 집거지는 네이멍구자치구의 어원커족자치기(9,733명), 모리다와다워얼족자치기(5,126명), 어룬춘자치기(3,155명), 아롱기(2,144명), 자란툰시(1,201명), 헤이룽장성 넌장현(678명), 너허현(778명) 등이다. 아래는 헤이룽장성의 솔론 어웡키어에 대한 조사 내용이다.

1.1.2. 현지 조사 개황

[1] 솔론 어웡키어(1)

[그림 4-1] 솔론 어웡키인 투지청 씨

○ **조사 기간**: 2009년 6월 10일~18일

○ **조사 장소**: 중국 헤이룽장성 하얼빈시 하터(哈特)호텔

○ **현지 협조 기관**: 중국 헤이룽장성 민족연구소

○ **조사 참가자**: 김주원(총괄), 고동호(전사), 손남호(통역), 박상철(녹음), 진후

이(金慧, 녹화)

○ **자료제공인**: 투지청(涂繼承, 39세, 1970년생, 남)
  - 민족: 어웡키족
  - 출생지: 중국헤이룽장성 너허(訥河)현 솔론촌
  - 직업: 중신(中心)소학교 교사
  - 가족 사항: 배우자 어웡키족
  - 언어 사용 상황: 중신(中心)소학교의 교사로서 학생들에게 어웡키어를 가르친다. 그러나 일상생활에서는 한어를 사용한다.
  - 특기 사항: 본인이 어웡키어의 교사임에도 불구하고 언어 구사가 자유롭지 못하다. 어휘 면에서도 1급, 2급 가운데에도 대답을 하지 못하는 어휘가 많았으며 면담을 무척 힘들어했다. 그러나 면담 사이의 쉬는 시간이나 면담이 끝난 뒤 저녁 시간을 이용하여 해당 어형의 어웡키어형을 로마자로 적어 두는 등 본인으로서는 최선을 다하였다. 그러나 기초회화에서도 격 어미, 인칭어미 등을 제대로 갖춘 문장이 없을 정도로 이미 정상적인 어웡키어는 구사하지 못하는 상태였다.*

[2] 솔론 어웡키어(2)

○ **조사 기간**: 2009년 8월 21일

○ **조사 장소**: 중국헤이룽장성 너허(訥河)현 싱왕어원커족(興旺鄂溫克族)향 중신(中心)소학교

○ **현지 협조 기관**: 중국 헤이룽장성 민족연구소

○ **조사 참가자**: 김주원(총괄, 전사), 진후이(金慧, 통역), 칼리나(통역), 박상철(녹음, 녹화)

○ **자료제공인**: 투웨이신(涂緯新, 73세, 남)
  - 민족: 어웡키족
  - 직업: 퇴직자
  - 가족 사항: 2남 5녀, 배우자 다고르족

---

* 그러나 수개월 뒤에 그의 고향 마을을 방문하였을 때 그는 마을의 노인들과 어웡키어로 자유롭게 말하는 것을 볼 수 있었다. 이러한 사실은 일상생활에서의 언어 구사 유창성과 면담 조사시 질문에 대답하는 능력은 반드시 일치하지는 않는다는 점을 보여 준다. 일상생활에서는 주어진 환경에서 문장을 구사하는데 비해서 실제로 녹음기와 캠코더 앞에 앉으면 긴장을 하게 되고, 단어 하나하나를 캐물으면서 진행하는 면담조사에서는 아는 말도 제대로 답하지 못하는 경우를 자주 보았다.

[그림 4-2] 솔론 어웡키인 투웨이신 씨

- 언어 사용 상황: 한어 사용
- 거주 경력: 이 마을에만 거주함
- 특기 사항: 투지청 씨의 부친이다. 유감스럽게도 1998년에 발병하였던 뇌출혈의 영향으로 발음이 불분명하였으며, 천식 증세가 있어서 면담을 장시간 지속할 상황이 아니어서 하루 만에 끝내었다.

[3] 솔론 어웡키어(3)

○ **조사 기간**: 2009년 8월 16일~23일*

○ **조사 장소**: 중국 헤이룽장성 너허(訥河)현 싱왕어원커족(興旺鄂溫克族)향 중신(中心)소학교

○ **현지 협조 기관**: 중국 헤이룽장성 민족연구소

○ **조사 참가자**: 김주원(총괄, 전사), 진후이(金慧, 통역), 칼리나(통역), 박상철(녹음, 녹화)

* 이 조사는 한국학술진흥재단이 지원하는 연구 기간이 끝난 후에 수행된 것이다. 이 조사를 위하여 경비를 지원해 주신 서울대학교 인문학연구원의 김남두 원장님께 감사 드린다.

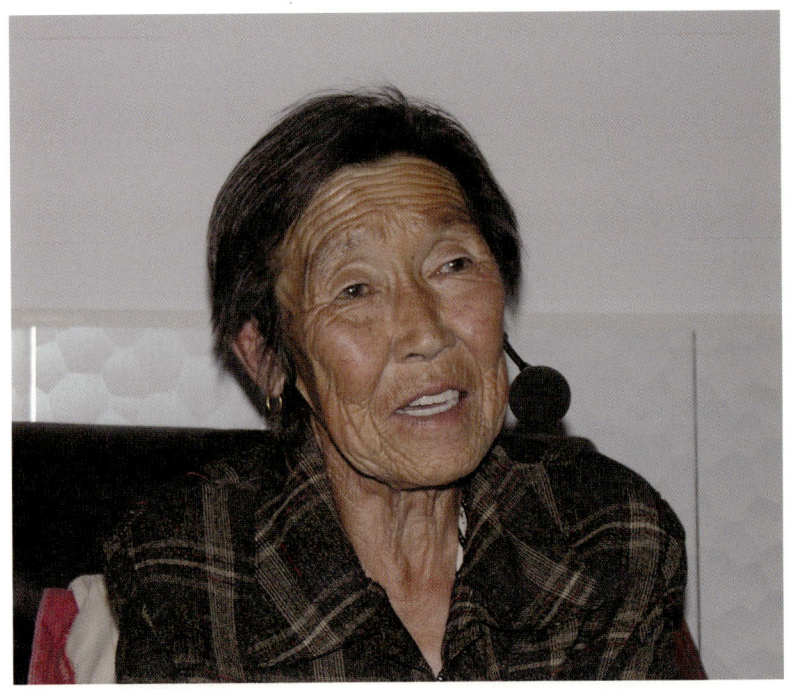

[그림 4-3] 솔론 어웡키인 아오싱화 씨

○ **자료제공인**: 아오싱화(敖星花, 73세, 여)
  - 민족: 어웡키족
  - 가족 사항: 남편(어웡키족) 사별(2008년), 손녀와 살고 있음
  - 언어 사용 상황: 한어 사용, 가족 모두 한어 사용
  - 거주 경력: 네이멍구의 다양수진(大楊樹鎭) 출신이며 18세에 시집온 이래 싱왕향에 거주하고 있음
  - 특기 사항: 언어 감각이 뛰어나서 묻는 말에 잘 대답함

1.2. 나나이어(Nanai)

1.2.1. 언어 개관

나나이어는 러시아와 중국에서 사용되는 언어이다. 남퉁구스어군으로 분

류되는 언어이며 아무르강(중국에서는 헤이룽(黑龍)강이라고 함), 쑹화(松花)강, 우쑤리(烏蘇裏)강 유역에서 사용되는 언어이다. 이들의 자칭은 '나나이' 또는 '나니'인데 둘 다 '현지인'이라는 의미이다. 이외에도 지역에 따라서 '허저 나이(Heǰe naj, 비라 구루니(bira guruni)', '모 나이(mo naj)' 등으로도 불린다. 한 때 '골디(Goldi)'라고도 불렸으나 지금은 사용하지 않는 명칭이다.

나나이인의 거주 지역은 러시아에서는 하바롭스크지방의 나나이스크(Nanajsk), 아무르스크(Amursk), 콤소몰스크(Komsomolsk), 솔네치니(Solnechny), 울치스크(Ulchsk), 연해주의 포자르스크(Pozharsk), 올긴스크(Olginsk), 사할린주의 포로나이스크(Poronajsk) 등이며 중국에서는 헤이룽장성 퉁장(同江)시(1,060명), 푸위안(撫遠)현(468명), 라오허(饒河)현(529명) 등에 거주하고 있다.

나나이인의 인구는 러시아는 12,160명이며 그 중에서 1,388명(11.4%)이 모어로 사용하고,* 중국은 4,640명(2000년) 중에서 모어 사용자는 약 30%로 추정된다.

나나이어의 방언 분류는 러시아와 중국이 다르다. 러시아에서는 아무르강 상류 방언, 아무르강 중류 방언, 아무르강 하류 방언으로 대별하고 있다. 아무르강 상류 방언의 하위 방언으로 중국에 분포하는 아무르강 우안(右岸) 방언과 숭가리(Sunggari) 방언, 그리고 러시아에 분포하는 비킨(Bikin)(=우수리(Ussuri)) 방언, 쿠르-우르미(Kur-Urmi) 방언이 있다. 아무르강 중류 방언의 하위 방언으로는 시카치-알랸(Sikachi-aljan) 방언, 나이힌(Najkhin) 방언, 주엔(Dzhuen) 방언이 있고, 아무르강 하류 방언의 하위 방언으로는 볼론(Bolon) 방언, 예콘(Ekon) 방언, 고린(Gorin) 방언이 있다. 이들 방언 중에서 나이힌 방언이 가장 완벽하게 기술되어 있고, 화자가 4천 명에 달한다. 한편 중국에서는 나나이어를 허저(赫哲)라고 부르는데, 안쥔(安俊, 1986:1)은 허저어의 방언으로 러시아에서 사용되는 허전(赫眞) 방언과 중국에서 사용되는 칠러언(奇勒恩) 방언을 설정하고 있다.

* 러시아북방토착민족협회(Russian Association of Indigenous Peoples of the North, Siberia and Far East)(RAIPON 2006)의 조사 내용을 인용한다. 단, 다른 조사에서 '당신은 이 언어를 압니까?' 라는 질문에는 '그렇다'고 대답한 사람은 숫자는 다소 늘어난다.

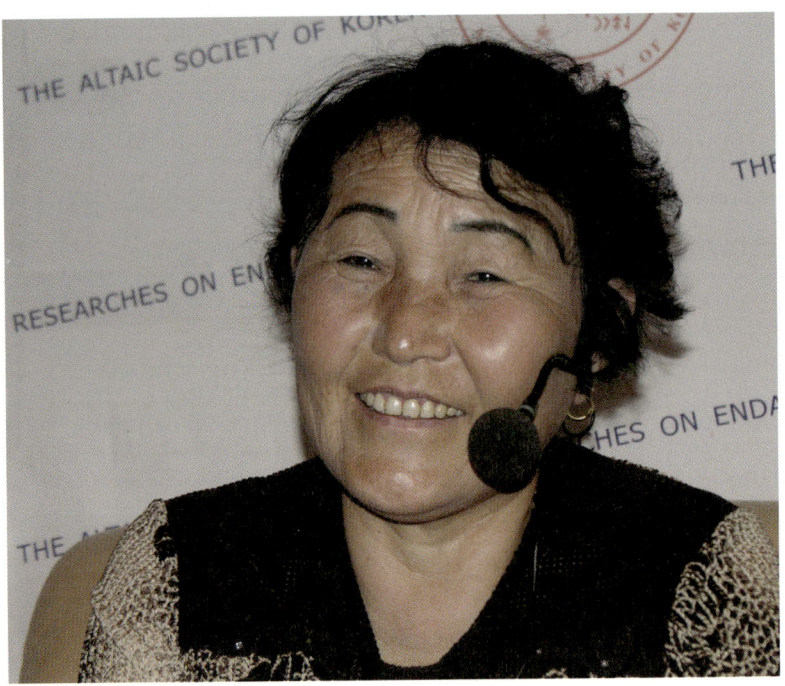

[그림 4-4] 나나이(허저)인 유원란 씨

1.2.2. 현지 조사 개황

○ **조사 기간**: 2009년 6월 10일~18일

○ **조사 장소**: 중국 헤이룽장성 하얼빈시 하터(哈特)호텔

○ **현지 협조 기관**: 중국 헤이룽장성 민족연구소

○ **조사 참가자**: 김주원(총괄), 고동호(전사), 손남호(통역), 박상철(녹음), 진후이(金慧, 녹화)

○ **자료제공인**: 유원란(尤文蘭, 66세, 1943년생, 여)

　- 민족: 허저족(자칭: 나 니오 Na nio)

　- 배우자: 허저족 (사별)

　- 직업: 주부, 초등학교 졸업

　- 출신지: 바차(八岔)

　- 언어 사용 상황: 본인은 허저어와 중국어를 모두 구사하지만, 허저어를 구사하

는 사람이 적어, 사회 활동시 주로 중국어를 구사함. 그의 설명으로는 거주지에 100여 명 정도의 허저족 중 허저어를 제대로 구사하는 사람(보통 60세 이상)은 본인을 포함하여 10명 이내. 가족 중 큰 딸만 유일하게 허저어를 어느 정도 말할 수 있다고 함.

○ **조사 내용**: 1, 2급의 어휘와 기초회화의 일부를 조사하였다. 일상생활 중에 허저어를 사용한다고 하였으나 예상 외로 대답을 잘하지 못하였다. 언어가 절멸 위기에 처했을 때 나타나는 전형적인 현상이기도 하지만 조사 분위기가 생소해서 일상생활 중에는 사용하던 말도 대답을 못한 것일 수도 있다.

1.3. 어원어(Ewen)

1.3.1. 언어 개관

어원어는 어웡키어, 솔론어, 네기달어와 함께 북퉁구스어군으로 분류되는 언어이다. 어원인은 러시아의 사하(야쿠티야)공화국, 캄찻카 반도, 오호츠크해 연안 등 넓은 지역에 분포되어 있기 때문에 지역에 따라서 다양한 민족 명칭이 있다. 오호츠크해 주변에 사는 이들은 '순록을 치는 사람'이라는 의미의 오라치(Orach, 복수는 Orachil), 하류콜림스키 지역의 사람들은 일칸 버이(Ilkan bej, '현지 사람'), 마가단 지역에서는 오로치(Orochi)로 불렸으며 캄찻카에서는 라무트(Lamut) 등으로 불렸다. 지금은 어원(Ewen)으로 불린다.

어원인은 넓은 지역에 분포되어 있는데 러시아의 사하(야쿠티야)공화국, 마가단, 하바롭스크주(kraj), 추콧카자치구, 캄찻카주, 코랴크자치구 등이다. 2002년의 통계에 의하면 어원인은 19,071명이며 그 가운데 4,743명(24.9%)이 어원어를 모어로 사용한다.

[그림 4-5] 어원인 마리야 불두키나 씨

1.3.2. 현지 조사 개황

○ **조사 기간**: 2007년 1월 28일~2월 7일

○ **조사 장소**: 러시아연방 사하(야쿠티야)공화국 야쿠츠크시 야쿠츠크농업경제대학 케스킬(Keskil) 요양원 숙사

○ **조사 참가자**: 김주원(총괄), 고동호(전사), 김건숙(통역), 강은지(녹음), 여은지(녹화)

○ **자료제공인**

(1) 마리야 이바노브나 불두키나(Marija Ivanovna BULDUKINA, 61세, 1946년생, 여)

- 민족: 어원족
- 직업: 순록 사육
- 언어 사용 상황: 러시아어를 알고는 있으나 어원어만 사용함.
- 가족: 남편(어원인), 자녀 셋, 그 중 딸 한 명이 러시아학술원 시베리아지부 북

방소수민족연구소의 연구원이고, 어윈어를 구사할 수 있다고 한다.

(2) 예카테리나 콘스탄티노브나 투라두키나(Jekaterina Konstantinovna TURADUKINA, 52세, 1955년생, 여)

[그림 4-6] 어윈인 예카테리나 투라두키나 씨

- 민족: 어윈족
- 직업: 교사
- 언어 사용 상황: 어윈어 교사이지만 일상생활에서는 러시아어를 사용함.

(3) 이반 블라디미로비치 불두킨(Ivan Vladimirovich BULDUKIN, 22세, 1985년생, 남)

- 민족: 어윈족
- 직업: 대학생
- 언어 사용 상황: 마리야 불두키나 씨와 같은 고향 출신이며 어윈어를 약간 말할 수 있는데 이는 그가 고향에서 어린 시절을 보냈기 때문에 가능한 것이었다. 대도시로 나온 이후에는 어윈어를 말할 기회가 거의 없어서 잊어가고 있는

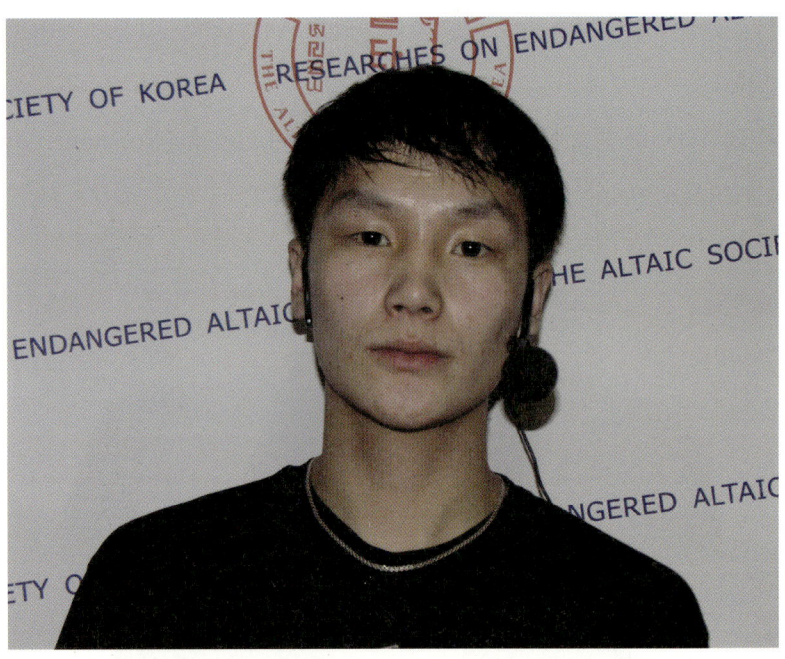

[그림 4-7] 어원인 이반 불두킨 씨

상태였다.

○ **협력자**: 바실리 아파나시예비치 로베크(Vasilij Afanas'jevich ROBBEK) (러시아학술원 시베리아지부 북방소수민족연구소, 인문학연구소 교수, 어원족)

○ **조사 내용**: 어휘, 기초회화, 문법. 자료제공인 가운데 불두키나 씨는 순록을 치는 분으로 로베크 교수가 특별히 배려하여 소개해 준 자료제공인이다. 그녀는 이 면담을 위하여 800여 마리의 순록을 이웃에게 맡긴 채 우리에게 온 분이다. 이 분을 통하여 어원어가 가지고 있는 고유하고도 언어학적으로 중요한 특징을 많이 알게 되었다.*

1.4. 만주어(Manchu)

1.4.1. 언어 개관

* 마리야 불두키나 씨의 언어에 대한 조사 결과 얻은 자료의 일부는 김주원(2008)에 소개되어 있다.

만주어는 남퉁구스어군에 속하는 언어로서 현재 중국 헤이룽장성에서 극소수만이 사용하는 절멸 직전의 언어이다. 이 언어는 중국의 마지막 왕조인 청(淸)의 공식 언어로서 왕조의 초기에는 활발하게 사용되었지만 그들이 지배하던 중국인에 비해서 워낙 적은 수였을 뿐 아니라 문화적으로 우월한 중국의 문화에 압도되어 만주어 사용인도 점점 줄어들게 되었다. 20세기 후기에 이르러서는 중화인민공화국이 성립되면서(1949년) 초등학교 때부터 중국어 교육이 시작되어 다른 소수민족의 언어와 마찬가지로 만주어를 사용하는 사람의 수도 급격히 줄어들었다. 현재 만주어를 말할 수 있는 사람은 1949년 이전에 만주어를 사용하던 사람에 국한되며 따라서 대체로 1940년 이전 출생자만이 만주어를 말할 수 있다. 한편 지역적으로도 중심지인 북경에서 멀리 떨어진 지역의 몇 마을에만 만주어가 사용되는데 대표적인 지역으로 헤이룽장성 치치하얼시 푸위헌의 싼자쯔촌(三家子村)과 헤이룽장성 헤이허시 쑨우헌 옌장만족다워얼족향의 쓰지촌(四季村) 등이다. 이 마을에서 만주어를 말할 수 있는 사람의 수는 각각 10명 이내이다.

1.4.2. 현지 조사 개황

[1] 만주어(1)
○ **조사 기간**: 2006년 8월 10일~17일
○ **조사 장소**: 중국 헤이룽장성 치치하얼시 푸위헌 유이다워얼족만족커얼커쯔족(友谊达斡尔族满族柯尔克孜族)향
○ **조사 참가자**: 고동호(총괄, 전사), 신용권(통역), 여은지(녹음), 함희진(녹화)

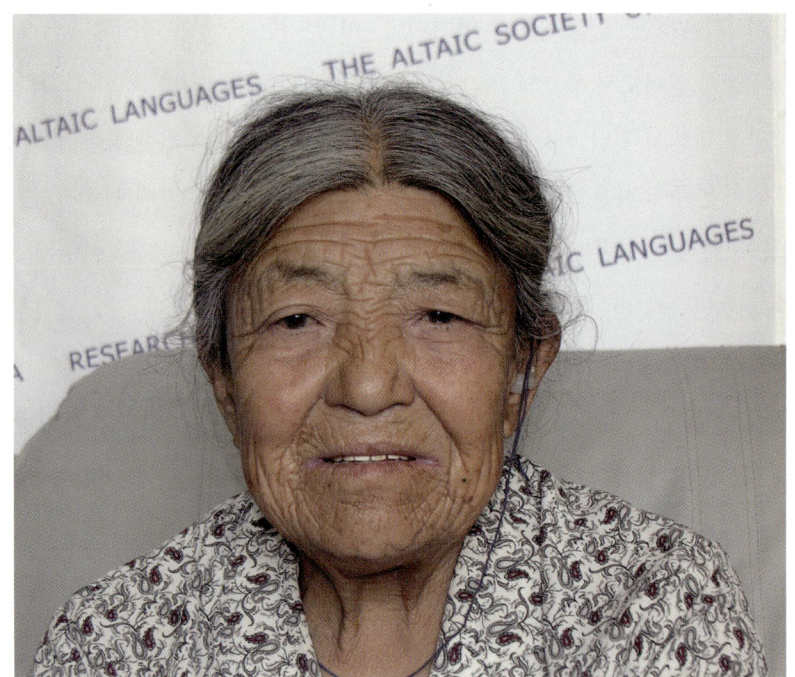

[그림 4-8] 만주인 자오펑란 씨

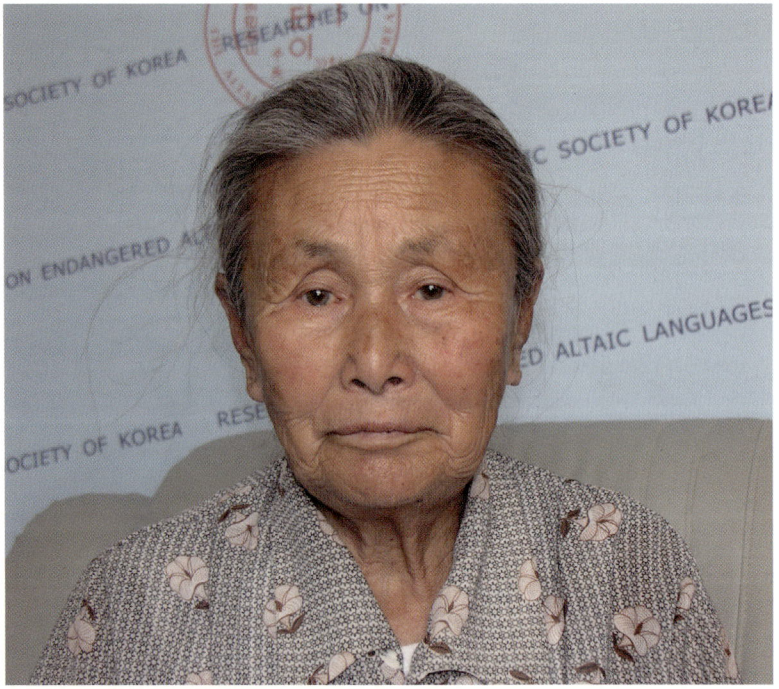

[그림 4-9] 만주인 멍수징 씨

○ **자료제공인**

(1) 자오펑란(趙鳳蘭, 81세, 1925년생, 여)
　- 민족: 만주족
(2) 멍수징(孟淑靜, 81세, 1925년생, 여)
　- 민족: 만주족

○ **조사 내용**: 어휘 1, 2급, 기초회화, 자유발화
○ **특기 사항**: 전반적으로 한어(중국어)의 영향이 농후하다.

[2] 만주어(2)

○ **조사 기간**: 2007년 8월 9일~16일
○ **조사 장소**: 중국 헤이룽장성 치치하얼시
○ **조사 참가자**: 김주원(총괄), 고동호(전사, 녹화), 신용권(통역), 장승익(녹음)
○ **자료제공인**

(1) 자오펑란(趙鳳蘭, 82세, 1925년생, 여)
　- 민족: 만주족
(2) 멍수징(孟淑靜, 82세, 1925년생, 여)
　- 민족: 만주족
(3) 타오윈칭(陶雲慶, 87세, 1920년생, 남)
　- 민족: 만주족
(4) 멍셴샤오(孟憲孝, 75세, 1932년생, 남)
　- 민족: 만주족

○ **조사 내용**: 어휘 1, 2급(보충), 문법, 자유발화
○ **특기 사항**: 이번 조사의 특

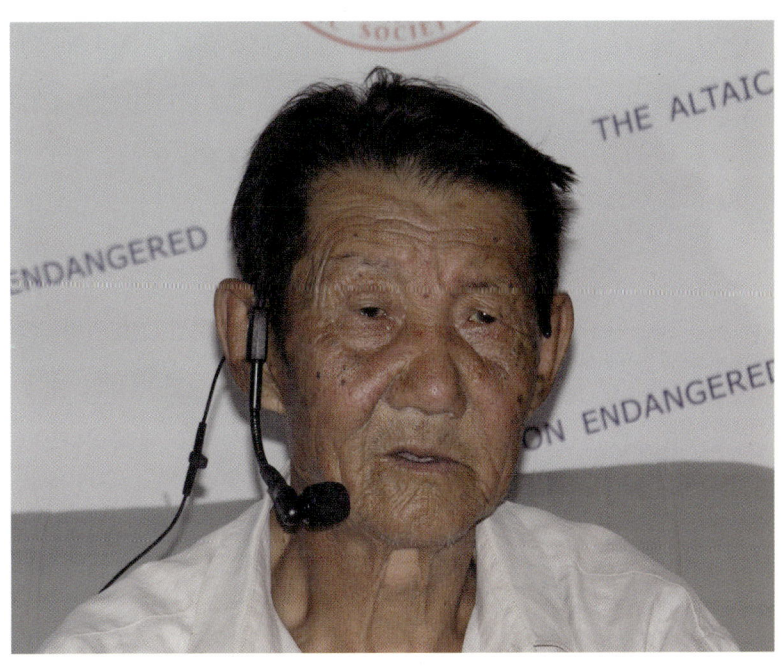

[그림 4-10] 만주인 타오윈칭 씨

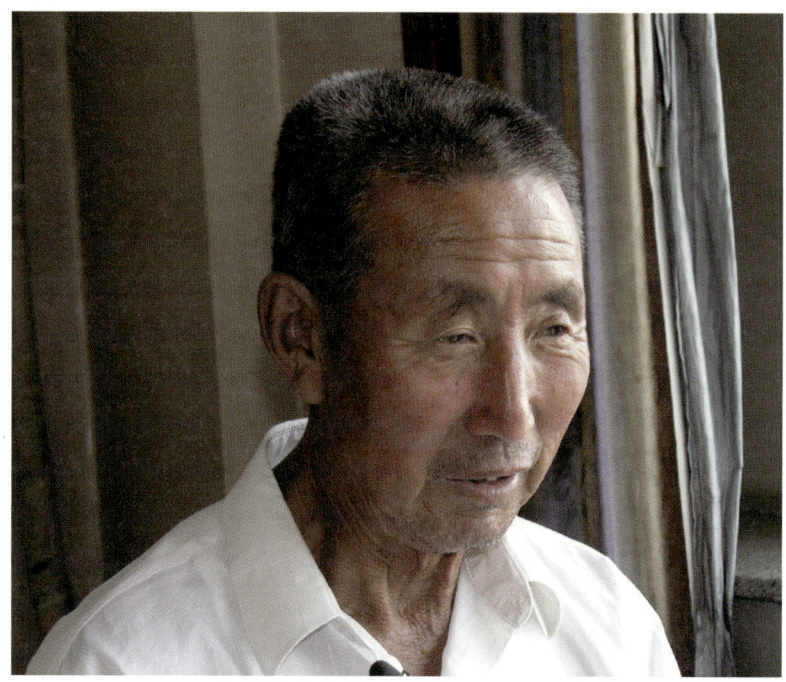

[그림 4-11] 만주인 멍셴샤오 씨

징은 싼자쯔촌에서 만주말을 구사할 수 있는 네 분을 모시고 자유대화를 하도록 한 점이다. 지금까지는 조사의 특성상 질문지에 나온 단어를 대답하기, 주어진 문장을 번역해서 말하기 정도에 시간이 주어지고, 언어 구사 능력이 있으면 자유발화 정도를 녹음하는 것이 최선이었는데, 이번에는 대화를 할 수 있는 분위기를 만들어서 네 분이 만주말로 일상생활에 관해서 자유롭게 말하도록 하고 그것을 녹음·녹화한 것이다. 네 분은 기대 이상으로 두 시간 정도 자연스럽게 대화를 주고받았다. 아마도 만주어 대화 자료는 이 조사가 최초의 기록이 아닌가 한다.* 한편 이들의 언어에는 한어 즉 중국어의 영향이 현저하게 나타난다. 이들 언어에 나타나는 한어의 영향은 김주원(2008)에서 다룬 바 있다.

* 이 당시에는 2채널 녹음기를 사용하였기 때문에 두개의 마이크로 녹음할 수밖에 없었다. 그렇지만 이때에 4채널 녹음기의 필요성을 절감하고, 이후에 4채널 녹음기, 즉 네 개의 마이크를 장착할 수 있는 녹음기(Edirol Pro-4)를 구매하였다. 이렇게 되면 네 명의 말을 각각의 마이크로 녹음하게 되므로 두 사람 이상이 동시에 말하더라도 소리가 섞이지 않아서 그 내용을 정확하게 들을 수 있고 전사할 수 있다.

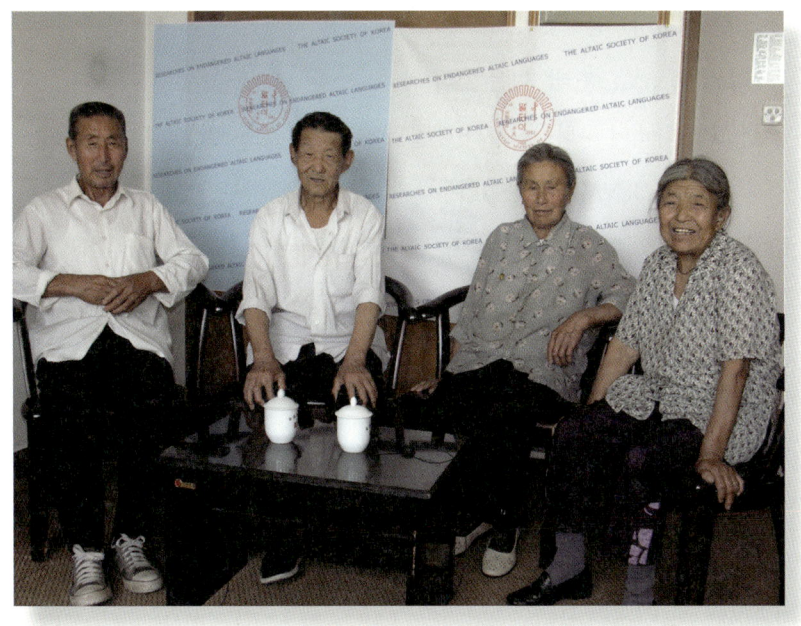

[그림 4-12] 만주인 네 명이 대화하기 위해서 앉아 있는 모습

1.5. 울치어(Ulchi)

1.5.1. 언어 개관

남퉁구스어군에 속하는 울치어는 올치어(Olchi), 올차어(Olcha)로도 불리며 나나이어, 윌타어와 가까운 관계이다. 울치어 내의 방언 차이는 없다. 이들의 자칭은 '현지인'이라는 뜻의 '나니'(nani)('na'(땅) + 'ni'(사람))이다.

이들은 아무르강 하류에 모여살고 있는데 주요 거주시는 울치지구의 불라바(Bulava), 몬골(Mongol), 보고로츠코예(Bogorodskoje) 등이다. 2002년의 통계에 따르면 인구는 2,913명이고 그 중 51명(1.8%)이 모어로 사용한다.

1.5.2. 현지 조사 개황

○ **조사 기간**: 2008년 8월 5일~19일
○ **조사 장소**: 러시아 하바롭스크시

○ **조사 참가자**: 김주원(총괄, 전사), 고동호(녹음), 아셀 자일로바예바(Asel Dzhailobajeva, 통역), 여은지(녹화)

○ **협조자**: 다리야 무하나예브나 베렐투예바(Dar'ja Mukhanajevna BEREL'-TUJEVA, 국립극동인문대학교 북방민족학부장)

○ **자료제공인**: 나데즈다 다닐로브나 두반(Nadezhda Danilovna DUVAN, 58세, 1950년생, 여)

○ **조사 내용**: 두반 씨는 울치인의 언어와 문화를 유지하는 데에 특별히 노력을 하는 분이다. 미국 체류 경력이 있어서 영어도 어느 정도 말할 수 있으며 샤먼 역할을 한다. 그리하여 어원족의 전통적인 춤과 노래를 할 수 있다고 한다. 어휘 1, 2급을 조사하였으며 문법과 기초회화를 큰 어려움 없이 조사할 수 있었다.

[그림 4-13] 울치인 나데즈다 두반 씨

1.6. 네기달어(Negidal)

1.6.1. 언어 개관

네기달어는 북퉁구스어군에 속하는 언어로서 현재 화자가 극소수뿐인 거의 절멸한 언어로 분류된다. 네기달이라는 명칭은 'ŋegidal'(해변)이라는 말에서 유래한 것이다. 그리고 '나 버여닌'(na beyenin)(현지 사람), '얼칸 버여닌'(elkan beyenin)(여기의 사람) 또는 '암군 버여닌'(amngun beyenin)(암군 사람) 등으로도 불린다. 네기달인은 하바롭스크주(kraj)에 거주하는데 아무르강 하류의 울치(Ulchi)지구와 암군강 하류의 폴리나 오시펜코(Polina Osipenko)에 주로 거주하고 있다. 20세기 중엽까지는 암군강 하류에도 살고 있었으나 지금은 없다.

2004년의 통계에 의하면 567명의 인구가 있으며 그 중에서 9명(1.6%)만이 언어를 구사할 수 있다. 그러나 이들 언어는 주위의 어원어, 울치어, 니브흐어 등으로부터 심대한 영향을 받았다. 방언은 암군강의 상류 방언과 하류 방언으로 나뉘는데 큰 차이는 없다.

1.6.2. 현지 조사 개황

[1] 네기달어(1)
- **조사 기간**: 2008년 8월 5일~19일
- **조사 장소**: 러시아 하바롭스크시
- **조사 참가자**: 김주원(총괄, 전사), 고동호(녹음), 아셀 자일로바예바(Asel Dzhailobajeva, 통역), 여은지(녹화)
- **협조자**: 다리야 무하나예브나 베렐투예바(Dar'ja Mukhanajevna BEREL'-TUJEVA, 국립극동인문대학교 북방민족학부장)
- **자료제공인**: 리디야 인노켄티예브나 우디(Lidija Innokent'jevna UDY, 70세, 1938년생, 여)

[그림 4-14] 네기달인 리디야 우디 씨

○ **조사 내용**: 어휘(1, 2급 일부), 기초회화

○ **특기 사항**: 우디 할머니는 10살 경에 고향인 타흐타(Takhta)를 떠나서 하바롭스크로 나온 분이다. 대도시로 나온 후에는 모어인 네기달어를 말하지 않고 러시아어만으로 생활을 한 분이다. 따라서 이 분은 60년 만에 네기달어를 말하는 것이다. 마침 베렐투예바 교수와 미리 만나서 네기달어를 약간 말하기 시작한 상태여서 그나마 언어 조사가 수월했다. 우리 팀은 면담을 시작하면서 이것저것 간단한 것부터 물으면서 기억을 떠올리려고 노력하였다. 그러나 우디 할머니는 당뇨병 때문에 오래 앉아있기가 힘든 상태였다. 휴식시간을 길게 가지며 약 3시간 30분 동안 1, 2 급 어휘 150개, 기초회화 193항목을 조사할 수 있었다. 이 조사 내용은 매우 귀중한 것이다. 왜냐하면 현지, 즉 암군강 유역에 거주하는 네기달인의 언어는 어원어 등의 영향을 너무 심하게 받아서 네기달어 고유의 특성이 없어져버린 상태이기 때문이다. 그리하여 이번 조사를 예비 조사로 간주하고, 겨울에 다시 오기로 하고 우디 할머니께 머릿속으로

네기달어를 많이 생각해 두시라는 부탁을 하였다.

[2] 네기달어(2)

○ **조사 기간**: 2008년 12월 22일~31일

○ **조사 장소**: 러시아 하바롭스크시

○ **조사 참가자**: 고동호(총괄, 전사), 이호영(녹음), 최문정(통역), 유영란(녹화)

○ **협조자**: 다리야 무하나예브나 베렐투예바(Dar'ja Mukhanajevna BEREL'-

[그림 4-15] 네기달인 미리야 가자로바 씨

TUJEVA, 국립극동인문대학교 북방민족학부장)

○ **자료제공인**

(1) 리디야 인노켄티예브나 우디(Lidija Innokent'jevna UDY, 70세, 1938년생, 여)

(2) 마리야 알렉산드로브나 카자로바(Marija Alexandrovna KAZAROVA, 53세, 1955년생, 여)

○ **조사 내용**: 2008년 8월 조사의 보충

○ **특기 사항**: 우디 할머니를 4개월 만에 다시 만났지만 그 사이에 집안에 좋지 않은 일도 있고 해서 할머니의 건강이 더 나빠진 상태였다. 할머니가 약속을 지키기 위해서 작성한 메모지도 우리에게 보여 주었지만 크게 도움은 되지 않았다. 특별히 어휘를 추가한 것은 없다. 마침 또 다른 자료제공인인 카자로바 씨를 면담할 수 있었지만 언어 구사 능력이 많이 떨어져서 기초회화와 문법을 주로 질문하였으며 우디 할머니가 대답하지 못한 단어 몇 개를 추가하는 데에 그칠 수밖에 없었다.

1.7. 오로치어(Orochi)

1.7.1. 언어 개관

오로치어는 거의 소멸한 언어(nearly extinct language)로 분류된다. 나나이어, 우디허어 등과 함께 남퉁구스어군에 속한다.

19세기에 탐험가들이 찾았을 때에는 자칭이 나니(nani), 즉 '이 땅의 사람, 토착민'('na'(땅) + 'ni' (사람))이었는데* 현재 이들의 자칭은 오로치이다. 이 명칭은 'oro'(사슴)와 'ci'(-하는 사람)가 결합되어 이루어진 것으로 '사슴, 즉 순록을 치는 사람'의 뜻이다.

2000년의 통계에 의하면 러시아 전체에 900명의 오로치인이 있는 것으로 집계되었는데 그 중에서 492명이 하바롭스크주(kraj)에, 129명이 사할린 지역에, 87명이 마가단 지역에 거주한다. 즉, 반 수 이상이 하바롭스크주(kraj)에 거주하는데 집거지는 소베트츠카야 가반(Sovetskaja Gavan')과 바니노(Vanino), 콤소몰스크나아무레(Komsomol'sk-na-Amure) 남쪽의 노보예 옴미(Novoje Ommi)이다. 19세기 중엽에 러시아, 우크라이나, 벨라루스인들이 극동으로 이주해 오면서 오로치인의 전통적인 문화·경제적 기반이 파괴되기 시작하였으며, 러시아정교의 적극적인 선교 활동이 오로치의 전통 생활의 파괴를 가속화시켰다. 오로치인들은 1920년대 초기에 소비에트 당국이 콜호즈를 건설한 이후로 집

---

* 현재 나나이인, 우디허인의 자칭도 '나니'이다.

단으로 거주하기 시작하였으며 아이들을 기숙학교로 보내서 러시아어로만 생활하게 함으로써 오로치어가 소멸하는 주요한 계기가 되었다. 1989년의 통계에 의하면 883명의 오로치인이 있는데 그 중에서 17%의 오로치인만이 오로치어를 모어로 사용하였다(10년 전인 1979년 통계에 의하면 전체 인구 1,040명 가운데에 33%가 모어로 사용한다고 하였는데, 이와 비교해보면 얼마나 빠른 속도로 오로치어 사용자가 줄어들었는지를 짐작할 수 있다).

이전의 오로치어에는 툼닌 방언(**Tumnin**), 하디 방언(**Khadi**), 훈가리 방언(**Khungari**) 등 3개의 방언이 있었다. 툼닌 방언은 툼닌강 유역에서 사용되던 오로치어 최대의 방언이고, 하디 방언은 하디강, 콥피강, 사마르가강 유역에서 사용되던 방언이며, 훈가리 방언은 훈가리강 유역에서 사용되던 방언인데 이 방언을 쓰던 오로치인들은 나중에 아무르로 이주하였다. 이 중에서 하디 방언은 우디허어의 영향을 심하게 받았으며, 툼닌 방언은 나나이어의 고린 방언의 영향을 크게 받았다. 따라서 현재에는 훈가리 방언만 인지될 뿐이다.

1.7.2. 현지 조사 개황

- **조사 기간**: 2008년 12월 22일~31일
- **조사 장소**: 러시아 하바롭스크시
- **조사 참가자**: 고동호(총괄, 전사), 이호영(녹음), 최문정(통역), 유영란(녹화)
- **협조자**: 다리야 무하나예브나 베렐투예바(Dar'ja Mukhanajevna BEREL'-TUJEVA, 국립극동인문대학교 북방민족학부장)
- **자료제공인**: 림마 니콜라예브나 프롤로바(Rimma Nikolajevna FROLOVA, 66세, 1942년생, 여)
- **조사 내용**: 위에서 밝힌 대로 오로치어는 거의 사어가 되었기 때문에 언어구사자를 찾기가 거의 불가능하다. 찾아달라고 부탁한 지 2년여 만에 베렐투예바 교수를 통해서 오로치어 구사자인 프롤로바 할머니를 찾을 수 있었다. 아마도 이 분이 오로치어를 말하는 마지막 화자가 아닌가 생각된다. 그래서인지

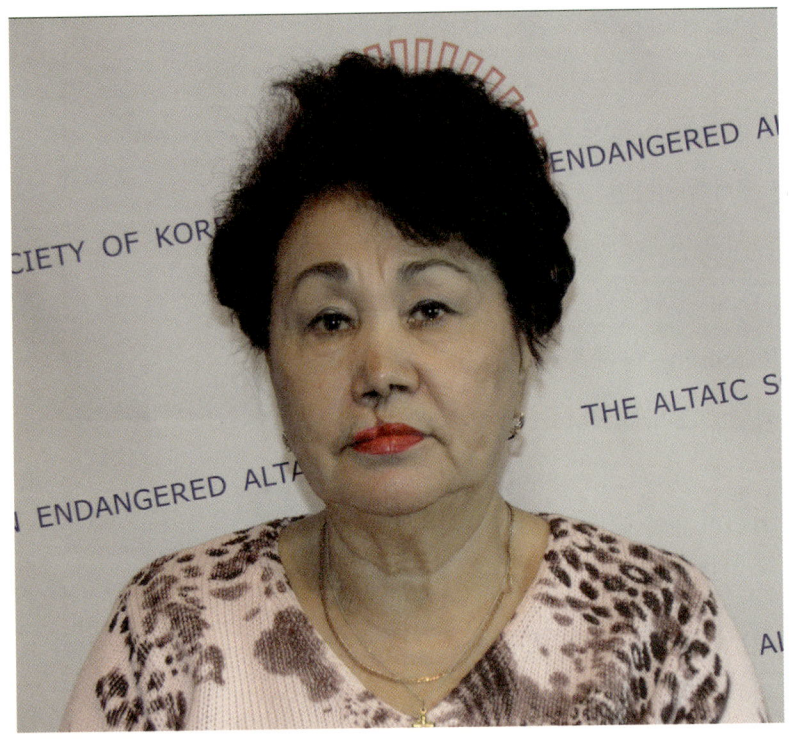

[그림 4-16] 오로치인 림마 프롤로바 씨

언어조사에서 소기의 성과를 얻지는 못하였다. 보통 하던 방식대로 질문지의 내용을 묻고 답하는 것이 되지 않아서 그 분에게 질문지를 드리고 아는 단어를 미리 적어서 오라고 하였다. 그리고는 그 다음날 자료제공인이 질문지에 메모해 놓은 것을 묻고 대답하는 형식으로 조사가 이루어졌다. 이런 방식으로 어휘, 기초회화, 문법을 조사하였는데, 조사한 항목 수는 전체를 합해서 약 300개에 불과하다. 한편, 조금이라도 더 많은 어휘를 녹음하기 위하여 '오로치어 그림사전'*을 구하여 그 사전의 내용을 낭독하게 하는 방법도 택하였다. 앞의 조사 내용과 상당수 겹치기는 하지만 약 100개의 어휘를 조사하였다.

2. 몽골어파

2.1. 보난어(Bonan, Baoan, Baonaŋ, 保安語)

2.1.1. 언어 개관

보난어는 중국의 17,000명 바오안족(保安族) 가운데 간쑤성(甘肅省臨夏回族自治州積石山保安族東鄉族撒拉族自治縣)과 칭하이성(青海省海東地區循化撒拉族自治縣)의 바오안족 6천여 명과 칭하이성 퉁런현(青海省黃南藏族自治州同

* Абрамова Г.С.(2002), Картинный словарь орочского языка. Учебное пособие для начальной школы(오로치어 그림 사전, 초등학교 교재). Санкт-Петербург: Дрофа.

仁縣)의 투족(土族) 가운데 3천여 명의 모어이다.

　　보난(Ponan)이라는 민족명은 이들의 조상이 1585년 오늘의 칭하이성 퉁런현에 명(明, 1368-1644)이 설치한 성(保安城)을 중심으로 하는 지역에서 살고 있었던 데서 유래한다고 한다. 이들은 원래 불교도였으나 주변 무슬림의 영향으로 상당수가 이슬람화하였고, 그들은 아마도 이슬람화하지 않은 동족들과의 불편한 관계 때문에, 청 동치(同治, 1856-1875) 초기에 퉁런 지역을 떠나 칭하이성의 쉰화(循化) 지역으로 이주하였고, 더 나아가 간쑤성 지역으로 이주하였다고 한다. 1950년 중국 정부에서 소수민족을 구분하여 인정하고 그 명칭을 정할 때 간쑤 지역으로 이주해 살던 사람들은 조상의 고향(保安) 이름을 원하여 바오안족(保安族)으로 등록되었고, 그들의 언어도 바오안어(保安語)라고 기록되게 되었다고 한다. 보난(Ponan)은 한어 바오안(保安)의 간쑤성 린샤 지역 방언형이다. 한편 본향인 칭하이성 퉁런 지역에 남아 있던 사람들은 투족(土族)으로 편입되어 분류되게 되었다고 한다.

　　보난어는 대개 간쑤 방언과 칭하이 방언으로 대별된다. 간쑤 방언은 다둔(大墩村), 간메이(甘河灘村-梅坡村), 가오리(高李趙家村) 하위 방언으로 나뉘고, 이들 지역이 지스산바오안족둥샹족싸라족자치현(積石山保安族東鄕族撒拉族自治縣)의 다허자진(大河家鎭)에 소속되기 때문에 다허자(大河家) 방언 혹은 지스산(積石山) 방언으로 불리기도 한다.

　　칭하이 방언은 퉁런현의 녠두후(年都呼), 궈마르(郭麻日), 가싸르(尕洒日)와 쉰화현(循化縣)의 샤좡(下庄) 하위 방언으로 나뉘는데, 역사언어학적으로 녠두후 방언이 보난어의 원래의 특성을 가장 많이 유지하고 있고, 간쑤의 보난어 방언들은 칭하이 방언의 샤좡 하위 방언과 닮은 점이 많다고 한다.

　　17,000여 바오안족 가운데 6천여 명(35.3%)이 모어로 이야기하고 있다는 점에서 이미 절멸의 길로 접어든 것이 아닌가 생각된다. 유네스코의 기준을 적용하면 모든 주민이 보난어로 말하는 마을에서조차 "안정적이나 위협받고 있는 (Stable yet threatened)" 상황에 처해 있다고 해야 하겠다.

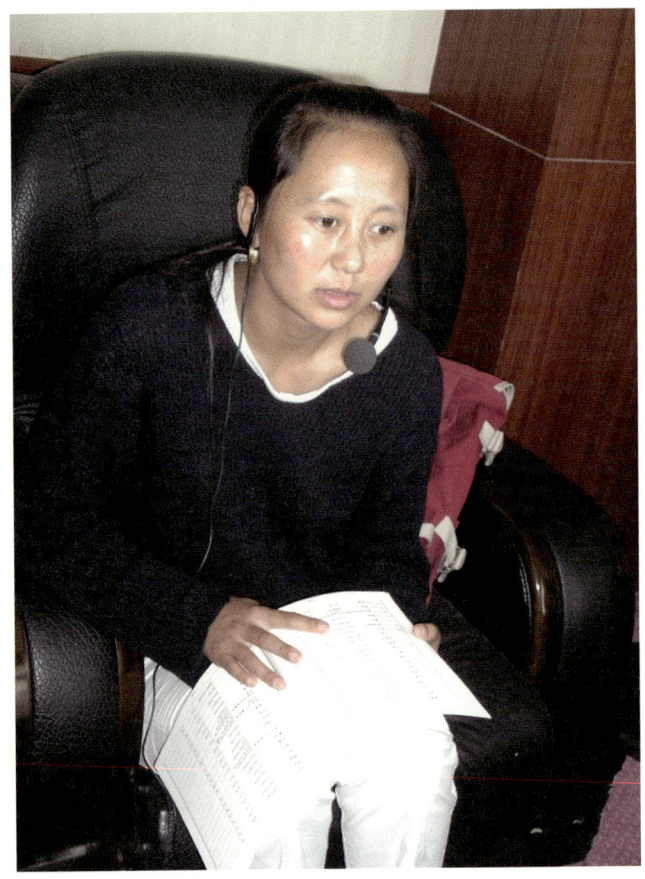

[그림 4-17] 보난어 자료제공인 차이궈지 씨

2.1.2. 현지 조사 개황

[1] 보난어(1)

○ **조사 방언**: 칭하이 방언 녠두후 하위 방언(칭하이성 퉁런현 녠두후 방언 1차 조사)

○ **조사 기간**: 2006년 8월 19일~21일

○ **조사 장소**: 중국 칭하이성 시닝시(中國 靑海省 西寧市 八一中路 78号 永昌大廈)

○ **조사 참가자**: 권재일(총괄), 유원수(전사), 김윤신(녹음, 녹화), 우칭펀(吳淸芬, 통역)

○ **자료제공인**: 차이궈지(才果吉, 22세, 1984년생, 여)

- 직업: 대학생
- 언어 사용 상황: 모어인 보난어, 티베트어, 한어 모두 유창하다. 집과 마을에서는 보난어를 사용하고, 초·중·고등학교에서는 티베트어로 공부하였으며, 당시 사범대학에 재학 중이었는데, 화학 교사가 되어 티베트어로 가르치도록 교육받고 있다고 하였다.

○ **조사 내용**: 어휘 2,715개+보충, 기초회화 344개, 문법 항목 379개, 자유발화 (출생, 성장과정) 38분

○ **언어의 특성**
- 자신의 민족과 언어를 도르도 집바(도르도 족), 도르도 흐까짜(도르도 말)라고 하고, 바오안족과 보난어를 토쟈 집바(토쟈 족), 토쟈 흐까짜(토쟈 말)라고 하여 구별한다.
- 숫자 1부터 29까지는 몽골어계 어휘로, 30부터는 티베트어계 어휘를 사용한다. "합해서 4,312위안입니다."라고 할 때는 **təmbi golmo toŋsoteɻa simdʑera haraŋ kwara**라고 하여 천 단위에서는 '티베트어 + 몽골어'(toŋso 천·teɻa 4)로 4,000을, 백 단위에서는 티베트어(sim 삼·dʑe 백)로 300을, 10의 자리와 1의 자리는 몽골어(haraŋ kwara 12)로 10과 2로 대답한다. 천 단위에서는 '티베트어계 수사 천 + 몽골어계 수사 4', 백 단위에서는 '티베트어 수사 3 + 티베트어계 수사 백'으로 어순이 다른 것도 이채로웠다.
- 이밖에도 수많은 티베트어 계통의 어휘가 사용된다. 예를 들어 '별'(hkalma/skalma), '하늘'(nam 〈티베트어 ʁnam)과 같이 전체를 가리키는 말의 일부, 사철의 이름, 즉 '봄, 여름, 가을, 겨울'(sika, jaɾka, təŋkʰa, kɨn)을 가리키는 말, '동, 서, 남, 북'(χiaʃ, ło, nəf, sjaː; 칭하이 지역 티베트어 방언에서는 xhar, nəp, ło, ɕaŋ의 순서인데, 우리 자료제공인의 대답과 모두 동근어이지만 '서'와 '남'이 서로 바뀜)과 같이 방위를 가리키는 말, '이마'(topa 〈 thotpa), '뺨'(dʑambu 〈 grambpa), '턱'(mantɕʰi 〈 mancchi), '등'(kepa 〈 rgyab), '허리'(kipa 〈 rkedpa), '위'(hoka 〈 χhoka), '장'(tsima 〈 rgyuma), '콩팥'(kamə 〈 mkʼalma), '간'(tsimdɨwaː 〈 mcinba), '폐'(gəlo 〈 globa), '뇌'(łapaː 〈 fɨlapa) 등과 같이 신

체의 일부를 가리키는 말들이다.

- 이채로운 것은 이 언어에서 주요 친족 관계를 가리키는 말들은 한어 차용어들이라는 점이다. 보난어처럼 티베트어, 한어 요소가 몽골어 요소를 압도하고, 수사마저 외래 요소로 대체되고(간쑤 10 이상, 칭하이 30 이상), 문자도 없고, 초등학교에 입학하면 티베트어나 한어로 수업이 진행되는데도 구성원들이 모두 모어를 구사하는 마을들이 있다는 것은 경이로운 일이 아닐 수 없다.

[2] 보난어

○ **조사 방언**: 간쑤 방언(지스산 방언)(간쑤성 지스산현 방언 1차 조사)

○ **조사 기간**: 2009년 2월 15일~17일

○ **조사 장소**: 간쑤성 란저우시 및 린샤후이족자치주 린샤시(蘭州市 安寧西路 88號 育苑賓館, 臨夏回族自治州 臨夏市 紅園路 9號 臨夏賓館)

○ **조사 참가자**: 유원수(총괄, 전사), 전순환(녹화), 손남호(통역), 박상철(녹음)

○ **자료제공인 / 조사 내용**

(1) 마가이셰(馬尕以謝, 59세, 1950년생, 여)

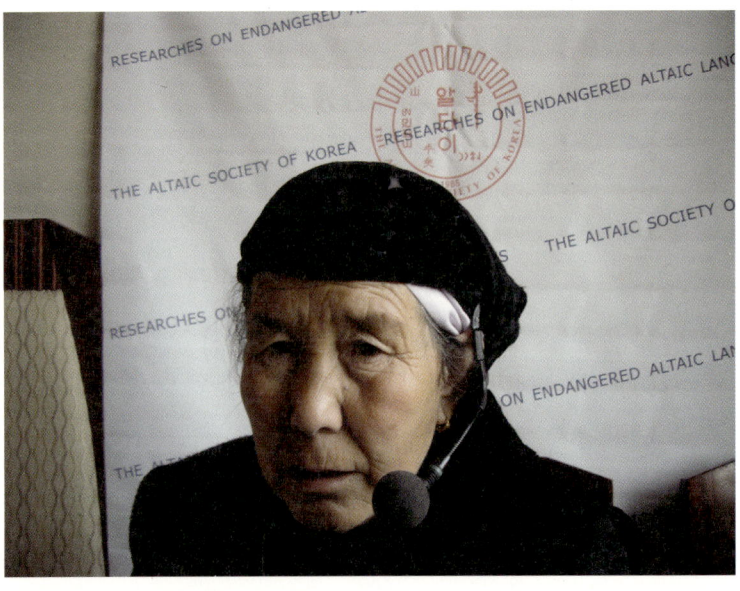

[그림 4-18] 보난인 마가이셰 씨

- 직업: 농목업
- 출생지: 가오리촌(甘肅省 臨夏回族自治州 積石山保安族東鄉族撒拉族自治縣 大河子鎭 保安三庄之 高李趙家村)에서 출생하여 성장함.
- 거주지: 메이포촌(梅坡村)
- 조사 내용: 인적 사항, 어휘 68개

(2) 마잉룽(馬應龍, 17세, 1992년생, 남)

[그림 4-19] 보난인 마잉룽 군

- 직업: 고교생
- 출생지: 다둔촌(甘肅省 臨夏回族自治州 積石山保安族東鄉族撒拉族自治縣 大河子鎭 保安三庄之 大墩村)에서 출생하여 성장함
- 조사 내용: 어휘 2,266개, 기초회화 337개, 문법 항목 373개, 자유발화(성장과정) 34분

[그림 4-20] 보난인 마량 군

(3) 마량(馬良, 18세, 1991년생, 남)

- 직업: 고교생
- 출생지: 간허탄촌(甘肅省 臨夏回族自治州 積石山保安族東鄉族撒拉族自治縣 大河子鎭 保安三庄之 甘河灘村)에서 출생하여 성장함.
- 거주지: 다허쯔진(大河子鎭)
- 조사 내용: 어휘 711개, 기초회화 341개, 문법 항목 378개, 인적 사항

○ **특기 사항**: 메이포 지역 자료제공인 마가이셰 씨에 의하면 30대인 자신의 아들을 포함하여 메이포촌 바오안족 젊은이들은 보난어 말 구절을 알아듣기는 하는데, 말을 하지는 못하기 때문에 집에서도 한어의 린샤 방언으로 이야기한다고 한다. 한편 다둔 지역은 주민 모두 보난어가 유창하여 모든 생활이 보난어로 이루어진다고 한다. 그러나 초등학교에 입학하면 수업이 한어의 린샤 방언, 나아가 표준어인 푸퉁화(普通話)로 진행된다는 것으로 미루어 이 지역 주민들은 초등학교 입학 전에 이미 한어 린샤 방언에 능통하게 되는 것으로 보인다. 그렇다면 다둔 지역 가정과 마을에서도 보난어와 한어의 린샤 방언이 같이 쓰이는 것으로 보아야 할 것이다. 간허탄 지역 사람들 역시 모어가 유창

하지만 일부 가정에서는 살라르, 둥샹 등 다른 회민들과의 혼인으로 인해 부득이하게 보난어와 한어 린샤 방언을 사용한다고 한다. 다둔과 간허탄 사람들끼리는 서로 이해할 수 있지만 일부 어휘가 다르고 발음도 다르기 때문에 답답해서 보통은 아예 한어 린샤 방언으로 이야기하게 된다고도 하였다. 소수 언어가 사라져 가는 다양한 과정중의 하나일 것이다.

2.2. 몽구오르어(Monguor)

2.2.1. 언어 개관

중국 투족(土族)의 언어를 몽구오르어라고 하는데, 투족은 주로 중국 칭하이성 후주투족자치현(互助土族自治縣), 러두(樂都)현, 다퉁후이족투족자치현(大通回族土族自治縣), 민허후이족투족자치현(民和回族土族自治縣)을 비롯한 칭하이성 곳곳에 19만 명(2004년), 간쑤성 톈주짱족자치현(天祝藏族自治縣), 융덩현(永登縣)을 비롯한 간쑤 일대에 3만 명(2004년) 등, 모두 25만 명을 넘을 것으로 추정된다(2000년 241,198명). 그러나 이들 중 얼마가 모어를 지니고 있는지는 알기 어렵다.

투족이 밀집되어 있는 후주 일대의 투족의 자칭은 몽굴(mɔŋɢʊl '몽골') 혹은 치간 몽굴(tɕiɢaːn mɔŋɢʊl '흰 몽골')이고, 민허 일대의 투족의 자칭은 망구어르(Mangguer)라고 한다고 한다. 중국의 연구자들은 투족어를 후주 방언과 민허 방언으로 대별한다. 퉁런현 투족들은 보난어를 사용하고 있으며 투족으로 분류된 것도 1950년대부터이다.

종전에는 외국의 연구자들이 투족들의 언어를 몽구오르(Monguor)라고 하였고, 중국에서는 투족어(土族語)라고 불렀으나 최근에는 후주와 민허의 투족들 간에 의사소통이 되지 않는다는 점 때문에 자칭에 따라 전자를 몽굴, 후자를 망구어르라 하고, 퉁런현 투족들의 언어는 보난어라고 하여 별개의 언어로 다루는 연구자들도 있다. 조사자는 2006년 8월 민허현 투족 두 사람, 퉁런현 투족 1사람,

2009년 2월 후주현 투족 한 사람을 상대로 한 현지 조사에 참여하였는데, 퉁런현 출신 투족은 확실히 보난어를 사용하였으므로 보난어의 난에서 소개하였다.

2.2.2. 현지 조사 개황

[1] 몽구오르어(1)

○ **조사 방언**: 칭하이성 민허 방언(1차 조사)

○ **조사 기간**: 2006년 8월 23일~25일

○ **조사 장소**: 중국 칭하이성 시닝시(中國 青海省 西寧市 八一中路 78号 永昌大廈)

○ **조사 참가자**: 권재일(총괄), 유원수(전사), 김윤신(녹음, 녹화), 우칭펀(吳淸芬, 통역)

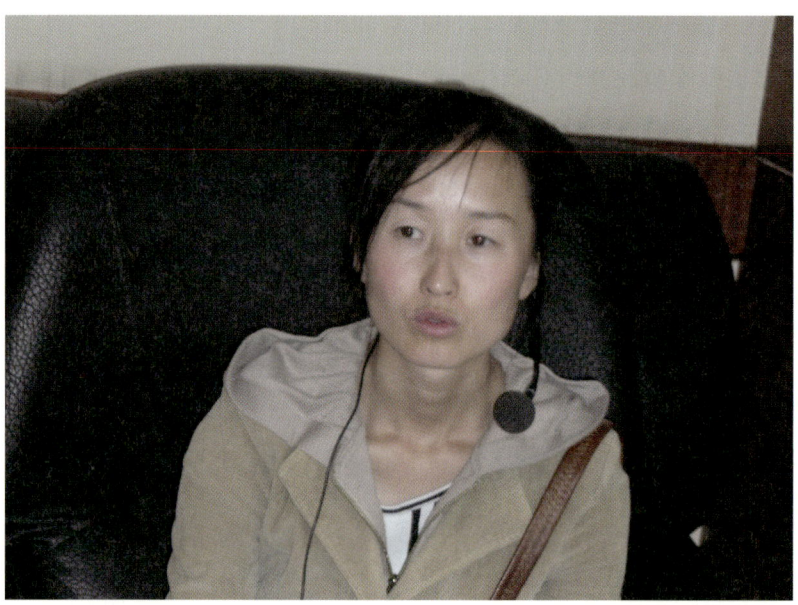

[그림 4-21] 몽구오르인 장후이친 씨

○ **자료제공인 / 조사 내용**

(1) 장후이친(蔣惠琴, 25세, 1981년생, 여)

　　- 직업: 대학생(시닝[西寧]에 있는 대학).

　　- 출생지: 민허현 관팅진(中國 青海省 民和縣 官亭鎭 中川鄉 美二村)에서 출생

하여 대학 진학 전까지 그 곳에서 성장함.
- 특기 사항: 선행 연구자들의 보고와는 달리 자신을 투족(土族), 자신의 모어를 투화얼(土話兒)이라고 하며, 따선더 쿵(우리 사람), 따스너 우군(우리 말)이라는 말을 쓰기도 함.
- 조사 내용: 자기소개, 어휘 1,222개, 기초회화 344개, 문법 항목 379개

(2) 왕정강(王正剛, 22세, 1984년생, 남)
- 직업: 대학생(시닝(西寧)에 있는 대학).

[그림 4-22] 몽구오르인 왕성상 씨(맨왼쪽, 뒤로 부모와 조카, 흰 모자를 쓴 이는 조사자)

- 출생지: 민허현 관팅진(中國 青海省 民和縣 官亭鎮 中川鄉 前進村 朱家城)에서 출생하여 대학 진학 전까지 그 곳에서 성장함.
- 특기 사항: 역시 자신을 투주(土族), 자신의 모어를 투화얼(土話兒)이라고 함.
- 조사 내용: 자기소개, 어휘 807개

○ **언어의 특성**

이 자료제공인들 언어에서는 자연현상, 간단한 수, 부모 자식 등 가까운 친척, 신체의 일부를 가리키는 말, 대명사 등 이른 바 기초어휘에도 한어를 비롯한 외래 요소가 몽골어 요소를 밀어냈는데도 언어 자체는 지키고 있다.

칭하이성 민허현에 있는 왕정강 씨의 고향 집을 방문했을 때 부모님들 이야기로는 주자청(朱家城) 마을의 350여 호가 모두 투족이며, 마을 안에서는 모두 투족어를 사용한다고 한다. 실제로 티베트계 불교 사묘(寺廟)에서 울력하던 주민들, 왕정강 씨 집 앞에서 놀던 6살에서 10살 나이의 어린이들 모두 모어로 대화하였다. 시닝으로 돌아오는 길에 왕정강 씨의 동생과 후배를 승합차에 태워 같이 왔는데 이 세 젊은이들은 3시간 반 동안 내내 모어로 대화하였다.

그러나 이들에게는 문자가 없고, 초등학교 입학과 동시에 중국 사회의 가장 우세한 언어인 한어로 교육을 받기 때문에 몽구오르어의 장래는 어두우며, 현실은 유네스코의 기준을 적용하면 "안정적이나 위협받고 있는(Stable yet threatened)" 상태라 하겠다.

[2] **몽구오르어(2)**

○ **조사 방언**: 칭하이성 후주 방언(1차 조사)

○ **조사 기간**: 2009년 2월 21일~22일

○ **조사 장소**: 간쑤성 란저우시(甘肅省 蘭州市 友誼賓館)

○ **조사 참가자**: 유원수(총괄, 전사), 전순환(녹화), 손남호(통역), 박상철(녹음)

○ **자료제공인**: 보. 세딴졸마(BO. Sedanzolma, 包·才旦卓瑪(바오. 차이단줘마), 27세, 1982년생, 여)

 - 직업: 주부

 - 거주지: 시닝(西寧)

 - 출생지: 후주에서 출생하여 16세까지 고향(中國 淸海省 互助土族自治縣 五十鄕 寺灘村)에서 성장하였다.

 - 특기 사항: 자신을 카를롱 몽골 쿤, 모어를 몽골 카짜 또는 망과 캴런이라고 한

[그림 4-23] 몽구오르인 보. 세딴졸마(바오. 차이단줘마) 씨

다. 고향 후주현 쓰탄촌(寺灘村)에는 전부 투족만 살고 있고, 200여 마을 사람들 모두 모어로 이야기한다고 하였다. 현 거주지에서는 친척을 만나면 모어로 이야기한다고 하였다.

○ **조사 내용**: 어휘 2,368개, 기초회화 344개, 문법 항목 377개, 자유발화(성장과정) 약 30분

○ **언어의 특성**: 튀르크어('돌' 등), 한어('동쪽, 하나, 열, 스물' 등) 어휘가 기초어휘에까지 차용되었지만, 몽골어계 어휘를 많이 간직하고 있으며 중세 몽골어형('별' 등)을 유지하고 있는 어휘도 있다. 그러나 기원이 불분명한 어휘도 다수 있다. 대체로 후주 방언 쪽이 민허 방언 쪽보다 몽골어계 어휘를 더 많이 간직하고 있는 것으로 보인다.

2.3. 부리야트어(Buryat, Буряад Хэлэн, 布里雅特語)

2.3.1. 언어 개관

바이칼호의 동쪽과 서쪽, 그리고 남쪽, 즉 러시아의 부리야트공화국과 그 이웃인 이르쿠츠크주, 치타주, 아가주 곳곳에서 대대로 살아온 45만여 부리야트(보리아드) 사람들 가운데 일부, 몽골의 북부와 동부에 사는 부리야트, 함니강, 바르가 인구의 일부, 그리고, 후룬베이얼(呼倫貝爾)시를 비롯한 중국 네이멍구자치구 동북부의 부리야트, 바르가, 그리고 퉁구스계인 오로첸 사람들 일부가 사용하는 언어로서, 다양한 방언으로 이루어져 있다. 부리야트어는 다른 몽골어들, 특히 남쪽의 할하 몽골어와는 매우 유사하면서도 음운, 어휘, 형태, 통사 등의 수준에서 고유의 특징을 지니고 있어 몽골어 연구와 전체 알타이어 비교 연구에서 중요한 자리를 차지한다.

부리야트어의 다양한 방언들은 각기 소속 국가, 사회의 우세 언어인 러시아어, 할하 몽골어, 한어에 눌려 학교, 직장 등 공식적인 환경에서 사용되지 않는 열세 언어로 몰리고 있으며, 젊은 사람들이 부리야트어를 잘 모르기 때문에 가정에서조차 위 언어들에 제1언어의 자리를 내준 지 오래되어 언제 절멸될지 모를 정도로 급박한 위험에 처해 있다.

몽골과 중국에서는 부리야트어를 몽골어의 한 방언으로 간주한다. 실제로 러시아의 부리야트어 화자들도 할하 몽골어 화자들과 의사소통하는 데 거의 지장이 없다.

○ **몽골의 부리야트어**

몽골국 인구의 1.79%, 대략 48,000명 정도가 부리야트와 바르가이다. 몽골국의 연구자들은 자국내 부리야트 방언을 ① 오농-올즈강 부리야트 방언(아가-호리, 함니강, 바르가, 호다르 방언)과 ② 셀렝게-우르강 부리야트 방언(총골, 퉁킨-사나가 방언)으로 분류하기도 한다.

우리 연구팀이 2006년 7월과 2007년 7월 현지 조사에서 만난 홉스굴의 퉁켄 부리야트(러시아의 툰카 부리야트와 같은 집단이었음), 헨티의 함니강과 호리 부리야트 사람들은 언어적으로 할하화가 완성된 듯하였다. 즉 부리야트어의 특징인 마찰음이 아니라 할하어의 특징인 파찰음으로 발음하고, 명사와 술어동사에 붙는 인칭 어미와 인칭소유 어미의 생략 등이 나타난다.

○ **중국의 부리야트어**

중국에서는 부리야트어를 바르가-부리야트어의 하위 방언으로 두고, 바르가-부리야트어는 몽골어의 한 하위 방언으로 본다. 위에서도 말한 것처럼 기본 틀에서는 몽골어를 보는 눈이 몽골국의 연구자들과 중국의 연구자들이 같은 셈이다.

중국의 부리야트 사람들은 주로 네이멍구자치구 후룬베이얼시 곳곳에 사는 것으로 알려져 있으며, 그중 바르가 사람들은 호친바르가기와 신바르가좌기, 신바르가우기에, 부리야트 사람들은 어윈커자치기 등지에 거주하는 것으로 추정된다. 바르가 사람들은 18세기에 오량하이 지역에서, 부리야트 사람들은 1918년부터 아가, 호리 지역에서 이주해 온 것으로 알려져 있다.

중국의 부리야트 인구가 얼마나 되며, 그 중 얼마가 모어를 지니고 있는지는 정확하게 알 수가 없다. 바르가와 부리야트 모두 몽골로 간주되기 때문에 바르가나 부리야트만 따로 통계를 내지 않기 때문일 수도 있다. 김주원 외(2008: 88)는 2000년 기준으로 신바르가 방언 사용자는 58,000여 명, 호친바르가 방언 사용자는 23,000여 명, 부리야트 방언 사용자는 15,000여명으로 추정하였다. 네이멍구자치구 후룬베이얼시 시니허의 부리야트 언어를 조사한 야마코시(2004: 295)는 이 지역에서 러시아에서 이주한 아가 부리야트, 함니강, 어윙키인 등 6천 명이 부리야트 언어를 사용한다고 하였다.

우리 연구팀이 2004년 2월에 후룬베이얼시에서 수행한 호친바르가 방언에 대한 현지 조사를 통해 자료제공인의 언어에 부리야트적 요소가 남아 있는 것을 확인하였는데, 예를 들어 중세몽골어의 s와 바르가의 x가 규칙적인 것은 아니지만 우연이라고 보기에는 상당히 빈번하게 대응하는 것(아가, 호리 부리야트의 경우 h), 중세몽골어의 č와 바르가 몽골어의 ¢/s도 마찬가지로 상당히 자주 대응하는 것(그러나 할하처럼 4개의 파찰음으로 나타나는 경우도 있음), 술어동사의 마지막 구성요소로서 인칭대명사가 축약된 형태가 복사되기도 하는 것, 의문첨사 역시 부리야트어와 같은 /gü/(판정 의문), /be/(설명 의문)를 사용하는 것, 어두에 유성 자음이 출현하는 것 등이다.

○ 러시아의 부리야트어

러시아의 부리야트 인구는 45만 명 정도로 추정된다(2002년 445,175명). 부리야트어의 방언에 대한 분류는 다양하지만 대체로 합리적이다. 그 중 러시아 내 부리야트어 방언에 대한 비교적 최근의 분류인 Buraev(1996: 14)를 소개하면 다음과 같다.

4대 방언군	하위 방언	비고
호리	호리, 아기, 투구누이, 북셀렝게	
에히리트-불라가트	에히리트-불라가트, 보한, 오량하이, 바이칼-쿠다린	바르구진의 자칭: 바르가잔
알라르-퉁킨	알라르, 툰카-오카, 자카멘, 웅긴	
총골-사르톨	총골, 사르톨	총골의 자칭: 송골

<표 4-1> 부라예프의 부리야트 방언 분류

러시아의 부리야트 사람들은 1937년부터 러시아 키릴 문자에 3글자(Ө[=ө], Y[=ү], h[=h])를 보태 만든 부리야트 알파벳을 사용하고 있다(아래 표에 밑줄로 표시).

Аа	Бб	Вв	Гг	Дд	Ее	Ёё	Жж	Зз	Ии	Йй
Кк	Лл	Мм	Нн	Оо	<u>Өө</u>	Пп	Рр	Сс	Тт	Уу
<u>Үү</u>	Фф	Хх	<u>hh</u>	Цц	Чч	Шш	Щщ	Ъъ	Ыы	Ьь
Ээ	Юю	Яя								

<표 4-2> Буряад хэлэнэй алфавит(부리야트어의 알파벳)

2.3.2. 현지 조사 개황

[1] 부리야트어(1)

○ **조사 방언**: 서부 지역 방언(에히리트-불라가트, 알라르, 툰카, 오카 방언)(1차 조사

○ **조사 기간**

(1) 에히리트-불라가트 방언: 2007년 1월 19일~22일

(2) 알라르 방언: 2007년 1월 23일~25일

(3) 툰카 방언: 2007년 1월 27일~28일

(4) 오카 방언: 2007년 1월 29일

○ **조사 장소**:

(1) 에히리트-불라가트 방언: 러시아연방 이르쿠츠크주 우스티-오르딘스크시

(2) 알라르 방언: 러시아연방 이르쿠츠크주 체렘호보시

(3) 툰카 방언: 러시아연방 부랴트공화국 툰카지구 아르샨 마을

(4) 오카 방언: 러시아연방 부랴트공화국 툰카지구 아르샨 마을

○ **조사 참가자**: 유원수(총괄, 전사), 김윤신(녹화, 녹음), 국경아(녹화, 녹음), 신우경(녹화, 녹음), 다리마 산다노브나 치데노바(통역), 옐레나 고르바야로브나 담디노바(통역)

○ **자료제공인 / 조시 내용**

(1) 에히리트-불라가트 방언: 발레리 보리소비치 바르투예프(Valerij Borisovich BARTUJEV, 64세, 1943년생, 남)

 - 직업: 전직 기자

 - 조사 내용: 어휘 2,389개, 기초회화 338개, 문법 항목 375개, 자유발화(생애) 24분

[그림 4-24] 부리야트인 발레리 바르투예프 씨

(2) 알라르 방언: 옐레오노라 블라디미로브나 투무로바(Jeleonora Vladimirovna TUMUROVA, 41세, 1966년생, 여)

[그림 4-25] 부리야트인 옐레오노라 투무로바 씨

- 직업: 클럽 지배인
- 조사 내용: 어휘 2,745개, 기초회화 341개, 문법 항목 376개, 자유발화(생애) 19분

(3) 툰카 방언: 다리마 곰보예브나 샥두로바(Darima Gombojevna SHAGDUROVA, 59세, 1948년생, 여)

[그림 4-26] 부리야트인 다리마 샥두로바 씨

- 직업: 전직 건축기사
- 조사 내용: 어휘 2,750개, 기초회화 344개, 문법 항목 374개, 자유발화(생애) 10분

(4) 오카 방언: 파이나 다시예브나 문코노바(Fajna Dashijevna MUNKONOVA, 60세, 1947년생, 여)
 - 직업: 전직 의사
 - 조사 내용: 어휘 845개, 기초회화 344개, 문법 항목 379개, 자유발화(생애) 17분

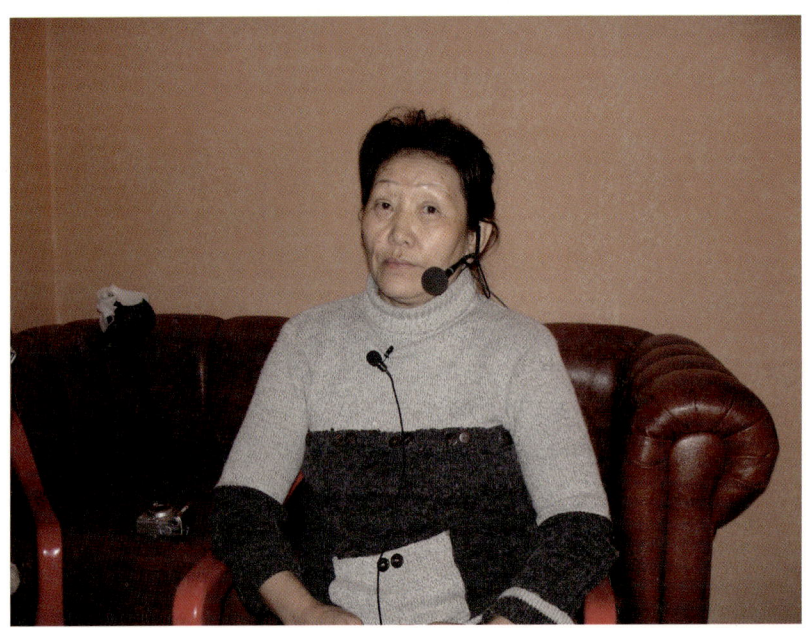
[그림 4-27] 부리야트인 파이나 문코노바 씨

○ **언어의 특성**

선행 연구를 통해서 알려진 바와 같이 동사 술어에 주어의 인칭에 해당하는 인칭대명사의 축약형이 복사된다는 점에서 몽골 문어나 할하 몽골어와 차이가 있다. 몽골 문어와 할하 몽골어의 s-가 호리(아가), 에히리트-불라가트, 알라르 방언에서 h-로 나타나지만 툰카와 오카 방언에서는 s-로 실현된다.

유원수(2007a)를 통해서도 보고된 것처럼 에히리트-불라가트 방언의 자료 제공인은 부리야트 다른 방언들의 /ʒ/, 할하 몽골어의 /tɕ/를 어두에서 [j]로, 어중에서 [ɲ]으로 발음하였고, 러시아어의 /tʃʰ/는 [kʰ] 또는 [tʰ]로 발음하는 경향이 있었다. 또한 다른 방언들의 중설원순모음이 전설평순모음으로 발음되는 경향이 있었다. 또한 다른 방언의 자료제공인들이 기억하지 못하는 boro:dəhəŋ(눈보라), tədə(할머니), o:bej(아이), mina:(채찍), xarxa(쥐), uɲuŋ(연기) 같은 어휘를 갖고 있었다. 알라르 방언의 자료제공인 역시 ʒabar(땀), ɔrejdɔŋ(반지), i:giŋ(나무껍질), xaltəgaj(술) 같은 특유의 어휘를 갖고 있었다. 툰카 방언의 자료제공인은 ʒoro ʒoga:(이야기), mondərga(바위), badaŋga(사향노루) 같은 특유의 어휘를 갖고 있었고, 오카 방언의 자료 제공인은 be:sa(바위)라는 어휘를 갖고 있었다.

(1) 호리, 에히리트-불라가트, 알라르 방언이 더 가깝고, (2) 툰카와 오카 방언이 더 가깝다. (1) 그룹에 속하는 방언들은 몽골 문어의 s에 대응하는 h, č에 대응하는 s와 ҫ를 갖고 있다. '어제'라는 어휘는 호리(아가), 알라르, 툰카, 오카 방언에서 같고, '오늘'이라는 어휘는 서로 모두 다르며, '내일'이라는 어휘는 호리(아가), 툰카, 오카가 같은 것을 볼 수 있다.

에히리트-불라가트, 알라르 방언 모두 '심각한 위기'에 처해 있는 것으로 보인다. 30~40대 부리야트인의 경우 수준차가 있으나 대체로 부리야트어를 이해하는 듯하였고, 그중 일부는 부리야트어로 말할 준비가 되어 있는 것으로 보였다. 러시아화가 일찍부터 진행되어 60~70대 노인들도 러시아어 이름을 갖고 있었다. 에히리트-불라가트 방언의 자료제공인(64세, 남)은 길에서 마주친 손자(10세, 남)와 러시아어로 대화하였으며, 동년배 친구와는 인사를 교환한 뒤 바로 러시아어로 전환하였다. 이 자료제공인은 2,757개의 어휘 중 71%를 부리야트어로 대답하였다. 30대인 두 아들은 모어를 알아듣지만 대답은 못 한다고 하였으며, 자신의 생전에 부리야트어가 사라지리라고 비관하였다.

알라르 방언의 자료제공인(41세, 여) 역시 부리야트어가 유창하였는데, 2,757개 어휘 중 67%를 부리야트어로 대답하였다. 자료제공인의 동년배 사촌(여성)은 마치 몽골 시골의 말솜씨 좋은 사람처럼 부리야트어가 유창하였고, 러시아어 어휘는 드물게 사용하였다. 자료제공인의 아버지(76세)는 딸, 사위 조카들과 러시아어로 대화하였으며, 조사자와의 대화는 딸이나 조카가 조사자의 몽골어를 러시아어로, 노인의 러시아어를 부리야트어로 통역해 이어졌다. 초등학교 교장인 또 다른 사촌에 의하면 어린이들이 부리야트어를 모르는 현실을 우려해 방문 교사가 1주일에 1~2시간씩 부리야트어를 가르친다고 하였다. 이 경우 부리야트어는 부랴트공화국의 표준어인 호리 부리야트 방언을 뜻한다.

툰카, 오카 지역 방언은 명백한 위기에 처해 있는 것 같았다. 툰카 방언의 자료제공인(59세, 여)은 2,757개의 어휘 가운데 89%를 부리야트어로 대답하였고, 오카 방언의 자료제공인(60세, 여)은 880개의 어휘 가운데 87%를 부리야트어로 대답하였다.

[2] 부리야트어(2)

○ **조사 방언**: 송골(총골), 사르톨, 바르가잔(오량하이) 방언(1차 조사)

○ **조사 기간**

    (1) 송골(총골) 방언: 2007년 8월 3일~5일

    (2) 사르톨 방언: 2007년 8월 6일~7일

    (3) 바르가잔 방언: 2007년 8월 10일

○ **조사 장소**

    (1) 송골(총골) 방언: 러시아연방 부랴트공화국 셀렝게지구 타시르 마을

    (2) 사르톨 방언: 러시아연방 부랴트공화국 지진지구 울자르 마을

    (3) 바르가잔 방언: 러시아연방 부랴트공화국 오량하이지구 바양골 마을

○ **조사 참가자**: 유원수(총괄, 전사), 김윤신(녹화, 녹음), 국경아(녹화, 녹음), 옐레나 고르바야로브나 담디노바(통역)

○ **자료제공인 / 조사 내용**

(1) 송골(총골) 방언: 류드밀라 다시치레보브나 투바예바(Ljudmila Dashtsyrebovna TUVAJEVA, 57세, 1950년생, 여)

    - 직업: 전직 교사

    - 조사 내용: 어휘 2,696개, 기초회화 344개, 문법 항목 378개, 자유발화(생애) 16분

(2) 사르톨 방언: 수릉 치렌다리예브나 착두로바(Sureng Tsyrendarijevna TSAGDUROVA, 59세, 1948년생, 여)

    - 직업: 농목업

[그림 4-28] 부리야트인 류드밀라 투바예바 씨

[그림 4-29] 부리야트인 수릉 착두로바 씨

- 조사 내용: 어휘 2,736개, 기초회화 344개, 문법 항목 380개, 자유발화(생애) 18분

(3) 바르가잔 방언: 후불레이 곰보예브나 라드나예바(Khubulej Gombojevna RADNAJEVA, 79세, 1928년생, 여)

[그림 4-30] 부리야트인 후불레이 라드나예바 씨

- 직업: 농목업
- 조사 내용: 어휘 986개, 기초회화 344개, 문법 항목 380개, 자유발화(생애) 6분

○ **언어의 특성**

송골과 사르톨은 매우 가까운 방언이다. 특히 부리야트 사르톨 방언은 몽골 문어의 s에 대응하는 s, č에 대응하는 tsʰ와 tʃʰ를 갖는다는 점에서 할하 몽골어와 매우 가깝다는 것도 알 수 있다. 바르가잔 방언은 호리(아가), 알라르, 에히리트-불라가트, 알라르 방언과 같이 몽골 문어의 s에 대응하는 h를 갖고 있다. 바르가잔 방언은 에히리트-불라가트 방언과 가장 유사한데, 일부 주민들은 그것이 에히리트-불라가트 지역 주민의 일부가 350여년 전 겨울 바이칼 호수의 결빙을 이용하여 바르가잔 지역으로 이주한 데서 연유한다고 믿고 있었고, 반대로 바르가잔 주민 일부가 에히리트-불라가트 지역으로 이주한 결과라고 믿고 있는 사람들도 있었다.

현지 조사를 통하여 느낀 것은 부리야트 몽골어의 다양한 방언 가운데 사르톨과 바르가잔이 가장 안전하였지만 '안정적이지만 위협받는' 또는 '안전하지 못한' 상황에 놓여 있다는 것이다. 이 지역 자료제공인들은 자기네 마을에서는 러시아인들도 부리야트어를 안다고 하였으나 그러한 러시아인들을 만나 확인할 기회는 없었다. 학령 전 어린이들을 포함하여 십대 청소년들도 조사자와의 대화에 지장이 없었다. 조사자의 몽골어는 할하 몽골어에 가장 가깝고, 할하 몽골어와 부리야트 몽골어는 일정한 차이가 있음에도 불구하고 조사자의 몽골어에 자신들의 방언으로 응대할 수 있었다. 그러나 이 지역 부리야트 사람들 역시 러시아의 표준 언어인 러시아어에도 능통하였다. 사회생활이 모두 러시아어로 진행되고, 컴퓨터 게임, 텔레비전 프로그램, 만화, 좋아하는 노래가 모두 러시아어로 되어 있고, 학교 수업도 러시아어로 진행되며, 청소년이 우상으로 여기는 인기 연예인들 역시 러시아어로 이야기하고, 노래하는 러시아인들이기 때문이었다.

송골, 툰카, 오카 방언은 명백한 위기에 처해 있는 것으로 보인다. 30대 이상의 송골 사람들은 조사자와 그들의 방언으로 소통하였으나, 자신들 간의 대화는 러시아어에 크게 의존하였다. 심지어 모어인 부리야트어에 능통한 40~50대 자매, 시누이와 올케 간에도 러시아어로 소통하였다. 10대 청소년들은 조사자의 몽골어를 이해하고 자신들의 방언으로 응대하였으나 일정한 고통이 감지되었다. 송골 지역 사람들은 사르톨 지역의 젊은이들이 자기네 젊은이들보다 부리아드어에 능동하고, 이유는 사르톨이 몽골과 가깝기 때문이라고 여겼으며, 그래서 한국으로 취업해 나간 젊은이들도 많다고 주장하였다. 툰카 방언의 자료제공인(59세, 여)은 2,757개의 어휘 가운데 89%를 부리야트어로 대답하였고, 오카 방언의 자료제공인(60세, 여)은 880개의 어휘 가운데 87%를 부리야트어로 대답하였다.

2.4. 몽골어(Mongolian, Mongyol kele, Монгол хэл, 蒙古語)

2.4.1. 언어 개관

몽골어는 몽골 사람들의 본 고장인 몽골국(이하 '몽골'), 중국의 네이멍구자치구(이하 '네이멍구'), 그리고 두 곳에 바로 이웃한 랴오닝 등지에서 대대로 살아온 몽골 사람들이 모어로서 배우고 사용하는 언어이다. 몽골과 네이멍구만 해도 각각 한반도의 7배, 5배가 넘는 넓은 지역이지만 이 지역 몽골 사람들 사이에는 의사소통에 아무 문제가 없다. 자주독립국가인 몽골국 국민의 94%는 몽골 사람이고, 몽골어가 모어이다. 그들 모두 몽골어의 토박이 화자의 능력을 지니고 있다. 몽골국 인구의 5%를 차치하는 카자흐 사람들의 상당수도 몽골어에 능통하다.

몽골국의 몽골어(Монгол хэл) 연구자들은 대개 자기 나라의 몽골어파 언어들을 할하(Халх), 오이라트(Ойрд), 부리야트(Буряад) 세 그룹으로 나누고, 세 그룹 간의 차이는 방언적인 것으로 본다. 각 그룹에는 다양한 하위 방언들이 소속된다. 연구자에 따라서는 이 3대 그룹 외에 우젬칭(Үзэмчин), 차하르(Цахар), 투메드(Түмэд), 바링(Баарин), 호르칭(Хорчин), 하르칭(Харчин) 등 네이멍구에 사용자가 더 많이 있는 몽골국 내 소수 방언들을 모아 제4의 그룹을 만들어 모두 4대 그룹으로 나누어 제시하기도 한다.

할하는 모든 몽골어파 언어들 가운데 사용자가 가장 많은 방언이다. 몽골국 인구의 85% 이상에 해당하는 228만 명 이상이 모어로 사용하며, 이는 전 세계에서 몽골어파 언어를 사용하는 사람들의 25~30%에 해당하는 수이다. 세계 각국의 대학에서 현대 몽골어로 가르치는 몽골어도 바로 할하 몽골어이다. 몽골 사람들의 유일한 자주독립국인 몽골국의 표준어이기 때문이다. 몽골국의 연구자들은 할하를 동부, 중앙, 서부 방언으로 나누고, 다리강가(Дарьганга), 우젬칭을 할하의 동부 방언으로 분류한다. 먕가드(Мянгад), 엘즈겐 할하(Элжгэн халх), 다르하드(Дархад), 아릭 오량하이(Ариг Урианхай), 사르톨(Сартуул), 호트고이드(Хотгойд)와 아르항가이의 울드(Өөлд) 방언은 할하의 서부 방언에 포함시킨다. 최근 수 세기 동안 몽골국의 수많은 방언들이 할하에 급속도로 동화되었고, 지금도 동화가 진행된 결과이다. 언어·문화의 다양성 유지의 측면에서는 매우 안타까운 일이 아닐 수 없다.

몽골과 중국의 몽골어 연구자들은 대체로 중국의 몽골어를 다음과 같이 3대 그룹으로 분류하고, 다른 몽골어파 언어들은 별개의 언어로 간주한다. 몽골의 연구자들은 자기 나라의 바르가(Барга)를 부리야트어의 하위 방언으로, 다시 부리야트어를 몽골어의 하위 방언으로 간주하는데, 중국의 연구자들은 바르가(Barγu, 巴爾虎)를 바르가-부리야트(布里雅特)어의 하위 방언으로 두고, 바르가-부리야트어는 몽골어의 한 하위 방언으로 본다. 결국 바르가, 부리야트어, 몽골어에 대한 견해가 몽골의 연구자들과 중국 연구자들 간에 같은 셈이다.

방언	하위 방언
네이멍구 방언	알라샤-에젠에 방언
	오르도스 방언
	차하르-실링 골-올란 참 방언
	바린 방언
	하르친-투메드 방언
	호르친 방언
	바르가-부리야트 방언
오이라트 방언	
바르가-부리야트 방언	

<표 4-3> 중국의 몽골어의 방언 분류

중국어, 즉 한어(漢語)가 절대 우위에 있는 네이멍구자치구의 몽골 사람들도 자신들의 모어인 몽골어에 대하여 토박이 화자로서의 능력을 잃지 않고 있다. 조사자가 2005년 2월 바르가-부리야트 방언(호친 바르가 지역) 현지 조사, 2008년 8월 오르도스(우신기 지역), 바린 방언(우기 지역), 호르친 방언(중기 지역) 현지 조사에 참여하는 동안 관찰한 바로는 이들의 몽골어와 몽골국의 몽골 사람들의 언어는 방언적 차이밖에 없었다. 자치구의 수도인 후허하오터(呼和浩特)만 벗어나면 초등학교 취학 전후의 어린이들도 아직 토박이 화자의 능력을 지니고 있었다. 몽골족 학교에서는 수업의 상당 부분이 몽골어로 진행된다고 하며, 어

린이들이 한어를 체계적으로 배우는 것도 초등학교 진학 이후라고 한다. 몽골어로만 진행되는 텔레비전 채널도 있었다.

그러나 네이멍구를 비롯한 중국의 몽골 사람들(蒙古族)은 일부 노인들 말고는 거의 다 몽골어와 한어의 이중 언어 사용자들이다.* 네이멍구의 몽골 사람들은 1200년대부터 사용해 온 몽골 문자(mongɣol bičig)를 사용하며, 한어도 서툴고, 한자(漢字)도 모르는 노인들도 자신들의 전통 글자인 몽골 문자는 읽기도 쓰기도 대단히 능숙한 경우가 보통이다. 그러나 가정에서 부모가 몽골어만 사용하고, 같은 마을에 한족이 살지 않는데도 어린이들은 초등학교 취학 전에 이미 한어에 능통한 경우가 대부분이다. 아마 텔레비전이나 컴퓨터 게임 등 다양한 경로를 통해 한어에 노출되어 있기 때문일 것이다. 1,900만 명의 한족과 더불어 사는 4백만 명의 네이멍구 사람들의 몽골어는, 비록 지금은 거의 모든 몽골족이 자신의 모어로 유창하게 말할 수 있지만, 세대 간 언어 전승(Intergenerational language transmission), 화자의 절대수(Absolute number of speakers), 전체 인구에서 그 언어를 사용하는 사람의 비율(Proportions of speakers within the total population) 등을 참고하여 언어의 생명력을 진단하는 유네스코의 특별 전문가 그룹(UNESCO Ad Hoc Expert Group on Endangered Languages, 2003: 7~9)의 기준으로 판단할 때 '취약(Unsafe)' 상황에 놓여 있다고 보아야 할 것이다.

[1] 다르하드(다르하트) 방언(Darkhad, Дархад)

적어도 최근 몇 세대 동안 다르하드 사람들은 몽골국 흡스굴아이막 이린첸홈베, 올랑-올, 바얀주르흐솜에서 살아 왔고, 알락-에르덴솜에도 소수의 다르하드 사람들이 있다. 이들은 2007년 10월 5일 현재 모두 20,060명으로 추산된다. 몽골의 연구자들은 다르하드를 먕가드(мянгад), 엘즈겐 할하(элжгэн халх), 아릭 오랑하이(ариг Урианхай), 사르톨(сартуул), 호트고이드(хотгойд), 울드(өөлд)와 함께 몽골어 할하 방언의 서부지역 방언으로 분류하고 있다.

우리 연구팀은 2005년 6월과 2007년 6월에 모두 4명의 다르하드 방언의 토박

* 일부 몽골족 노인들이 한어를 잘 못하는 것은 그들이 초등학교에 다닐 나이에 고향 마을에 학교가 없었고, 외지에 나가 학교를 다니기에는 가난하였기 때문에 한어를 체계적으로 배울 기회가 없었기 때문이다. 이들은 대개 평소 한족(漢族)을 상대할 일이 별로 없는, 60대 이상의 농촌 지역 거주자들이다.

이 화자들의 협조를 받아 조사를 하였는데, 남성 화자들은(2명) 자신들의 언어가 할하, 호트고이드 방언의 영향을 많이 받았다고 여기는 반면 여성 화자들은(2명) 외부 방언의 영향을 느끼지 않았다. 남성 자료제공인들은 다르하드와 할하가 가까워진 것이 마치 자신들의 생애에 일어난 일인 것처럼, 즉 자신들이 외지 생활을 꽤 하였고, 고향에 살면서도 할하, 호트고이드 등 외부 사람들과 지속적으로 접촉하고 있기 때문인 것처럼 여기는 듯하였다. 자신의 언어가 오이라트나 부리야트적 요소를 담고 있다고 여기는 토박이 화자들은 없었다. 유원수(2007), 유원수(2009) 등을 통해서도 보고한 바와 같이 할하 몽골어와는 음운, 형태, 어휘, 통사 수준에서 방언적 차이밖에 없었다.

[2] **함니강 방언**(Khamnigan, Khamnagan, Хамниган, Хамнаган)

함니강 혹은 함니강 몽골은 몽골, 중국, 러시아에서 함니강이라고 부르는 퉁구스계 소수민족이 사용하는 특색 있는 몽골어이자, 바로 그 몽골어를 사용하는 퉁구스계 소수민족을 가리키는 말이다. 이들은 적어도 수 세기 동안 퉁구스어와 몽골어의 이중 언어 구사자였던 것으로 짐작된다. 그러나 현재 600명 남짓으로 추정되는 몽골의 함니강 사람들은 퉁구스어를 완전히 잃어버리고, 그들의 특색 있는 몽골어도 주변의 유력한 몽골어인 할하와 부리야트어에 동화되고 있다.

함니강을 본류 몽골어나 부리야트어의 방언이 아니라 그와 별개인 몽골어파의 한 언어로 다루어야 한다고 여기는 얀후넨에 의하면* 중국의 함니강은 네이멍구지치구 후룬베이일시의 네르셀상 유역에서 1,500여명, 이민강 유역에서 200명 이하가 사용하고 있으나 현지 몽골어 및 부리야트어에 급속하게 동화되고 있다고 한다.

또한 러시아에서는 함니강은 주로 치타주의 네르친스크지구에 살았다고 하나 현재의 언어 상황에 대해서는 별다른 정보가 없는 실정이다.

몽골의 함니강 주민들은 "함니강은 함니강이고, 부리야트는 부리야트"라고 하며 독자성을 강조하지만 지리적 근접성, 혼인, 입양 등을 포함한 많은 점에서 함니강 사람들과 부리야트 사람들의 삶은 밀접한 관계를 맺고 있다. 이 지역의

* "Linguistically, however, Khamnigan Mongol is a well-defined language, which can only be recognized as a separate member of the Mongolic family." (Janhunen 2005: 5~9).

부리야트 주민과 함니강 주민의 언어는 할하 몽골어에 급격히 동화되고 있으나 특유의 언어자질이 남아 있는 것을 확인할 수 있다. 몽골 내 함니강은 1917년 러시아 혁명 이전부터 오늘의 몽골 경내에서 거주하던 사람들과 혁명 이후 이주해 온 사람들로 나눌 수도 있다고 한다. 우리의 함니강 방언의 자료제공인 세 분 가운데 두 분은 자신들의 부모가 오늘날의 러시아 땅에서 이주해 온 것을 알고 있었으며, 그중 한 분은 혁명 후에 이주해 온 것을 알고 있었다.

몽골의 연구자들은 함니강을 아가-호리, 쿠다르(혹은 후데르), 바르가 방언과 함께 몽골어 부리야트 방언의 오농-올즈강 지역 방언의 하위 방언으로 분류한다.

언어	방언	지역 방언	하위 방언
몽골어	할하		
	오이라트		
	부리야트	오농-올즈강	함니강
			아가-호리
			쿠다르(또는 후데르)
			바르가
		셀렝게-우르강	송골(총골)
			퉁킨
			사나가

<표 4-4> 함니강 방언의 위치

2.4.2. 현지 조사 개황

[1] 몽골어(1)

○ **조사 방언**: 다르하드 방언(2차 조사)

○ **조사 기간**: 2007년 6월 23일, 6월 28일

○ **조사 장소**: 서울대학교 언어학과 음성녹음실

○ **조사 참가자**: 유원수(총괄, 전사), 이용성(녹음), 김윤신(녹화), 국경아(녹음), 신우경(녹화), 최재영(녹음)

○ **자료제공인**: 세르담바 툽신자르갈(Serdamba TUVSHINZHARGAL, 25세,

1982년생, 여).

- 출생지: 올랑-올솜에서 태어나 고등학교를 졸업한 1999년까지 그곳에서 자랐다.
- 특기 사항: 양친 모두 다르하드 사람이다. 샤르노드 오복에 속한다. 울란바타르에서 대학을 졸업하였고, 조사 당시 다시 몽골국립대학 한국어학과에 입학하여 3학년에 재학 중이었다. 2007년 3월부터 1년 기한으로 단국대학교 국어국문학과에 교환 학생으로 와서 공부 중인데 조사 당시 2년 3개월 정도 배운 한국어가 썩 우수했다. 자신의 몽골어가 다르하드 방언이며, 할하와 많이 다르다고 믿었다. 친구들 사이에서 사투리가 심하다는 이야기를 듣는다고 하였다. 친구들이 느끼는 차이가 자료제공인이 갖고 있는 다르하드 고유의 특질에서 비롯되는 것인지 서부 할하 방언적인 것에 대한 것인지 불분명하다. 어떻게 다르다고 하더냐고 하는 질문에는 명확하게 답하지 않았다.

○ **조사내용**: 어휘 2,696개, 기초회화 345개(전부 대답), 문법 항목 384개(전부 대답), 자유발화(성장사) 22분

○ **언어의 특성**
- 어휘: 할하와 다른 것은 2,696 항목 중 두 항목뿐이었다(joŋgae '늑대', miçik '자작나무 버섯')
- 음운

1) 다르하드의 이중모음과 할하의 단순장모음의 대응

다르하드	할하	
ɔjlgəx	œːɬkəx~œːɬkʌx	'이해하다'

2) 다르하드의 평순 장모음과 할하의 원순 장모음의 대응

중세몽골어, 몽골 문어	다르하드	할하	
de'ü	dəː	dʉː	'아우'
dolo'an	dɔlaː	dɔlɔː	'일곱'

- 형태/통사

1) 술어동사에 주어인칭 복사하기: 유사 현상이 부리야트, 오이라트, 다고르어

등에서도 발견된다.

sain bayn-u-t '안녕하세요?'

잘 있다-의문-2인칭 단수 존칭

2) 인칭대명사

- 1인칭 복수 주격, 속격, 공동격, 방향격에서 배제형(man-)이 남아 있음.
- 몽골 문어, 할하 몽골어와는 달리 3인칭 단수에서 주격의 어간이 변화하지 않음.

	1인칭 복수	3인칭 단수
주격	maanar	ter
속격	maanaree	teryee
여처격	bidend	terənd
대격	bidneriig	ternyek
도구격	bidneraar	tergaar
탈격	bidnerees	ternəəs
공동격	maanarte	ternte
방향격	maanarloo	terloo

[2] 몽골어(2)

○ **조사 방언**: 함니강 방언

○ **조사 기간**: 2007년 7월 7일~11일

○ **조사 장소**

　(1) 몽골 헨티아이막 빈데르솜 칭기스잉 토노트

　(2) 몽골 헨티아이막 다달솜 고르왕 노르

○ **조사 참가자**: 유원수(총괄, 전사), 신우경(녹화), 최재영(녹음), 엘. 볼드(섭외), 테. 푸레브수렝(통역)

○ **자료제공인 / 조사 내용**

(1) 지그메드 체체그마(Zhigmed TSETSEGMAA, 52세, 1957년생, 여)

[그림 4-31] 몽골인 체체그마 씨

- 직업: 유목민
- 조사 내용: 어휘 2,651개, 기초회화 345개, 문법 항목 386개, 자유발화(생애) 23분

(2) 롭상체렝 첸드아요시(Luvsantseren TSEND-AJUUSH, 60세, 1947년생, 여)
- 직업: 전직 교사
- 조사 내용: 어휘 1,047개, 기초회화 345개, 문법 항목 384개, 자유발화(생애) 25분

[그림 4-32] 몽골인 첸드아요시 씨

(3) 출템 다르하(Chultem DARKHAA, 62세, 1945년생, 여)
- 직업: 유목민
- 조사 내용: 어휘 876개, 기초회화 151개, 자유발화(생애) 42분

[그림 4-33] 몽골인 다르하 씨

○ **언어의 특성**

빈데르솜과 다달솜의 함니강 자료제공인들의 언어의 특징은 다음과 같이 요약할 수 있다.

- 대부분의 방언에서 지속음화한 중세몽골어의 q/k가 대체로 정지음으로 유지됨. 비후설모음 단어에서만 k가 유지되는 오이라트-칼미크형과 다름.
- 1음절의 [i]가 유지되는 예가 많음. 대부분의 방언에서는 i가 후속음절의 모음에 동화됨.
- 단모음 a와 ə가 2음절 이하에서 원순성을 띠는 경향이 있음.
- 할하, 몽골 문어의 /e/에 대응하는 /ə/가 있음
- 어말모음이 유지되거나 첨가됨.
- 부리야트와 같은 어휘/형태라도 부리야트의 마찰음에 대한 할하식 파찰음을 갖고 있으며, 부리야트의 /h/에 대응하는 할하의 /s/를 갖고 있음.
- 술어 동사에 부리야트 식으로 인칭어미가 복사, 첨부되나 발음은 할하형.
- 대명사 체계에서는 할하와 부리야트 요소가 공존하지만 탈격의 발음은 할하식.

- 1950~1960년대 우-쾨할미(U.-Kőhalmi 1959), 미식(Мишиг 1962), 린첸(Ринчен 1968) 등의 보고에 나타나는 퉁구스어형은 이제는 알지 못함. 단, 시무넥(Shimunek 2009. 12. 16)은 2006년에 수행한 조사를 바탕으로 어웡키어와 계통이 같다고 판단한 8개의 어휘를 보고함.

[3] 몽골어(3)

○ **조사 방언**: 바린, 오르도스, 호르친 방언(1차 조사)
○ **조사 기간**: 2008년 8월 2일~14일 (실제 조사 기간: 8월 2일~7일, 12일~14일)
○ **조사 장소**: 중국 네이멍구자치구 후허하오터시(內蒙古自治區 呼和浩特市 昭烏達路 30號 香江大酒店 620호).
○ **조사 참가자**: 유원수(총괄, 전사), 우칭펀(吳淸芬, 통역), 박상철(녹음), 진후이(金慧, 녹화)

○ **자료제공인 / 조사 내용**

(1) 바린 방언: 오르트나스트 (URTUNASTU, 烏日圖那蘇圖, 59세, 1949년생, 남)
  - 직업: 농목업
  - 조사 내용: 어휘 2,705개, 기초회화 344개, 문법 항목 375개, 자유발화(생애) 30분

[그림 4-34] 몽골인 오르트나스트 씨

(2) 오르도스 방언: 나. 보수르(Na. BOOSÖRÜ, 那 寶鎖爾, 63세, 1945년생, 남)
  - 직업: 농목업

- 조사 내용: 어휘 2,204개, 기초회화 344개, 문법 항목 379개, 자유발화(생애) 20분

(3) 호르친 방언: 어르던 촐로(Erdeničilaγu, 額爾敦朝魯, 50세, 1958년생, 남)
  - 직업: 전직 교사
  - 조사 내용: 어휘

[그림 4-35] 몽골인 나. 보수르 씨

2,689개, 기초회화 344개, 문법 항목 379개, 자유발화(생애) 20분

○ 언어의 특성
  - 할하 몽골어와는 의사소통에 전혀 지장이 없을 정도로 가깝다.
  - 다만 몽골 문어, 중세몽골어 문헌에서 e로 표기되는 전설평순모음이 공통적으로 /ə/로 나타나고, 치조-구개 파찰음은 대부분의 방언에서 유기의 tɕʰ와 무기의 tɕ 둘뿐인 듯하며, 1음절의 i가 후속음절의 모음에 동

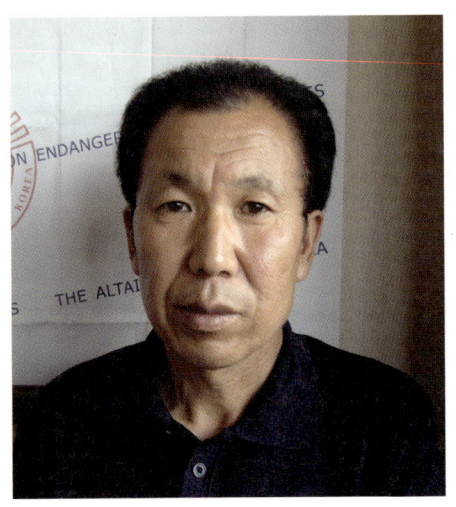

[그림 4-36] 몽골인 어르던촐로 씨

화되는 현상, 모음 사이의 연구개(후연구개) 자음의 탈락과 남은 모음들의 동화 및 장모음화는 완성된 듯하다.
  - 몽골 문어의 k와 q는 마찰음으로 정착한 듯하며, 호르친 (다른 연구자들의 보고에 따르면 하르친) 방언에서 매우 약화되어 거의 h로 발음되거나 들리지 않

을 정도로 발음되기도 한다. 네이멍구 지역의 몽골인들은 거의 모두 토박이 화자의 능력을 갖고 있으나, 일부 노인들을 제외하고는 몽골인들만 사는 마을의 취학 전 어린이들조차 한어에 능통한 것으로 보인다. 할하 몽골어에 비해 한어 차용어의 비중이 매우 높은 것으로 보인다. 할하 몽골어에서 한어 차용어의 비중이 1% 내외라면 호르친 방언에서는 10% 내외로 추정된다.

2.5. 칼미크-오이라트어(Kalmyk-Oirat)

2.5.1. 언어 개관

오이라트어 화자는 몽골의 서북부와 중국의 신장 북부에, 칼미크어 화자는 러시아의 칼미크공화국에 주로 살고 있다. 몽골, 중국, 러시아의 연구자들은 몽골, 중국의 오이라트어와 러시아 칼미크공화국의 칼미크어를 별개의 대등한 언어로 취급하는 경향이 있다.

몽골의 오이라트(Ойрд)어 화자들은 홉드, 옵스, 바얀울기 등 몽골국의 서부 지역, 즉 중국의 신장웨이우얼자치구 북부와 바로 이웃한 지역에 거주한다. 몽골국 인구의 7.47%에 해당하는 203,000명 이상이 모어로 사용한다. 이들은 자신을 오이라트라고 부르지 않고 몽골이라고 부른다. 자신들의 모어도 오이라트니 칼미크니 하지 않고 몽골어라고 하며, 더 구체적으로 이야기할 필요가 있으면 그때는 되르베드라거니, 윌드라거니, 홉드의 윌드라거니 하면서 소속 집단과 출신 지역을 말한다. 몽골의 할하 사람들은(요즘은 오이라트 사람들도) 오이라트 지역과 사람을 바론 몽골(서부 몽골)이라고 부르기도 한다.

몽골의 연구자들은 자기 나라의 오이라트-칼미크어를 오이라트어라고 부르며, 몽골어의 하위 방언으로 보고, 아래와 같은 하위 지역 방언들이 있는 것으로 간주한다. 이들은 칼미크어를 오이라트어와 별개의 언어, 몽골어와 대등한 언어로 취급한다.

① 북 오이라트 방언: 두르부드(=되르베드)-울드(=욀드), 바야드
② 남 오이라트 방언: 자흐칭, 오량하이, 토르고드

몽골의 오이라트 사람들은 대화 중에 오이라트 사람임을 알 수 있을 정도로 오이라트어의 특징을 상당 부분 간직하고 있다. 그러나 할하 화자와의 의사소통에는 아무 지장도 없고, 오히려 몽골의 표준어인 할하에 동화되고 있는 것이 우려되는 상황이다. 몽골의 아르항가이아이막 울지트, 바트쳉겔, 호톤트, 우기노르솜 등지의 울드 사람들의 언어는 200~300년 동안 할하 사람들의 고장에서 사는 동안 할하화하여 이제는 오이라트어가 아닌 할하 몽골어의 서부 지역 방언으로 분류되고 있다. 이 방언은 이미 오이라트 방언이라고 할 수 없을 만큼 할하화하였다.

중국의 오이라트(**Oyirad**, 衛拉特) 화자들도 자신의 집단적 정체성과 모어를 이야기할 때 오이라트니 칼미크니 하지 않고 몽골, 몽골어라고 칭한다. 더 자세하게 이야기할 필요가 있으면 소속 집단은 토르고드니 되르베드니 하고, 출신 지역은 호복사이르니 바양골이니 이야기하며, 호복사이르의 토르고드니 바양골의 되르베드니 하고 소속 집단과 출신 지역을 함께 말하기도 한다.

중국에서 오이라트가 모어인 사람은 264,000명 정도이며, 주로 신장웨이우얼자치구의 북부, 칭하이성, 간쑤성의 북부에서 살아왔다. 이중 신장에 사는 오이라트 사람들의 주요 집단인 토르고드와 호쇼드는 1770년대에 칼미크에서 돌아온 사람들이라고 한다.* 신장의 오이라트 어린이들은 한어에도 능통하였다. 호복사이르 지역의 오이라트 어린이들은 머지않아 자신들의 부모들처럼 카자흐어에도 능통하게 될 것이다. 유네스코의 기준에 의하면 "안정적이지만 위협받는(Stable yet threatened)" 상황에 있는 것이다. 오이라트 사람들은 1648년 자야 판디타(Zaya Pandita)가 고안한 토도 문자(**Todorkhoi üzüg**, 약칭 **Tod üzg**, **Tod üseg**)를 갖고 있으나 현재 각종 저술, 간판, 서명 등에 전통 몽골 문자가 주로 사용되는 것으로 보였다.

오이라트 사람들 가운데 토르고드와 되르베드 사람들이 1618년 이르티시강

---

* 2002년 통계를 참고한 Bulaga(2005: 7-10)에 의하면 오이라트 몽골어가 모어인 사람들은 신장에 161,000여 명, 칭하이에 8만여 명, 간쑤에 1만여 명이 있다고 한다. 칭하이의 오이라트 사람들은 1637년에 신장의 우루무치 지역에서 이주한 호쇼드 집단이며 스스로를 '데드 몽골'(높은 몽골)이라고 칭한다고 한다. 간쑤의 오이라트 사람들도 청대에 칭하이에서 이주한 호쇼드 사람들이 대부분이라고 한다.

상류에서 볼가강 하류 지역으로 이주하였다. 그 중 토르고드 사람들의 대부분이 1770~1771년에 신장 북부에 해당하는 준가르 지역으로 떠나고 되르베드의 대부분은 그 지역에 그대로 남아 있었다. 이들 남아 있는 오이라트인들의 자칭이 칼미크이고 그들의 모어가 칼미크어이다(Kalmyk, Хальмаг келн). 그들은 자신을 '할먹/핼먹'(χalʲməG/χælʲməG)이라고 칭하고, 모어를 '할먹 켈른/핼먹 켈른'(χalʲməG keln/χælʲməG keln)이라고 한다.

이들은 독일군에 부역했다는 누명과 함께 1943년에 시베리아와 중앙아시아 여러 지역으로 강제이주 당했다가 14년 뒤인 1957년에 명예 회복과 함께 귀환할 수 있게 되었으나 인구는 강제이주 당시보다 22%나 줄어들고 그들이 살던 고장 가운데 아스트라한, 스탈린그라드, 스타브로폴 등 살기 좋은 고장이 분리되어 나간데다가, 남은 지역마저도 러시아, 우크라이나 이주민들이 차지하고 있었다. 1992년 소련의 붕괴와 더불어 칼미크공화국으로 다시 나게 되었으며 2002년 현재 인구 292,410명 가운데 53.3% 남짓한 155,398명이 칼미크인이고(2002년 러시아 전체의 칼미크 인구는 173,996명) 나머지는 러시아인, 그리고 고려인을 비롯한 소수민족들이다.

칼미크어의 양대 방언은 되르베드와 토르고드이다. 칼미크어는 다른 오이라트 방언들과 본질적인 차이는 없으나 300~400년간 떨어져 러시아에 있는 동안 어휘, 형태, 통사 등 모든 수준에서 러시아어의 영향을 받아 다른 오이라트 방언들과 구분하여 칼미크 방언이라고 부를 만큼은 달라졌다. 그러나 외부자인 조사자가 보기에 칼미크어라고 부를 만큼 달라지지는 않은 것 같다. 칼미크와 나아가 러시아의 연구자들은 칼미크공화국의 칼미크어와 중국, 몽골의 오이라트어, 그리고 몽골국의 할하어를 대등한 언어, 별개의 언어로 취급하려는 경향이 있다.

언어로서의 칼미크어는 유네스코의 기준에 따르면 '심각한 위험'(Severely endangered) 또는 '치명적인 위험'(Critically endangered)에 처해 있다고 하겠다.

칼미크인들은 1937년 이래 러시아 키릴 문자에 6글자(ә[= æ], һ[= ɢ], җ[= tʃ], ң[=ŋ], ө[=ø], ү[=y])를 보탠 다음과 같은 문자를 사용하고 있다(아래 표에 밑줄로 표시).

Аа	Әә	Бб	Вв	Гг	Һһ	Дд	Ее	Ёё	Жж	Җҗ
Зз	Ии	Йй	Кк	Лл	Мм	Нн	Ңң	Оо	Өө	Пп
Рр	Сс	Тт	Уу	Үү	Фф	Хх	Цц	Чч	Шш	Щщ
Ъъ	Ыы	Ьь	Ээ	Юю	Яя					

<표 4-5> Хальмаг келнә алфавит(칼미크어의 문자)

2.5.2. 현지 조사 개황

○ **조사 방언**: 오이라트어 호복사이르, 징긱골, 바양골 방언

○ **조사 기간**: 2008년 1월 7일~15일 (실제 조사 기간: 1월 7일~9일, 11일, 13일~15일)

○ **조사 장소**

(1) 중국 신장웨이우얼자치구 허부커싸이얼멍구자치현(和布克賽爾蒙古自治縣 東街 100號 賽爾賓館)

(2) 중국 신장웨이우얼자치구 보얼타라멍구(博爾塔拉蒙古)자치주 징허현(精河縣 伊犁路 7號 精河賓館)

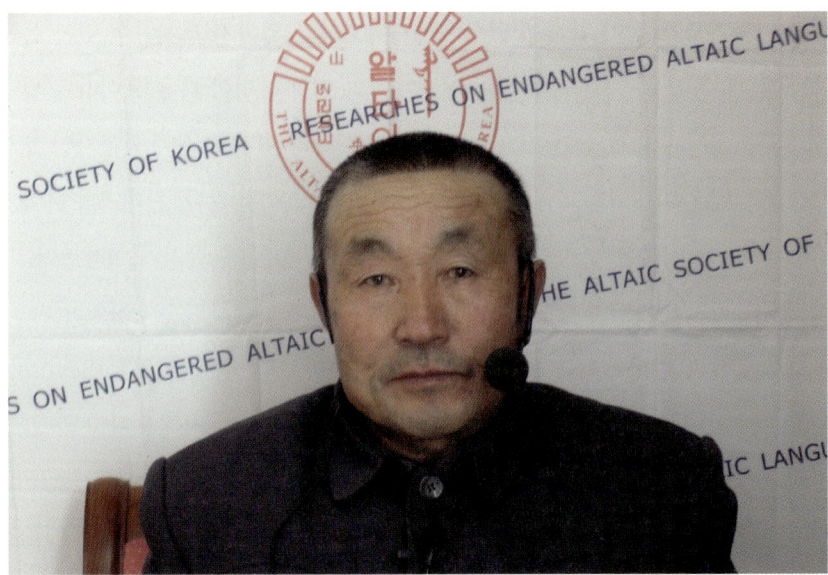

[그림 4-37] 칼미크-오이라트인 카마시 씨

(3) 중국 신장웨이우얼자치구 우루무치시(長江路 219號 博爾塔拉大酒店)

○ **조사 참가자**: 유원수(총괄, 전사), 신우경(녹화), 우칭펀(吳淸芬, 통역), 박상철(녹음)

○ **자료제공인 / 조사 내용**

(1) 카마시(QAMASHI, 卡瑪西, 60세, 1947년생, 남)

　- 직업: 목민

　- 토르고드

　- 조사 내용: 어휘 1,229개, 기초회화 339개, 문법 항목 375개, 자유발화(생애) 24분

(2) 지른타이(JIRANTAI, 吉仁太, 49세, 1959년생, 남)

　- 직업: 교사

　- 토르고드

　- 조사 내용: 어휘 497개

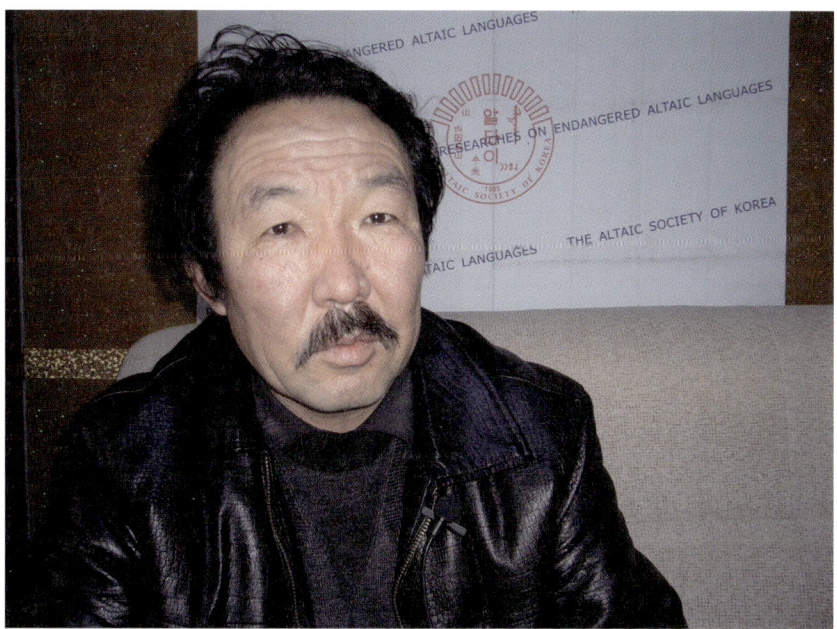

[그림 4-38] 칼미크-오이라트인 지른타이 씨

[그림 4-39] 칼미크-오이라트인 하제 씨

(3) 하제(QAJEI, 哈杰, 63세, 1935년생, 남)

- 직업: 기자
- 되르베드
- 조사 내용: 어휘 2,772개, 기초회화 344개, 문법 항목 379개, 자유발화(생애) 24분

(4) 올랑(ULAGAN, 吾浪, 56세, 1952년생, 남)

- 직업: 기자
- 토르고드
- 조사 내용: 어휘 1,462개, 기초회화 344개, 문법 항목 376개, 자유발화(생애) 25분

[그림 4-40] 칼미크-오이라트인 올랑(우랑) 씨

○ 언어의 특성

이들의 언어는 몽골이나 중국의 네이멍구 사람들의 몽골어와 음운, 어휘, 형태-통사적으로 별 차이가 없어 의사소통에 아무 지장이 없을 정도이다. 우리 연구팀이 2008년 1월 현지 조사 중에 만난 신장웨이우얼자치구의 허부커싸이얼멍구자치현 (和布克賽爾蒙古自治縣), 보얼타라멍구자치주(博爾塔拉蒙古自治州), 바인궈렁멍구자치주(巴音郭楞蒙古自治州) 출신 오이라트 몽골 사람들은 취학 전후의 어린이부터 칠순을 넘긴 노인들까지 조사자의 몽골어를 충분히 이해하였고, 우리 연구팀도 그들의 언어를 충분히 이해하였다고 생각한다. 연구팀의 총괄자의 몽골어는 대학원에 진학하여 배우기 시작한 것으로서 이에 가장 가까운 현대 구어 방언은 몽골국의 표준 방언인 할하 몽골어라고 볼 수 있으니 오이라트 몽골어와 할하 몽골어의 차이조차 방언적인 것이라고 볼 수 있을 정도이다.

이 기간 동안 우리의 현지 조사 연구를 성심으로 도와준 어르든 씨(52세, 남)는 18세기 후반 네이멍구의 차하르 지방에서 신장으로 이주한 차하르 몽골의 후손이었는데, 그는 신장의 오이라트 몽골 사람들과 우리 연구팀과 의사소통이 가능한 것은 그들의 언어가 네이멍구의 차하르 방언의 영향을 받았기 때문이라고 하였다. 즉, 네이멍구뿐 아니라 중국 전역에서 차하르 방언이 몽골어의 표준 방언으로 간주되어 학교, 방송, 신문, 다양한 종류의 서적을 통해 시골에서 가축을 기르고 농사를 짓는 오이라트 노인들의 몽골어에도 영향이 미치고 있다는 것이다. 그러나 오이라트 노인들끼리 오이라트 몽골어로 이야기하고 있으면 조사자는 이해할 수 없을 것이라고 단언하였다.

오이라트 자료제공인들의 언어적 특징은 다음과 같이 요약할 수 있다.

- 중세몽골어의 연구개 자음으로 양성모음과 함께 출현하던 q는 마찰음화하였으나 음성모음과 함께 출현하던 k는 정지음 k로 유지되고 있다.
- 몽골 문어 혹은 중세몽골어에서 전설고모음 i 앞의 a는 전설화하여 /æ/로 정착한 듯하다.
- 유기 파찰음은 /tʃʰ/와 /tsʰ/로 분화한 것으로 보이며, 무기 파찰음은 무기 파찰

음 /ʧ/와 유성음 /z/로 분화한 것으로 보이나 좀 더 연구가 필요하다.
- 이른바 'i-후행동화'는 완성된 것으로 보인다.
- 모음 사이에 있던 연구개 자음이 탈락하고, 남은 모음 간의 동화 및 장모음화도 완성된 듯하다.

2.6. 둥샹어(Dongxiang, 東鄕語, 산타, 사르타)

2.6.1. 언어 개관

중국 간쑤성의 린샤후이족(臨夏回族)자치주의 둥샹족(東鄕族)자치현과 그 일대에서 살아온 둥샹족의 모어이다. 2000년 현재 둥샹족 인구는 513,805명이고 그중 절반가량이 모어를 사용하고 있다고 짐작된다. 둥샹(東鄕)이라는 이름은 이들의 집중거주지가 옛 허저우(河州)의 동, 서, 남, 북 4향(鄕) 가운데 동향, 즉 둥샹이었는데, 둥샹이 1950년 둥샹족자치구(東鄕族自治區)로 건립되면서 민족명, 언어명으로 공식화된 것이라고 한다.

연구자들은 둥샹어를 쑤오난바(鎖南垻, 린샤후이족자치주 둥샹족자치현의 현 소재지), 왕지(汪集, 린샤후이족자치주 린샤현), 쓰자지(四甲集)라는 3대 지역 방언(土語)으로 나누기도 하는데, 연구자들이나 토박이 화자들이나 방언 간에 큰 차이는 없다고들 한다. 자료제공인들은 지역에 따라 일부 어휘에 차이가 있기도 하지만 의사소통에는 아무 지장이 없어 방언 구분은 무의미하나 굳이 구분해야 한다면 쑤오난, 왕지, 나러쓰(那勒寺) 방언으로 나눠볼 수는 있겠다고 하였다. 자료제공인들의 이야기로는 둥샹족자치현의 인구는 24만 명이며 둥샹족은 그중 80-90%에 해당하는 21만 명쯤이라고 하였다. 또한 이 지역 둥샹족 인구의 80%는 둥샹어를 사용하며, 초등학교에 입학하면 1, 2, 3학년 때는 주로 둥샹족 교사가 둥샹어로 가르치고, 4학년 때부터는 대체로 한족 교사가 한어로 가르치는데, 한어 능력이 부족한 어린이들에게 어떻게 하면 교과 내용을 이해시킬 수 있는지 연구하는 부서가 학교에 있다고 한다.

토박이 화자들이 말하는 둥샹족과 둥샹어에 대한 자칭은 '둥샹 쿤', '둥샹 켈른'이다. '산타' 또는 '사르타'라는 말은 원래 무슬림을 가리키던 말이고, 중국내 무슬림은 비단 둥샹족뿐 아니라 바오안족, 후이족 등 다양하므로 둥샹족만을 가리키는 말로서는 범위가 너무 넓다고 여기는 것 같았다.

둥샹족 인구가 50만 명을 겨우 넘고, 그중 절반 정도만이 모어를 사용하고 있으며, 문자도 없고, 언론매체에서 사용되지 않고, 가정과 마을에서 둥샹어를 사용하던 어린이들이 초등학교 상급학년으로 올라가면서 중국 사회의 절대 우세 언어인 한어를 구사해야 하는 점 등을 생각할 때 이 언어는 유네스코 기준의 '심각한 위기(Severely endangered)'에 처해 있다고 해야 하겠다. 그러나 둥샹족 집중거주지인 둥샹족자치현에서는 구성원의 대다수가 모어 구사 능력을 갖고 있으므로 이 언어가 앞으로도 계속 살아남기를 기대해 본다.

2.6.2. 현지 조사 개황

- **조사 방언**: 쑤오난바 방언(1차 조사)
- **조사 기간**: 2009년 2월 11일~2월 13일
- **조사 장소**: 간쑤성 란저우시(甘肅省 蘭州市 安寧西路 88號 育苑賓館)
- **조사 참가자**: 유원수(총괄, 전사), 전순환(녹화), 손남호(통역), 박상철(녹음)

- **자료제공인 / 조사 내용**

(1) 마수란(馬淑蘭, 39세, 1970년생, 여)
   - 직업: 교사
   - 조사 내용: 어휘 2,642개, 기초회화 342개, 문법 항목 379개, 자유발화(생애) 27분

[그림 4-41] 둥샹인 마수란 씨

(2) 마후이메이(馬彗梅, 30세, 1979년생, 여)
- 직업: 교사
- 특기 사항: 마수란 씨를 조사하는 과정에서 내내 옆에 앉아 의견을 제시하는 방식으로 자료를 제공함.

[그림 4-42] 동상인 마후이메이 씨

○ **언어의 특성**

자료제공인들은 숫자 '1'부터 '10'까지는 몽골어 계통의 수사를 사용하고, '11'부터는 한어를 사용하였다. '해, 달, 별'은 몽골어 계통의 어휘로, '하늘'은 페르시아 계통의 어휘로 답하였고, '부, 모, 형, 제, 손자'를 가리키는 말은 한어로 답하였다. 그러나 '아들, 딸, 아내, 장인(=시아버지), 장모(=시어머니), 아내(=며느리)'를 가리키는 말은 몽골어 계통의 어휘였다. 자연현상을 가리키는 말 가운데서는 '눈, 비, 바람, 구름, 서리, 밤, 낮, 연, 월, 일'이 몽골어 계통의 어휘였고, 신체의 일부, 생리 현상을 가리키는 말은 대부분이 몽골어 계통의 어휘였다. 대명사 체계도 몽골어 계통의 대명사 체계와 유사하였다.

차용어의 대부분은 한어였는데, 흥미로운 것은 한어의 계사 '是[shì]'를 차용하여 주제를 표시하는 기능어(문법형태소)로 사용한다든지, 한어의 어휘나 표현을 차용하여 다른 의미(용도)로 사용하는 것이었다.

3. 튀르크어파

3.1. 살라르어(Salar)

3.1.1. 언어 개관

중국의 55개 소수민족 중 하나인 살라르족은 칭하이(青海)성의 쉰화싸라족(循化撒拉族)자치현을 중심으로 인근의 화룽후이족(化隆回族)자치현, 간쑤성의 지스샨바오안족둥샹족싸라족(積石山保安族東鄉族撒拉族)자치현, 신장의 이리하싸커(伊犁哈薩克)자치주의 이닝(伊寧)에 거주한다. 살라르족은 14세기에 사마르칸트 지역에 있다가 현 지역으로 이주하여 티베트족, 한족, 회족과 통혼한 오구즈 튀르크어 사용자의 후손들이다.

[그림 4-43] 살라르족의 중심 거주지 쉰화의 거리 풍경

2000년 중국 인구 조사에 따르면 살라르족은 104,503명인데 이 중에서 모어 사용자 35,000여 명이다. 살라르족의 3분의 1만이 모어로 사용하므로 살라르어는 절멸할 가능성이 있다. 살라르어는 아직 문어가 되지 못하였다.

살라르어는 흔히 위구르어의 방언의 하나로 여겨지지만, 오구즈 그룹의 특징을 많이 지니고 있다. 살라르어는 칭하이 방언과 이리 방언으로 나눌 수 있는데, 칭하이 방언은 티베트어와 한어, 이리 방언은 위구르어와 카자흐어의 영향을 크게 받았다.

3.1.2. 현지 조사 개황

○ **조사 기간**: 2006년 8월 18~26일 (실제 조사 기간: 2006년 8월 19일~21일, 23일~24일(오전), 25일)

○ **조사 장소**: 칭하이성 시닝시(靑海省西寧市八一中路78號(康樂十字口) 永昌大廈 8623호실)

○ **조사 참가자**: 이용성(총괄, 전사, 녹음), 연규동(녹화), 범노신(통역). 제3자료 제공인 조사팀: 이용성(총괄, 전사, 녹음), 김윤신(녹화), 오청분(통역)

○ **자료제공인 / 조사 내용**

(1) 한젠예(韓建業, 70세, 1936년생, 남)

　- 민족: 살라르족

　- 직업: 교수

　- 학력: 대졸

　- 가족 사항: 2남 2녀, 손자 5명, 배우자와 며느리, 사위는 회족

　- 거주 경력: 쉰화(循化)현 칭수이(淸水)향 아스장(阿什江)촌에서 출생하여 6세까지 거주하였다. 1956년 북경 중앙민족학원에서 위구르 언어 문학을 전공하여 연수한 후에 사회과학원 소수민족언어연구소에서 연구하였다. 1961년에 중화민족학원 학부대학교에 입학하여 1968년에 졸업한 뒤에 신장(新疆)재무

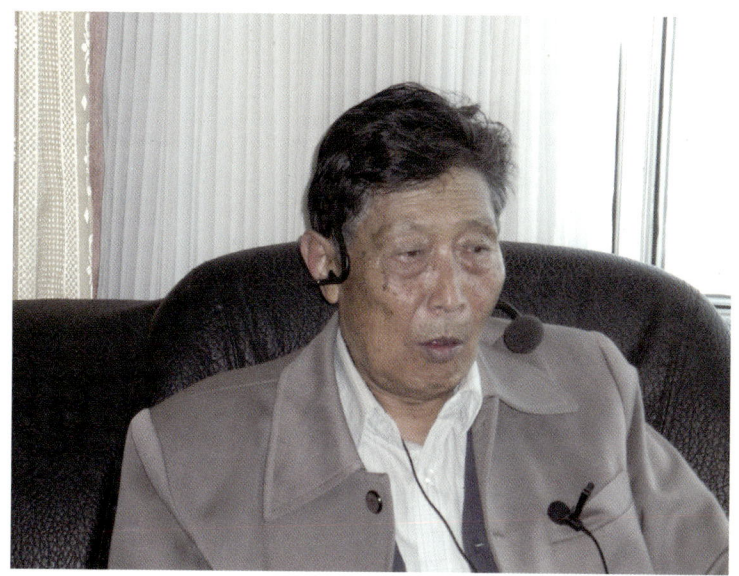

[그림 4-44] 살라르인 한젠예 씨

학원에서 위구르어를 가르치기 시작하였다. 1971년에 시닝(西寧)시 제10중학교 교사(한어, 정치)로 근무하기 시작하여, 시닝모직(毛織)공장 부속중학교에서 교장 및 부교장으로 근무하였다. 1979년에 칭하이민족학원 연구소에서 근무하기 시작하여 1996년에 퇴직하였다.

- 언어 사용 상황: 가정과 일상생활에서는 보통 한어를 사용한다.
- 조사 내용: 어휘 2066개 중 1891개 대답(1-2급 813개 중 776개, 3급 973개 중 890개, 4급 280개 중 225개 대답), 기초회화 344개, 문법 항목 379개, 자유발화

(2) 한량(韓良)(알리(阿力, Ali), 28세, 1978년생, 남)

- 민족: 살라르족
- 직업: 식당 운영
- 학력: 고졸
- 가족 사항: 1남, 배우자(살라르족)
- 거주 경력: 쉰화(循化)현 지스(積石)진에서 출생하여 1985년 9월에 같은 곳에 있는 시거우(西溝)촌 소학교에 입학하였다. 1991년 9월에 쉰양(循陽) 초급중

[그림 4-45] 살라르인 한량 씨

학교에 입학하였다. 1995년 9월에 시닝시 칭하이성 재정학교에 입학하여 기업 재무관리를 전공하였다. 1998년에 졸업한 뒤에 무슬림 식당을 운영하고 있다.
- 언어 사용 상황: 가정에서는 살라르어를 사용하고, 사회생활에서는 살라르어와 한어를 병용한다. 8형제와 살라르어로 대화하고, 쉰화현에 사는 모친은 살라르어만 안다고 한다.
- 조사 내용: 어휘 1187개 중 916개에 대답(1-2급 813개 중 636개, 3급 369개 중 275개, 4급 5개 중 5개 대답), 기초회화 344개, 문법 항목 379개, 자유발화

(3) **마원란**(馬文蘭, 20세, 1986년생, 여)
- 민족: 살라르족
- 직업: 대학생
- 가족 사항: 미혼, 3남 2녀 중 장녀
- 거주 경력: 쉰화(循化)현에서 출생하여 고교까지 다닌 뒤, 대학에 진학하면서

시닝시로 왔다.
- 언어 사용 상황: 가정에서는 할머니와 둘이서 살면서 살라르어로 대화하지만, 사회생활에서는 한어를 사용한다.
- 조사 내용: 1, 2급 어휘 813개 중 734개에 대답(1개는 묻지 않음), 자유발화

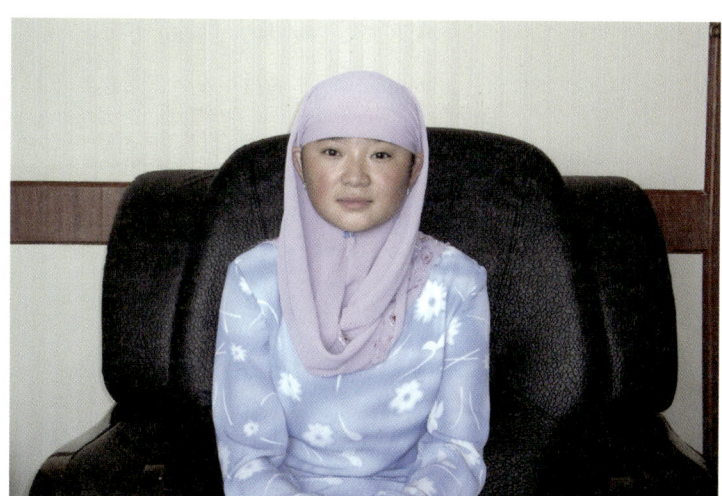

[그림 4-46] 살라르인 미원란 씨

○ **언어의 특성**
- 제1자료제공인 한젠예 씨는 "撒拉族言語文化論"이라는 문법서를 저술하기도 하였지만, 오랫동안 모어를 제대로 사용하지 못한 탓에 자유발화 때 살라르어로 긴 문장을 작성하지 못하였고, 일부 어휘와 발음은 위구르어의 영향을 받은

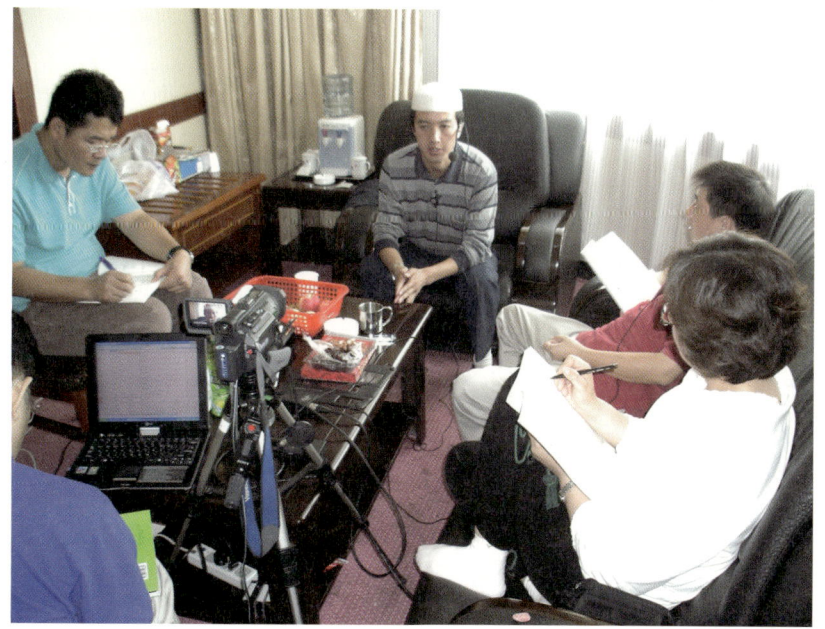

[그림 4-47] 살라르어 조사 장면

듯하였다. 한젠예 씨의 말로는 살라르족 집단 거주지인 쉰화싸라족(循化撒拉族)자치현 주민은 60%이상이 살라르족이고, 그 다음은 장족, 후이족, 한족 순서로 구성되어 있으며, 그 지역에서는 어린 아이들도 집에서는 살라르어를 사용하고 학교에서는 한어를 사용한다고 했다.
- 제2자료제공인 한량 씨는 모어를 잘 구사하지만 조사 시 어휘, 기초회화, 문법 항목 등에서 상당 부분에 적절한 대답을 하지 못하였고, 때로는 아무런 대답을 하지도 않고 그냥 넘겼다.
- 제3자료제공인 마원란 씨는 모어를 잘 구사하지만, 조사 때 어휘의 상당 부분을 한어로 대답하였다. 수사는 20 이상을 모어로 말하지 못하였다.

3.2. 키르기스어(Kirghiz)

[그림 4-48] 키르기스스탄의 이식쿨 호수

3.2.1. 언어 개관

키르기스족은 키르기스스탄을 중심으로 인근의 우즈베키스탄, 타지키스탄, 카자흐스탄, 러시아, 아프가니스탄 바다흐샨(Badakhshan)주의 와한(Wakhan) 지방, 중국 신장웨이우얼자치구 커쯔러쑤커얼커쯔(克孜勒蘇柯爾克孜)자치주의 아커타오(阿克陶)현, 아허치(阿合奇)현, 우차(烏恰)현, 이리하사커자치주의 자오쑤(昭蘇)현, 터커쓰(特克斯)현, 아커쑤(阿克蘇)지구의 바이청(拜城)현, 우스(烏什)현에 거주한다.

국가별 키르기스족 인구는 키르기스스탄이 3,128,147명(1999년), 중국이 160,823명(2000년), 타지키스탄이 65,500명(2000년), 러시아가 31,808명(2002년), 카자흐스탄이 10,896명(1999년)이다. 위키피디아에 따르면 키르기스어 사용자는 약 4백만-5백만 명이다.

[그림 4-49] 키르기스스탄의 수도 비슈케크의 거리 풍경

키르기스어는 크게 북부 방언과 남부 방언으로 나뉘는데, 북부 방언 중 으스크-쾰(Ysyk-Köl) 하위 방언을 중심으로 문어가 형성되었다. 키르기스어는 기원적으로 남부 시베리아의 알타이어의 남부 방언들과 밀접한 관계에 있지만, 후에 상당한 변화를 겪어 카자흐어와 가깝게 되었으므로 흔히 서북(또는 킵차크)어군에 속하는 언어로 분류된다. 그렇지만 고대 튀르크어의 taɣlïɣ '산이 있는'이 키르기스어에서는 tōlū, 서북(또는 킵차크)어군의 언어들에서는 tawlï로 발전하는 등 서로 상당히 다르다.

3.2.2. 현지 조사 개황

○ **조사 기간**: 2006년 12월 20일~2007년 1월 11일 (실제 조사 기간: 2006년 12월 22~30일, 2007년 1월 2~8일)
○ **조사 장소**: 비슈케크(Bishkek)시 에르킨디크(Erkindik)가 31동 B블록 4호
○ **조사 참가자**: 이용성(총괄, 녹음, 전사), 최운호(녹음), 장승익(녹화), 백지혜(통역: 첫날), 나즈귈 마제코바(Nazgül Mazekova, 통역), 제4자료제공인 조사팀: 김주원(총괄), 고동호(녹음), 최재영(녹화), 마하바트 압들다예바(Makhabat Adbyldajeva, 통역)

○ **자료제공인 / 조사 내용**
(1) 톡토뷔뷔 (비이가즈 크즈) 아크마토바(Toktobübü (Bijgazï kyzy) AKMATOVA, 59세, 1947년생, 여)
  - 민족: 키르기스족
  - 직업: 재봉사
  - 학력: 중졸
  - 가족 사항: 2남 1녀(원래는 4남 1녀: 1976년에 아들 1명 사망, 3년 전에는 막내아들 사망), 손자 2명 손녀 3명(장남: 1남 2녀, 차남: 1남, 딸: 1녀), 배우자(키르기스족: 1년 전 사고로 사망), 현재 딸과 함께 거주 (사위는 가족을 떠나

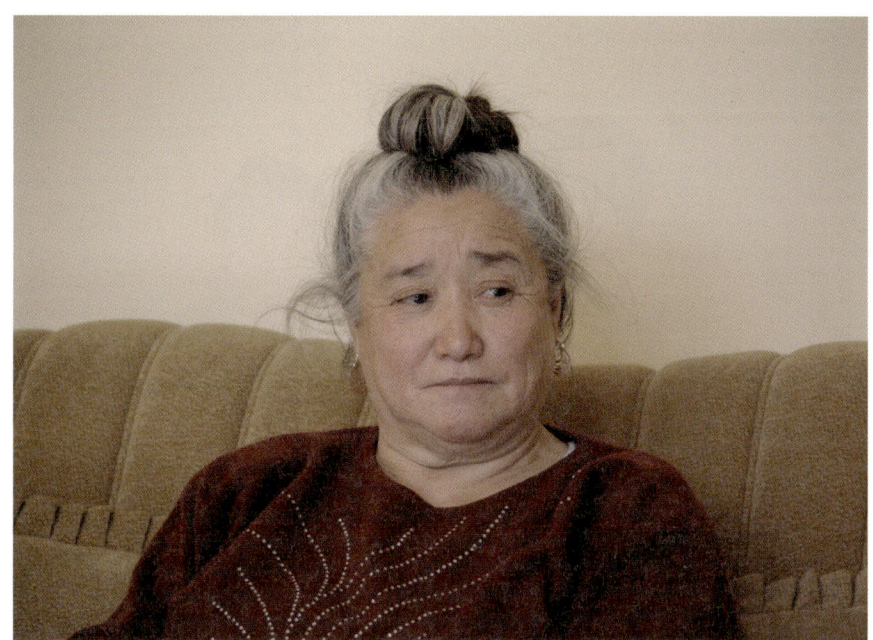

[그림 4-50] 키르기스인 아크마토바 씨

모스크바에 가서 살고 있음)
- 거주 경력: 탈라스(Talas)주 탈라스지구 탈드-불라크(Taldy-Bulak) 마을에서 출생하여 1973년까지 거주하였다. 1973년부터 비슈케크에서 거주하고 있다.
- 언어 사용 상황: 키르기스어(가정), 키르기스어와 러시아어(사회). 북부 방언 중 탈라스(Talas) 하위 방언 화자이다.
- 조사 내용: 어휘 1,515개, 기초회화 344개, 문법 항목 380개

(2) 이나야트 (하미드 크즈) 칼르코바(Inayat (Khamid kyzy) KALYKOVA, 60세, 1946년생, 여)
 - 민족: 키르기스족
 - 직업: 전직 수학 교사
 - 학력: 대졸
 - 가족 사항: 4남 2녀 (모두 기혼), 손자 4명 손녀 8명 (장남: 1남 2녀, 삼남: 3녀, 장녀: 3남 1녀, 차녀: 2녀), 배우자(키르기스족), 제3자료제공인의 친언니

[그림 4-51] 키르기스인 칼르코바 씨(왼쪽)와 하미도바 씨 자매

- 거주 경력: 오슈(Osh)주 레일레크(Lejlek)지구 사마트(Samat) 마을에서 출생하여 1964년까지 거주하였다. 1964~1968년에 비슈케크에서 대학을 다녔고, 1968년부터 오슈주 쉴뤽튀(Sülüktü)시에서 교사로 근무하였다. 1996년에 퇴직한 뒤 2003년부터 비슈케크에서 거주하고 있다.
- 언어 사용 상황: 남부 방언 중 이치킬리크(Ichkilik) 하위 방언 화자로, 가정에서는 키르기스어를 사용하고, 사회에서는 키르기스어와 러시아어를 병용한다.
- 조사 내용: 어휘 47개, 기초회화 99개, 자유발화

(3) 카라마트 (하미드 크즈) 하미도바(Karamat (Khamid kyzy) KHAMIDOVA, 59세, 1947년생, 여)
 - 민족: 키르기스족
 - 직업: 전직 수학 교사
 - 학력: 대졸
 - 가족 사항: 3남 2녀 (막내딸과 막내아들만 미혼), 손자 4명 손녀 1명 (장남: 3남, 차남: 1녀, 장녀: 1남), 배우자(키르기스족)

- 거주 경력: 오슈(Osh)주 레일레크(Lejlek)지구 사마트(Samat) 마을에서 출생하여 1970년까지 거주하였다. 결혼 후에 남편의 마을인 오슈주 레일레크지구 안다라크(Andarak) 마을에서 거주하고 있다.
- 언어 사용 상황: 가정에서는 키르기스어를 사용하고, 사회에서는 키르기스어와 러시아어를 병용한다. 남부 방언 중 이치킬리크(Ichkilik) 하위 방언 화자이다. 제2자료제공인의 친동생이며, 시어머니, 남편, 장남 부부 등과 살고 있는데, 시어머니만 북부 방언 화자이고 며느리와 사위도 모두 남부 방언 중 이치킬리크 하위 방언 화자이다.
- 조사 내용: 어휘 2,654개, 기초회화 344개, 문법 항목 380개, 자유발화

[그림 4-52] 키르기스인 자크포프 씨

(4) 살모르베쿠 (자크프 우울루) 자크포프(Salmorbek (Dzhakyp uulu) DZHAKYPOV, 70세, 1936년생, 남)
- 민족: 키르기스족
- 직업: 교수
- 학력: 대학원졸
- 가족 사항: 1남 2녀, 손자 3명 (자녀 각각에게서 1명씩), 배우자(키르기스족)
- 거주 경력: 나른(Naryn)주 코치코르(Kochkor)지구 우준 불라크(Uzun Bulak)

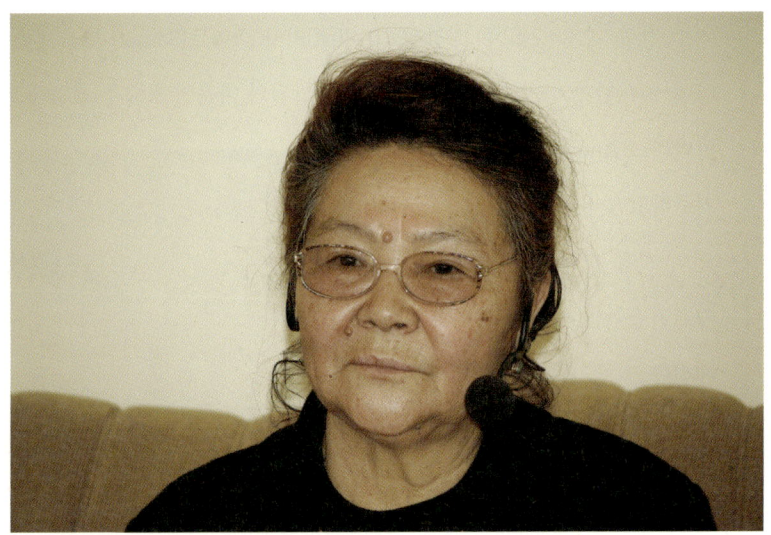

[그림 4-53] 키르기스인 이마날리예바 씨

마을에서 출생하여 1953년까지 거주하였다. 레닌그라드에서 3년 동안 석사 과정을 마쳤다. 그밖에 모스크바 등 여러 도시에서 반년 이하 거주한 적이 있다.
- 언어 사용 상황: 가정과 사회에서 키르기스어와 러시아어 사용. 북부 방언 중 나른(Naryn) 하위 방언 화자이다.
- 조사 내용: 어휘 약 2,000개, 기초회화 344개, 문법 항목 380개

(5) 젱이슈 (이마날르 크즈) 이마날리예바(Dzheŋish (Imanaly kyzy) IMANALIJEVA, 67세, 1939년생, 여)
- 민족: 키르기스족
- 직업: 교수(키르기스스탄의 유명한 경제학자)
- 학력: 대학원졸
- 가족 사항: 2남, 손자 2명 손녀 3명(장남: 3녀, 차남: 2남), 배우자(키르기스족)
- 거주 경력: 추이(Chuj: 예전에는 Frunze)주 알라메딘(Alamedin)지구 바이티크(Bajtik: 예전에는 Orto Alysh) 마을에서 출생하여 1950년까지 거주하였다. 1950년부터 비슈케크에서 거주하고 있다.
- 언어 사용 상황: 가정과 사회에서 키르기스어와 러시아어 사용한다. 자녀들은

모어를 잘 구사하지 못하고, 모어를 이해하지만 러시아어로 대답한다고 한다. 북부 방언 중 추이 하위 방언 화자이다. 오랫동안 수도에서 거주하고 강의한 때문인 듯, s 대신 z를 사용하는 등 문어의 영향이 보일 때가 많았다.
- 조사 내용: 어휘 2,663개, 기초회화 344개, 문법 항목 380개, 자유발화

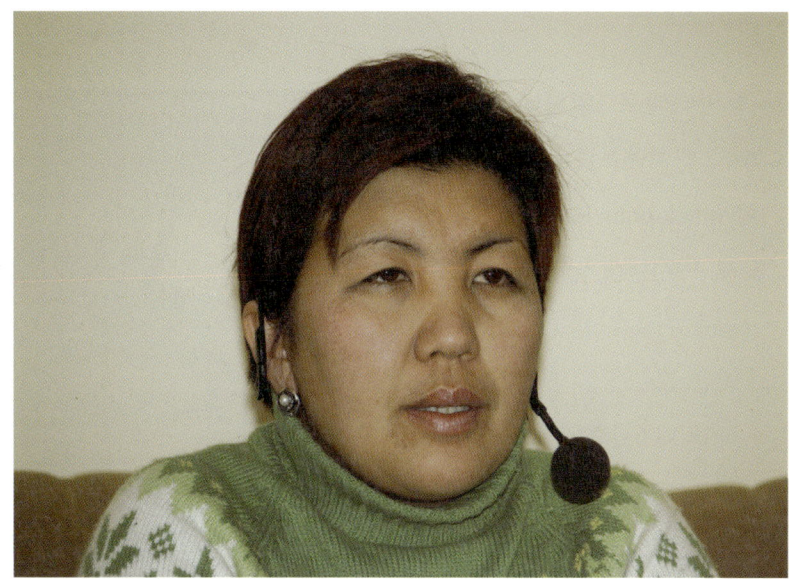

[그림 4-54] 키르기스인 마제코바 씨

(6) 나즈귈 (졸로오추 크즈) 마제코바(Nazgül (Dzholoochu kyzy) MAZEKOVA, 33세, 1973년생, 여)
- 민족: 키르기스족
- 직업: 교수
- 학력: 대학원졸
- 가족 사항: 1남 1녀, 배우자(키르기스족)
- 거주 경력: 으스크-퀼(Ysyk-Köl)주 통(Toŋ)지구 카라코오(Kara-Koo) 마을에서 출생하였다. 1990년부터 2003년까지 카라콜(Karakol)시에 거주하면서, 1990~1995년에 대학교에 다니고, 1995~2003년 국립 으스크-퀼대학교에 근무하였다. 현재 추이(Chuj)주 알라메딘(Alamedin)지구 토뫈퀴(Tömönkü) 마

을에 거주하고 있다.
- 언어 사용 상황: 가정에서는 키르기스어를 사용하고, 사회에서는 키르기스어와 러시아어를 병용한다. 북부 방언 중 으스크-쾰 하위 방언 화자이다.
- 조사 내용: 어휘 2,720개, 기초회화 344개, 문법 항목 380개, 자유발화, 최소대립쌍

(7) 탈란타알르 (알름베크 우울루) 박치예프(Talantaaly (Alymbek uulu) BAKCHIJEV, 35세, 1971년생, 남)
- 민족: 키르기스족
- 직업: 교수
- 학력: 대학원졸
- 가족 사항: 1남 1녀, 배우자 (키르기스족)
- 거주 경력: 으스크-쾰(Ysyk-Köl)주 악수우(Ak-Suu)지구 마만(Maman) 마을에서 출생하였다. 1971~1983년에는 카라콜(Karakol)시, 1983~1992년에는 카라콜 마을, 1992~1998년에는 비슈케크에서 거주하였다. 현재 비슈케크에서 거주하고 있다.

[그림 4-55] 키르기스인 박치예프 씨

- 언어 사용 상황: 가정과 러시아에서 키르기스어와 러시아어 사용. 북부 방언 중 으스크-쾰 하위 방언 화자이며 서사시 마나시 구연자이다. 이 자료제공인은 2006년 8월에 15명이 참가한 마나스 구연대회에서 2등을 하였고, 이제까지 도이칠란트, 네덜란드, 러시아, 카자흐스탄, 이탈리아, 우즈베키스탄에서 온 연구자들에게 마나스를 구연하였다고 한다.

[그림 4-56] 키르기스어 조사 장면

- 조사 내용: 서사시 마나스, 자유발화

○ **언어의 특성**

키르기스어는 크게 북부 방언과 남부 방언으로 나뉘는데, 다음과 같은 하위 방언이 있다:

(1) 북부 방언: 으스크-쾰(Ysyk-köl), 추이(Chuj), 탈라스(Talas), 나른(Naryn) 방언.

추이, 탈라스 방언에는 -z-, -z 〉 -s-, -s의 음운 변화가 보인다. 예를 들면, qïs '딸, 소녀, 처녀' 〈 qïz, qïsïl '붉은' 〈 qïzïl 등. 이 점은 남부 시베리아의 튀르크어파 언어들을 조금 연상시킨다. 다만 남부 시베리아의 튀르크어파 언어들에서는 어말과 음절 끝에서는 무성음화, 모음 사이에서는 유성음화 현상이 있다.

(2) 남부 방언: 오슈(Osh), 이치킬리크(Ichkilik) 방언.

남부 방언은 어휘와 문법에서 우즈베크어의 영향을 많이 받았다. 예를 들면, köprük '다리, 교량'(문어에서는 köpürö). 3인칭 소유어미를 지닌 낱말들의 사격 형에서 -n이 탈락한다(문어에서는 유지된다).

3.3. 돌간어(Dolgan)

3.3.1. 언어 개관

돌간족은 야쿠티야의 빌류이(Viljuj)강 유역에 살던 어웡키족들이 야쿠트어를 받아들인 뒤 북쪽으로 이주하여 타이미르 반도 토착민들을 동화시키는 과정에서 별도의 민족 집단으로 발전한 것이다. 돌간족의 핵을 구성한 것은 돌간, 에젠(Edzhen), 카른투오(Karyntuo), 돈고트(Dongot)라는 어웡키의 네 씨족이었고, 이 중에서 돌간이라는 씨족 이름이 19세기에 전체 돌간족을 가리키는 이름으로 되었다. 20세기 초에는 이들 본류 돌간족뿐만 아니라 야쿠트화한 러시아인 농부들과 토착 어웡키인과 그 지역의 일부 야쿠트인도 돌간족에 포함되었다.

2002년 러시아 인구 조사에 따르면 돌간족의 인구는 7,261명이고 돌간어를 아는 사람은 4,865명이다. 돌간족 중 5,517명이 타이미르 반도의 돌간-네네츠 자치주에 거주한다. 타이미르 반도의 토착민 중에는 돌간족이 가장 많다. 돌간족 수십 명은 야쿠티야의 아나바르(Anabar)강 하류에 거주한다.

돌간어는 원래 야쿠트어의 방언이었다가 별개의 언어로 발전하였다. 여전히 돌간어를 야쿠트어의 방언으로 보는 학자들도 있다. 이미 돌간족의 3분의 1이 모어를 모르므로 돌간어는 절멸할 가능성이 있다.

3.2.2. 현지 조사 개황

- **조사 기간**: 2007년 1월 28일~2월 7일 (실제 조사 기간: 2007년 1월 30일~2월 5일)
- **조사 장소**: 러시아연방 사하(야쿠티야)공화국 야쿠츠크시 야쿠츠크농업경제대학 케스킬(Keskil) 요양원 숙사
- **조사 참가자**: 이용성(총괄, 녹음, 전사), 최운호(녹화, 녹음), 여은지(녹화), 자리파 세리크바예바(Zaripa Serikbajeva, 통역)

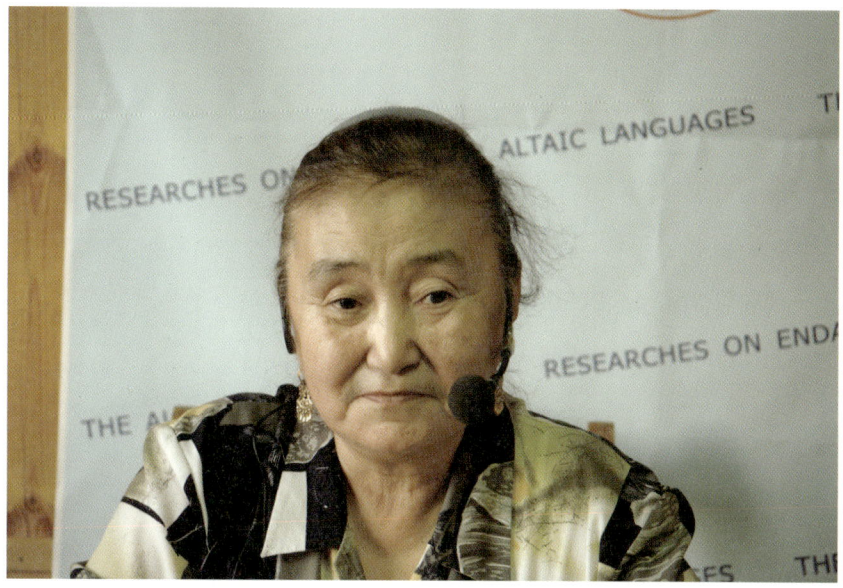

[그림 4-57] 돌간인 안나 추프리나 씨

○ **협조자**: 바실리 아파나시예비치 로베크(Vasilij Afanas'jevich ROBBEK) (러시아학술원 시베리아지부 북방소수민족연구소, 인문학연구소 교수, 어윈족)

○ **자료제공인 / 조사 내용**

(1) 안나 그리고리예브나 추프리나(Anna Grigor'jevna CHUPRINA, 61세, 1946년생, 여)

- 민족: 돌간족
- 직업: 전직 초등학교 교사
- 학력: 대졸
- 가족 사항: 1남 2녀(가운데가 아들, 막내딸은 미혼. 큰딸은 배우자가 야쿠트족. 아들은 배우자도 돌간족), 손녀 3명(장녀: 1명, 아들: 2명), 배우자(돌간족)
- 거주 경력: 크라스노야르스크(Krasnojarsk)주(kraj) 타이미르 돌간-네네츠 자치주 하탕가(Khatanga)지구 신다스코(Syndassko) 마을에서 출생하여 1969년까지 거주하였다. 이가르카(Igarka)에서 사범대학에 다녔다. 1969년에 결혼해서 하탕가지구의 포피가이(Popigaj) 마을에서 거주하고 있다. 겨울이 되면 8개월 동안 야쿠츠크의 큰딸 집에서 거주한다.

- 언어 사용 상황: 가정에서는 돌간어를 사용하고, 사회에서는 러시아어와 돌간어를 병용하지만, 돌간어는 포피가이 마을에서만 사용한다.
- 조사 내용: 어휘 2,506개, 기초회화 344개, 문법 항목 380개, 자유발화

(2) 옐레나 폴리카르포브나 티모페예바(Jelena Polikarpovna TIMOFEJEVA, 63세, 1944년생, 여)
- 민족: 돌간족
- 직업: 공무원(야쿠츠크 시청 소수민족문제 전문가)
- 학력: 대졸
- 가족 사항: 2남 1녀(장남은 부인이 야쿠트족. 차남은 부인이 돌간족인데 사망했으며 자녀가 없음. 막내딸은 미혼), 손자 1명 손녀 3명(장남의 자녀들), 배우자(야쿠트족)

[그림 4-58] 돌간인 옐레나 티모페예바 씨

- 거주 경력: 사하(야쿠티야)공화국 아나바르(Anabar)지구 사스킬라흐(Saskylakh) 마을에서 출생하여 1959년까지 거주하였다. 이곳에서 7학년까지 다녔는데, 집에서는 주로 돌간어, 밖에서는 야쿠트어를 사용하였다. 1959년에 야쿠츠크로 왔고, 1967~1971년에 모스크바에서 대학교에 다녔다. 1969년에 모스크바에서 결혼하였다. 1971년부터 다시 야쿠츠크에서 거주하고 있다.
- 언어 사용 상황: 가정에서는 야쿠트어와 돌간어를 병용하고, 사회에서는 러시아어와 야쿠트어를 사용한다.
- 조사 내용: 어휘 1,115개, 기초회화 344개, 문법 항목 380개

[그림 4-59] 돌간어 조사 장면

○ **언어의 특성**

돌간어에서는 야쿠트어 어두의 s-가 h-로 바뀌었다. 또한 이 언어에는 어웡키어의 차용어가 많다. 제2자료제공인은 야쿠트어와 돌간어가 혼합된 언어를 사용한데다 대개는 야쿠트어로 대답하였으므로 순수한 돌간어 화자로 볼 수 없을 것이다.

3.4. 야쿠트어(Yakut)

3.4.1. 언어 개관

튀르크어파의 여러 언어 중에서 야쿠트어는 이와 매우 유사한 돌간어와 함께 이른바 atax 그룹을 이룬다(튀르크어파 언어들에서 adaq/azaq/atax/ayaq은 '발(足)'을 뜻한다). 야쿠트어는 튀르크어파의 여러 언어 중에서 가장 동북쪽에서 사용된다. 야쿠트인은 스스로를 사하(Sakha)라 부른다.

[그림 4-60] 야쿠츠크의 거리 풍경

야쿠트족은 주로 러시아의 사하(야쿠티야)공화국에서 살고 있다. 인근의 마가단 지역과 사할린섬에도 소수의 야쿠트족이 살고 있다. 야쿠트어는 약간의 어윙키족, 어원족, 유카기르족 등이 제2언어로 사용한다. 2002년 러시아 인구 조사에 따르면 야쿠트족은 443,852명, 야쿠트어를 아는 사람은 456,288명이다. 야쿠트인은 공식적으로는 러시아 정교회 소속이지만 이들 사이에서는 아직도 샤머니즘이 살아 있다.

야쿠트어 어휘의 절반 가량은 몽골어 차용어이다. 야쿠트어는 소련 성립 이후 문어가 되었다. 야쿠트어는 남-알단(Nam-Aldan) 방언, 칸갈-빌류이(Kangal-Viljuj) 방언, 돌간 방언 등 세 개의 방언으로 나뉜다.

남-알단 방언	칸갈-빌류이 방언	돌간 방언	
xatïn	xotun	katun	'여자'
särïn	sörün	särün	'서늘한, 서늘함'

이 중에서 야쿠트 문어의 토대가 된 것은 칸갈 빌류이(Kangal-Viljuj) 방언이다. 돌간 방언은 별개의 언어로 발전하였는데, 여전히 야쿠트어 방언으로 보는 학자들도 있다.

[그림 4-61] 호무스(khomus) 연주(야쿠츠크의 극장)

3.4.2. 현지 조사 개황

○ **조사 기간**: 2007년 2월 3~5일
○ **조사 장소**: 러시아연방 사하(야쿠티야)공화국 야쿠츠크시 야쿠츠크농업경제대학 케스킬(Keskil) 요양원 숙사
○ **조사 참가자**: 이용성(총괄, 녹음, 전사), 최운호(녹화, 녹음), 여은지(녹화), 자리파 세리크바예바(Zaripa Serikbajeva, 통역)
○ **협조자**: 바실리 아파나시예비치 로베크(Vasilij Afanas'jevich ROBBEK) (러시아학술원 시베리아지부 북방소수민족연구소, 인문학연구소 교수, 어원족)

○ **자료제공인**: 알렉산드라 그리고리예브나 니키포로바(Aleksandra Grigor'jevna NIKIFOROVA, 43세, 1964년생, 여)
  - 민족: 야쿠트(사하)족
  - 직업: 회계사
  - 학력: 대졸

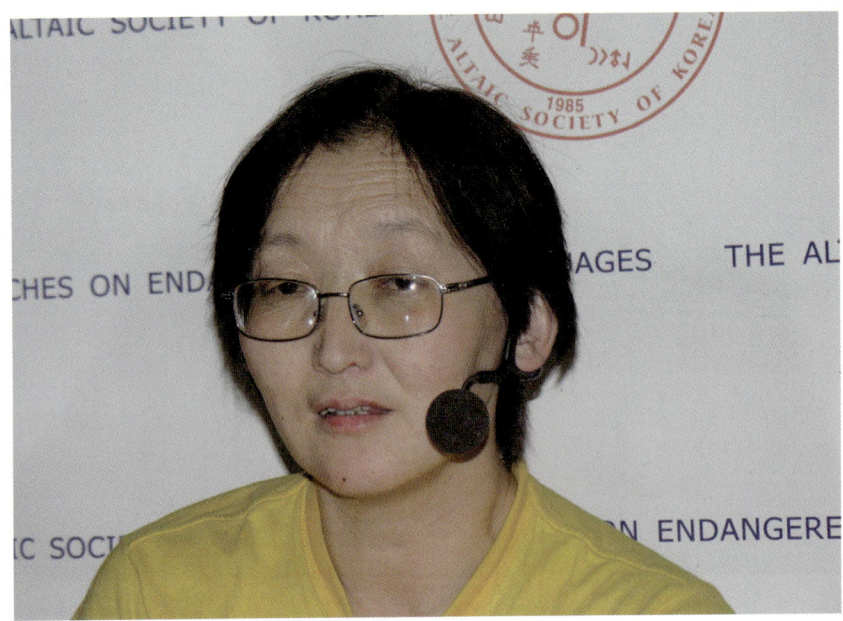

[그림 4-62] 야쿠트인 알렉산드라 니키포로바 씨

- 가족 사항: 2남 1녀, 배우자(야쿠트족)
- 거주 경력: 사하공화국 뉴르바(Njurba)지구 말리카이(Malykaj) 마을에서 출생하였다. 말리카이 마을에서는 주민들이 야쿠트어만 사용하고 뉴르바에서는 주민 대다수가 러시아어를 사용하였다. 야쿠츠크에서 2년 동안 대학에 다녔다. 탓타(Tatta)지구의 으트크-퀴욀(Ytyk-Küöl) 마을에서 3개월 근무하였다. 현재 출생지에서 거주하고 있다.
- 언어 사용 상황: 가정에서는 야쿠트어를 사용하고, 사회에서는 야쿠트어와 러시아어를 함께 쓰지만, 러시아어는 서류를 작성할 경우에만 쓴다.

○ **조사 내용**: 어휘 55개, 기초회화 340개, 문법 항목 237개, 자유발화(총 3시간 조사)

○ **특기 사항**: 농업 신용-소비 조합(Sel'kokhoz. kreditno-potrebitel'skij kooperativ)의 직원 연수를 위해 야쿠츠크에 온 야쿠트 여성 6명을 대상으로 2월 3일에 1시간 동안 자유발화를 녹취·녹음하다가, 문어의 s-에 대하여 h-를 사용하는 이 자료제공인을 발견하여 조금 조사한 것임.

○ 언어의 특성
- 야쿠트어는 할라지어 및 투르크멘어와 더불어 튀르크 조어의 일차 장모음을 체계적으로 유시하고 있는 언어이다. 튀르크 조어의 어중, 어말의 /d/가 /t/로, 어두의 /y/가 /s/로 변하는 등 공통 튀르크어의 여러 언어와는 아주 다른 특징이 있다. 야쿠트어에는 몽골어 차용어가 많다.
- 자료제공인 니키포로바 씨는 모어를 아주 잘 구사하여 문장 작성 시 러시아어의 영향을 받지 않았다. 그는 특이하게도 야쿠트 문어의 s-를 대개 h-로, x를 q로 발음하였는데 이것은 돌간어를 연상시키는 특징이다.

3.5. 카라임어(Karaim)

3.5.1. 언어 개관

카라임족은 하자르(Khazar) 제국 시대에 유대교를 받아들인 소규모의 튀르크계 종족이다. 카라임족은 최근까지 작은 집단 형태로 리투아니아의 트라카이(Trakai=Troki)시, 우크라이나의 루츠크(Lutsk)시 및 할리치(Halych=Halicz)시에 살고 있었다. 크림반도의 옙파토리야(Jevpatorija) 부근에도 카라임 공동체들이 있었다. 카라임족의 수는 소련 시대에 5,900명(1959년)에서 2,602명(1989년)으로 줄었는데, 동화와 이민 때문이다. 현재 리투아니아에 258명(2001년), 폴란드에 45명(2002년), 우크라이니(주로 크림 만노)에 1,196명(2001년), 러시아에 366명(2002년), 터키(이스탄불)에 50명, 이스라엘, 프랑스, 미국, 캐나다에 극소수가 남아 있다.

카라임족은 오랫동안 다수의 이민족 사이에서 소수민족으로 살다보니 자기 모어를 구사하는 사람이 극히 적어, 리투아니아에 50명, 우크라이나에 6명, 폴란드에 20명 정도이다(Boeschoten, 1998). 그런데 2006년의 인터넷 에스놀로그의 자료를 보면 카라임어는 우크라이나와 이스라엘에서는 이미 사멸하였다. 이 언어의 사멸은 시간 문제인 것이다.

[그림 4-63] 트라카이의 섬에 있는 성(Trakų salos pilis, Trakai Island Castle)

튀르크어의 큽차크 그룹에 속하는 카라임어는 트라카이 방언, 할리치-루츠크 방언, 크림 방언 등 3개의 방언이 있었다. 이 중 크림 방언은 이미 오래 전에 튀르크계 언어 중 하나인 크림 타타르어에 흡수되었다. 할리치-루츠크 방언은 최근에 사멸한 듯하고, 트라카이 방언만 주변의 언어들에 흡수된 상태로 겨우 명맥을 유지하고 있는 실정이다.

3.5.2. 현지 조사 개황

○ **조사 기간**: 2007년 7월 16일~31일 (실제 조사 기간: 2007년 7월 17~28일)
○ **조사 장소**: 리투아니아 트라카이(Trakai)시 카라임가 13번지(Karaimų g. 13, Trakai)
○ **조사 참가자**: 이용성(총괄, 녹음, 전사), 최운호(녹화), 이르나 드르가(Iryna Dryga, 통역)

○ **자료제공인 / 조사 내용**

(1) 리디야 마시케비치(Lidija MAŠKEVIČ, Lidia MASZKIEWICZ, 결혼 전 성은 FIRKOVIČ, FIRKOWICZ, 85세, 1922년생, 여)

- 민족: 카라임족
- 직업: 경리(1988년 퇴직)
- 학력: 고졸
- 가족 사항: 1남 1녀, 외손자 3명, 배우자(카라임족, 모스크바 출신, 1986년 사망), 카라임 학자인 Mykolas Firkovičius의 친누나.
- 거주 경력: 트라카이의 현 주소지에서 출생하였다. 출생 당시에 트라카이는 폴란드 영토였으므로 모어는 카라임어와 폴란드어이다. 1929~1935년에 트라카이에서 초등학교에 다녔는데 폴란드어로 수업이 이루어졌다. 1935~1939년에 빌니우스에서 폴란드 여자 김나지움에 다녀, 폴란드어로 수업을 받았다. 1944년에 소련이 점령하면서 러시아어와 리투아니아어를 배웠다. 1950년에 결혼하여 빌니우스로 이사하여 거주하다가 남편이 사망한 1986년에 트라카이로 돌아와 지금까지 거주하고 있다.

[그림 4-64] 카라임인 리디야 마시케비치 씨

- 언어 사용 상황: 가정에서 어렸을 때는 카라임어, 결혼 후에는 폴란드어, 자식들이 모르게 말하고 싶을 때는 남편과 카라임어를 사용했다. 직장에서 젊었을 때는 폴란드어, 소련 시절에는 러시아어, 리투아니아 독립 후에는 리투아니아어를 사용했다. 이르나 드르가 선생의 말로는 이 사람이 사용하는 러시아어는 폴란드어 구문에 따른다고 한다. 손자들이 오면 교육 목적으로 카라임어를 사용하지만 손자들은 조금 이해할 수 있을 뿐이라고 한다.
- 조사 내용: 어휘 약 800개 (1~2급), 자유발화

(2) 세묘나스 유흐네비치우스(Semionas JUCHNEVIČIUS, Szymon JUCHNIEWICZ, 80세, 1927년생, 남)

[그림 4-65] 카라임인 유흐네비치우스 씨와 그의 아내

- 민족: 카라임족
- 직업: 기계공학기사(1987년에 퇴직했지만 1990년까지 일함)
- 학력: 대졸
- 가족 사항: 1남 1녀, 손자 1명 손녀 4명(딸: 1남 2녀, 아들: 2녀), 배우자(카라임족:크림 반도의 옙파토리야 출신), 친손녀 1명은 리투아니아의 슈퍼 모델

- 거주 경력: 트라카이에서 출생하여 1940년까지 초등학교에 다니며 폴란드어로 수업을 받았다. 그 뒤 빌니우스에서 직업학교에 다니며 리투아니아어로 수업을 받았지만 그 자신은 리투아니아어를 사용하지 않았기 때문에 아직도 리투아니아어는 잘 모른다. 14세까지 러시아어를 전혀 몰랐기 때문에 그의 부모는 자식들에게 무엇인가 숨기고자 할 때 러시아어를 사용했다. 직업학교에 다닐 때 리투아니아를 소련이 점령하였다. 직업학교를 졸업한 뒤 6년 동안 운전수로 일하며 KGB의 정치 숙청에 걸린 가족들을 수송하였다. 1951년에 트라카이 사범학교를 반 년 동안 다니다가 가정 형편 등으로 그만 두고 같은 해에 레닌그라드 서북 종합공과대학교 야간 과정에 들어가 10년간 다녀 겨우 졸업하였다. 크림 반도에 휴가 갔던 누이 2명의 소개로 지금의 아내를 만나 1958년에 결혼하였다. 트라카이 인근의 렌트바리스(Lentvaris)시로 발령이 나서 이곳에서 30년 거주하다가 16년 전에 트라카이로 돌아와 지내고 있다.

- 언어 사용 상황:* 가정에서는 어렸을 땐 카라임어, 결혼 후엔 부인이 카라임어를 모르므로 러시아어를 사용하였고, 자녀들과는 때때로 카라임어 사용하고 손자들과는 교육 목적으로 카라임어 사용한다.** 직장에서는 젊었을 땐 폴란드어와 카라임어를 사용하였고, 근무 기간의 90%를 차지하는 소련 시절에는 러시아어를, 리투아니아 독립 후에는 (일할 때 필요하므로) 리투아니아어를 사용하였다.

- 조사 내용: 어휘 약 2,000개, 기초회화 344개, 문법 항목 380개, 자유발화

(3) 마리올라 압코비치(Mariola ABKOWICZ, 43세, 1964년생, 여)

- 민족: 카라임족
- 직업: 도서관 직원
- 학력: 대졸, 포즈난대학교 동양학연구소 히브리학-아람학-카라이즘학과 박사과정 중
- 가족 사항: 미혼, 여동생도 미혼, 부모는 모두 카라임족. 유명한 카라임 성직자 집안 출신. 세묘나스 유흐네비치우스의 생질녀. 폴란드 카라임 공동체 의장

---

* 어렸을 때 동년배들과 폴란드어로 말하는 것이 더 편하다는 것을 알았지만, 폴란드로 말할 경우 가족과 시내의 노인들이 "카라임어로 말하세요!"라고 외쳤으며, 폴란드 시절에 의무 사항이던 종교 수업을 받으러 다니던 종교학교(midraš)에서는 폴란드어로 말하려던 아이들의 손을 자로 때렸다고 기억하고 있다.

** 전자우편을 통해 카라임어 이야기나 희곡 등을 직접 써서 계속 손자들에게 보내지만, 폴란드어 번역이 없을 경우 손자들이 읽기를 꺼려하여 이해하지도 못하는 것이 불만이라 한다.

[그림 4-66] 카라임인 마리올라 압코비치 씨

- 거주 경력: 폴란드의 브로츠와프(Wrocław)에서 출생하여 같은 곳에서 거주하고 있다. 어렸을 때 여름 방학을 트라카이에서 보냈다.
- 언어 사용 상황: 가정과 사회에서 폴란드어를 사용한다. 어렸을 때에는 어머니와 카라임어로 대화하였다. 현재는 카라임어를 모두 알아듣지만 구사하지는 못한다.
- 조사 내용: 폴란드 내 카라임족을 중심으로 한 각종 정보 (2시간에 걸쳐 러시아어로 인터뷰)

(4) 유제프 피르코비치 (Juzef FIRKOVIČ, Juzef FIRKOWICZ, 73세, 1934년생, 남)
 - 민족: 카라임족
 - 직업: 전직 건축기사 (1994년 퇴직)
 - 학력: 대졸
 - 가족 사항: 1남 1녀, 친손녀 2명 외손자 1명, 배우자(크림 카라임족, 모스크바 출신), 며느리도 크림 카라임족. 마르크 라브리노비치(Mark Lavrinovič)의 사돈 (딸이 마르크 라브리노비치의 며느리임)

- 거주 경력: 트라카이에서 출생하여 1~3학년은 리투아니아어 학교, 4~5학년은 폴란드어 학교, 6~8학년은 러시아어 학교에 다닌 뒤에 빌니우스에서 건설직업학교에 다녔는데 리투아니아어로 수업을 받았다. 5년 동안 카우나스(Kaunas)종합공과대학교에 다녔는데 역시 리투아니아어로 수업을 받았다. 빌니우스로 발령이 나서 그곳으로 이주하여 퇴직할 때까지 거주하였다. 퇴직한 뒤에는 트라카이에서 거주하고 있다.

- 언어 사용 상황: 8살까지 가정 생활에서 카라임어 사용하였다. 13년간 자기 가족에 의존해 살았지만 나중에 가족을 떠난 뒤 모어를 사용하지 못했다(이러한 이유로 자료제공인이 되기를 꺼려했다). 1987년에 어머니가 사망할 때까지 어머니와는 카라임어를 사용했다. 부인, 자녀와는 러시아어를 사용한다. 부인이 카라임어를 모르기 때문에, 자녀에게 많은 언어를 배우는 부담을 주지 않으려 했는데, 지금에 와서는 자녀에게 카라임어를 가르치지 않은 것을 후회하고 있다. 직장에서는 예전에는 공식적으로는 러시아어를 사용히였고, 나중에는 리투아니아어를 사용했다. 대부분의 동료나 손님과는 폴란드어를 사용하고, 결혼식에서는 카라임어를 사용한다.

- 조사 내용: 어휘 약 800개(1~2급), 기초회화 184개

[그림 4-67] 카라임인 유제프 피르코비치 씨

(5) 마르크 라브리노비치 (Mark LAVRINOVIČ, Marek LAWRINOWICZ, 69세, 1938년생, 남)
- 민족: 카라임족
- 직업: 전자공학기사
- 학력: 대학원졸(박사)
- 가족 사항: 1남 1녀, 친손자 1명(카라임어를 유창하게 구사), 배우자(카라임족). 유제프 피르코비치의 사돈(유제프 피르코비치의 딸이 며느리임)
- 거주 경력: 트라카이에서 출생하여 초등·중등학교를 다녔는데, 리투아니아어를 전혀 배우지 않았다. 빌니우스종합공과대학교 전자공학대학에 다니며 러시아어로 수업을 받았다. 리투아니아국립학술원 전자공학연구소 관리실험실 연구원으로 근무하였다. 빌니우스에서 거주하고, 트라카이에서는 여름에만 지낸다.
- 언어 사용 상황: 가정에서는 카라임어만 사용하고 직장에서는 러시아어를 사용한다. 거리에서는 때때로 필요할 경우 리투아니아어, 폴란드어 사용하는데, 사용하기 싫어한다. 그 밖의 경우에는 될 수 있는 한 카라임어를 사용하려고 노력한다.
- 조사 내용: 어휘 약 2,000개, 기초회화 344개, 문법 항목 380개, 자유발화

[그림 4-68] 카라임인 마르크 라브리노비치 씨

○ **언어의 특성**

카라임어는 튀르크어파의 서북(킵차크) 그룹에 속한다. 오랫동안 다수의 이민족 사이에서 소수민족으로 살아왔기 때문에 통사 구조가 주변의 언어와 같게 바뀌었다. 이렇게 통사 구조가 바뀐 언어로 가가우즈어도 있다.

[그림 4-69] 카라임족의 전통 음식 크븐(kybyn)

3.6. 바시키르어(Bashkir)

3.6.1. 언어 개관

바시키르족은 러시아연방의 바시코르토스탄공화국을 중심으로 타타르스탄 및 인근 지역, 카자흐스탄, 우즈베키스탄에 거주한다. 러시아에 1,673,389명, 바시키르어를 아는 사람은 1,379,727명(2002년), 카자흐스탄에 23,224명(1999년) 있었다.

쿠바칸(Kuvakan, 동부) 방언, 유르마트(Jurmaty, 남부) 방언, 부르잔(Burzhan, 서북) 방언 등 세 방언으로 나뉜다. 쿠바칸 방언은 Mountain

Bashkir, 유르마트 방언은 Steppe Bashkir, 부르잔 방언은 Western Bashkir로도 불린다. 유르마트 방언 사용자가 가장 많으며, 이 방언을 중심으로 문어가 형성되었다. 서북 방언은 타타르어와 가장 비슷하다.

바시키르어는 타타르어, 카자흐어, 카라칼파크어, 노가이어, 크림 타타르어, 카라차이-발카르어, 쿠므크어, 카라임어 등과 함께 튀르크어의 큽차크(Kypchak) 그룹에 속한다. 타타르어와 매우 비슷한데, 튀르크어파의 다른 언어들과 비교할 때 바시키르 문어에서는 다음과 같은 음운 변화가 있다.

[s] 〉 [h] (낱말과 접미사/어미의 어두에서), [s] 〉 [θ] (어중과 어말에서), [z] 〉 [ð], [č] 〉 [s], [o] 〉 [u], [ö] 〉 [ü] 등등.

[그림 4-70] 바시키르족의 민족 영웅 살라와트(Salawat)상 (우파)

[그림 4-71] 시바이(Sibaj)의 계통수 축전

3.6.2. 현지 조사 개황

○ **조사 기간**: 2007년 8월 5~25일 (실제 조사 기간: 2007년 8월 7~16일, 19~21일)

○ **조사 장소**: 러시아연방 바시코르토스탄공화국

- 우파(Ufa)시 'Tourist' 호텔 203호 (8월 7일)
- 우파시 ul. Khalturin, 49/64 (8월 8~9일)
- 가푸리(Gafurij)지구, 크라스노우솔스크(Krasnousol'sk) 요양지 (ul. Jubilejnaja 15/13) (8월 10~13일)
- 알셰이(Al'shej)지구, 라옙카(Rajevka) 마을 문화부 (8월 14~16일)

- 아브젤릴(Abzelil, Äbjälil)지구, 아스카로보(Askarovo, Asqar) 마을 (ul. Jubilejnaja 33/1). 'Jubilejnaja' 호텔 (8월 19~20일)
- 우파시 '아이굴(Ajgul)' 호텔 405호 (8월 21일)

○ **조사 참가자**: 이용성(총괄, 전사), 양재민(녹음), 도정업(녹화), 김건숙(통역, 8월 5~10일, 23~24일), 릴리아나 아흐메토브나 사피울리나(Liliana Akhmetovna SAFIULLINA, 통역, 8월 10~14일), 릴리야 리모브나 아흐메토바(Lilija Rimovna AKHMETOVA, 통역, 8월 14~22일)

○ **협력자**: 피르다우스 길밋디노브나 히사밋디노바(Firdaus Gil'mitdinovna KHISAMITDINOVA, 러시아학술원 우파(Ufa)학술센터, 역사·언어·문학연구소 소장)

○ **자료제공인 / 조사 내용**

(1) 플류라 아디가모브나 가리포바(Fljura Adigamovna GARIPOVA, 67세, 1940년생, 여)
- 민족: 바시키르족
- 직업: 병원 직원

[그림 4-72] 바시키르인 플류라 가리포바 씨

- 학력: 고졸
- 가족 사항: 1남 1녀(사위는 바시키르족, 며느리는 타타르족), 손자 2명 손녀 1명(아들: 1남 1녀, 딸: 1남), 배우자(타타르족, 2년 전 사망)
- 거주 경력: 쿠가르친(Kugarchin)지구 제1 율드바예보(Juldybajevo)라는 바시키르족 마을에서 출생하여 10학년까지 18년 간 거주하였다. 1958~1984년에 우파에 거주하였다. 카자흐스탄의 카라간다에 거주한 적이 있고, 자식들이 우파에서 대학을 졸업하였다. 현재 우파에 거주하고 있다.
- 언어 사용 상황: 가정에서는 바시키르어와 타타르어를 사용하고, 직장에서는 러시아어를 쓴다. 대화 상대에 따라 바시키르어, 러시아어, 타타르어 사용한다. 유르마트(남부) 방언 중 이이크-하크마르(Ějěk-Haqmar) 하위 방언 화자이다.
- 조사 내용: 어휘 1~4급 (2683번까지 조사*, 1~2급 14개, 3급 91개, 4급 46개 외에 모두 대답), 기초회화 344개, 문법 항목 380개

(2) 굴시라 가이넷디노브나 다블렛바예바(Gul'sira Gajnetdinovna DAVLETBAJEVA, 58세, 1949년생, 여)

[그림 4-73] 바시키르인 굴시라 다블렛바예바 씨

* 우파를 떠날 때 미처 마치지 못한 부분은 나중에 우파에 돌아오면 마치기로 약속하였지만, 우파에 돌아왔을 때 자료제공인에게 연락해도 응답이 없어서 조사할 수 없었다. 그리고 자료제공인은 병원에서 야간 근무를 하고 오기 때문에 지쳐서 미처 대답하지 못한 것들이 꽤 있다.

- 민족: 바시키르족
- 학력: 협동조합 직업기술학교(Kooperativnyj tekhnikum) 졸업
- 가족 사항: 자녀 3명, 배우자(바시키르족, 사망)
- 거주 경력: 쿠가르친(Kugarchin)지구 약심베토보(Jakshimbetovo)라는 바시키르족 마을에서 출생하여 1966년까지 거주하였다. 현재 우파에서 거주하고 있다.
- 언어 사용 상황: 가정과 직장에서 바시키르어와 러시아어를 병용한다. 유르마트(남부) 방언 중 이이크-하크마르(Ĕjĕk-Haqmar) 하위 방언 화자이다.
- 조사 내용: 어휘 1~4급 (1~2급 3개, 3급 46개, 4급 31개 외에 모두 대답), 기초 회화 344개, 문법 항목 380개, 자유발화(자기소개)

(3) 미니자르 라시토브나 구바이둘리나(Minizar Rashitovna GUBAJDULLINA, 47세, 1960년생, 여)
- 민족: 바시키르족
- 직업: 재봉사
- 학력: 우파 영림장 직업기술학교(Ufimskij leskhoz tekhnikum) 졸업

[그림 4-74] 바시키르인 미니자르 구바이둘리나 씨

- 가족 사항: 1남 1녀, 배우자(바시키르족, 사망)
- 거주 경력: 가푸리(Gafurij)지구 라미얀(Lamijan) 마을에서 출생하였다. 이곳은 영림장이 있던 마을로서 많은 민족이 거주하고 있었는데 이 영림장이 해체되면서 마을이 사라지고 1980년에 크라스노우솔스키(Krasnousol'skij)로 이주하였다. 우파에서 직업기술학교에 다녔다. 현재 크라스노우솔스키에 거주하고 있다.
- 언어 사용 상황: 가정과 직장에서 바시키르어와 러시아어를 병용한다. 유르마트(남부) 방언 중 우르타(Urta '중앙') 하위 방언 화자이다.
- 조사 내용: 어휘 1~4급 (1~2급 13개, 3급 71개, 4급 78개 외에 모두 대답), 기초회화 344개, 문법 항목 380개, 자유발화(자기소개, 속담, 남편과의 만남, 요리)

(4) 구젤 누르갈레예브나 가델시나(Guzel' Nurgalejevna GADEL'SHINA, 47세, 1960년생, 여)

- 민족: 바시키르족
- 직업: 바시키르어 교사
- 학력: 대졸(사범대)
- 가족 사항: 1남(18세), 배우자(바시키르족)
- 거주 경력: 가푸리(Gafurij)지구와 이웃한 카르마스칼르(Karmaskaly, Qyrmyθqaly)지구의 니즈니튜쿤(Nizhnij Tjukun')이라는 바시키르족 마을에서 출생하였다. 1995년부터 크라스노우솔스키에서 거주하고 있다. 우파에서

[그림 4-75] 바시키르인 구젤 가델시나 씨

사범대에 다녔다.

- 언어 사용 상황: 가정에서는 바시키르어를 쓰고, 직장에서는 바시키르어와 러시아어를 병용한다. 유르마트(남부) 방언 중 우르타(Urta) 하위 방언 화자이다.
- 조사 내용: 어휘 1~4급 (1~2급 12개, 3급 61개, 4급 48개 외에 모두 대답), 기초회화 344개, 문법 항목 380개, 자유발화(자기소개, 자기 마을 소개)*

(5) 랴이산 아부바키로브나 이스쿠지나(Ljajsan Abubakirovna ISKUZHINA, 25세, 1982년생, 여)**

- 민족: 바시키르족
- 직업: 언론인
- 학력: 대졸
- 가족 사항: 출산 예정, 배우자(바시키르족, 군복무 중)
- 거주 경력: 가푸리(Gafurij)지구의 율루코보(Julukovo)라는 바시키르족만

* 지난 6년 동안의 언어 조사 중 가장 빠르게 대답한 사람이었다. 1, 2급 어휘를 조사할 때에는 1시간에 690여 개의 어휘에 대답하여 미처 다 받아 적기가 힘들 정도였다.

** 이 자료제공인은 우리가 크라스노우솔스키에서의 일정을 마치고 라옙카로 떠나기 직전에 우리를 취재하러 찾아 왔다. 자신의 방언이 우르타(Urta) 하위 방언 중에서도 아주 특이하다고 하기에 특별히 24분 동안 조사한 것이다. 미처 녹화는 할 수 없었고 녹음만 하였다.

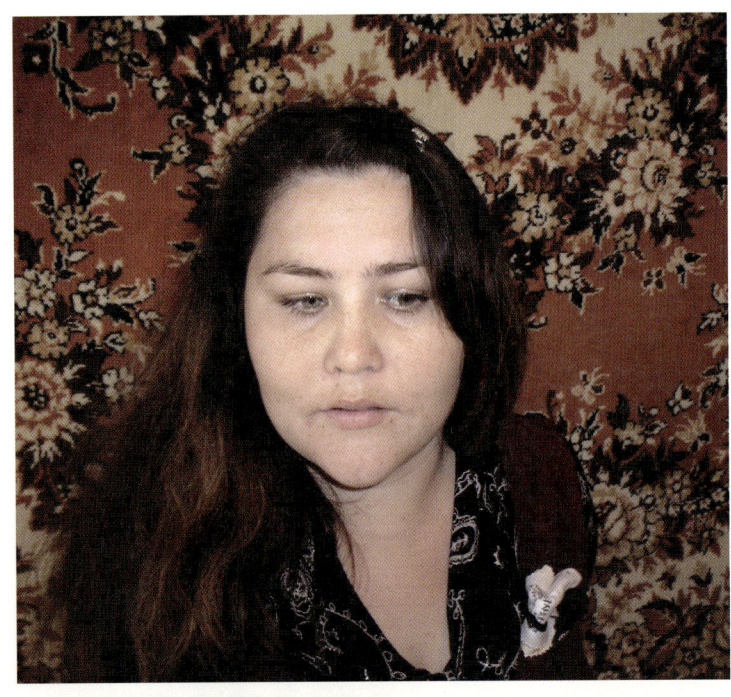

[그림 4-76] 바시키르인 랴이산 이스쿠지나 씨

거주하는 마을에서 출생하여 학교에 다녔다. 1999~2004년에는 스테를리타마크(Sterlitamak)에서 대학교에 다녔고, 1년간 우파에 거주하였다. 2005년부터 크라스노우솔스키에서 거주하고 있다.
- 언어 사용 상황: 가정에서는 바시키르어와 러시아어를 섞어 쓰고, 직장에서는 주로 러시아어를 사용한다. 유르마트(남부) 방언 중 우르타(Urta) 하위 방언 중 질린 하위 방언(Zilinskij podgovor) 화자이다.
- 조사 내용: 문법 항목 101개(1~101번), 자유발화(자기소개, 강 이름 관련 전설)

(6) 불랴크 바트르가레예브나 샤쿠로바(Buljak Batyrgarejevna SHAKUROVA, 62세, 1945년생, 여)
- 민족: 바시키르족
- 직업: 보험원(1995년 퇴직)
- 학력: 중졸
- 가족 사항: 3남 3녀(1남 1녀 사망), 배우자(바시키르족, 사망)
- 거주 경력: 알셰이(Al'shej)지구의 수라이(Suraj)라는 바시키르족만 거주하는

[그림 4-77] 바시키르인 불랴크 샤쿠로바 씨

마을에서 출생하여 17세까지 살았다. 그 후 같은 지구의 카르므시(Karmysh) 마을에서 계속 거주하고 있다.

- 언어 사용 상황: 가정에서는 바시키르어, 직장에서는 주로 러시아어를 사용한다. 유르마트(남부) 방언 중 딤(Dim) 하위 방언 화자이다.
- 조사 내용: 어휘 1~4급 (1~2급 7개, 3급 64개 외에 모두 대답. 4급은 선택한 165개* 중 6개 대답 못함), 기초회화 344개, 문법 항목 380개, 자유발화(자기소개, 바시키르 음식 소개)

(7) 일센 무갈리모비치 미르하이다로프(Il'sen Mugallimovich MIRKHAJDAROV, 71세, 1936년생, 남)

- 민족: 바시키르족
- 직업: 예술인(코브즈(kobyz) 연주자) (야쿠트어로는 호무스(khomus))
- 학력: 중졸
- 가족 사항: 1남(1978년생) 1녀(1975년생), 배우자(바시키르족)
- 거주 경력: 아브젤릴(Abzelil, Äbjälil)지구 아스카로보(Askarovo, Asqar) 마을에서 태어나서 자랐고, 여전히 이곳에 거주하고 있다. 이 마을 주민은 대부

* 협력자인 히사밋디노바 선생님이 일정을 굉장히 빡빡하게 짜 놓았기 때문에 어휘를 모두 조사할 시간이 없었다.

[그림 4-78] 바시키르인 일센 미르하이다로프 씨

분 바시키르족이고 극소수의 러시아인, 타타르족, 우크라이나인이 있다. 톰스크와 이르쿠츠크에서 거주한 적이 있고, 1986년부터 5년 동안 하바롭스크주(kraj)에 거주하였다. 해외 공연 때 오스트리아, 영국, 터키에 간 적이 있다.

- 언어 사용 상황: 가정에서는 바시키르어를 사용하고, 직장에서는 바시키르어와 러시아어를 병용한다. 쿠바칸(동부) 방언 중 크즐(Kyzyl=Qyðyl) 하위 방언 화자이다.
- 조사 내용: 어휘 1~908번* (1~2급 10개 외에 모두 대답. 3급은 선택한 98개 모두 대답함), 기초회화 344개, 문법 항목 380개, 자유발화(자기소개, 외국 공연 경험, 자신이 지은 2행 연시, 바시키르 역사)

(8) 바히트 구자이로비치 카말로프(Vakhit Guzairovich KAMALOV, 47세, 1960년생, 남)
 - 민족: 바시키르족
 - 직업: 무대 감독

[그림 4-79] 바시키르인 바히트 카말로프 씨

* 자료제공인의 건강이 좋지 않아 오랜 시간 조사할 수 없었다. 그래서 제8자료제공인인 카말로프 씨도 짧은 시간 동안 조사하게 되었다.

- 학력: 스테를리타마크 문화기술학교(Sterlitamakskij kul'tprosvet tekhnikum) 졸업
- 가족 사항: 1녀, 배우자(바시키르족)
- 거주 경력: 아브젤릴(Abzelil, Äbjälil)지구 아만길데(Amangil'de) 마을에서 태어나서 자랐고, 여전히 이곳에 거주하고 있다. 이 마을에는 바시키르족, 타타르족, 러시아인이 살고 있다. 마그니토고르스크, 스테를리타마크, 아스카로보에 거주한 적이 있다. 축제 때 도이칠란트, 오스트리아에도 간 적이 있다.
- 언어 사용 상황: 가정과 직장에서 바시키르어를 사용한다. 쿠바칸(동부) 방언 중 크즐(Kyzyl=Qyðyl) 하위 방언 화자이다.
- 조사 내용: 어휘 1~2급, 3급과 4급은 선택하여 조사 (1~2급 8개 외에 모두 대답. 3급 335개 중 6개 외에 모두 대답. 4급은 9개 중 2개 대답 못함), 기초회화 344개, 문법 항목 380개, 자유발화(자기소개, 노래, 속담, 수수께끼, 바시코르토스탄의 자연, 사냥 관련 이야기)

[그림 4-80] 바시키르어 조사 장면

[그림 4-81] 라옙카의 한 마을 풍경

○ **언어의 특성**

바시키르어는 크게 쿠바칸(동부)(Kuvakan) 방언, 유르마트(남부)(Jurmaty) 방언, 부르잔(서북)(Burzhan) 방언으로 나뉘고, 각각 다음과 같은 하위 방언이 있다.

방언	하위 방언
쿠바칸(동부)(Kuvakan) 방언	아이(Aj), 아르가야슈(Argajash), 살류트(Saljut), 미애스(Mĕjäs, Miass), 크들(Qyðyl, Kyzyl)
유르마트(남부)(Jurmaty) 방언	이이크-하크마르(Ĕjĕk-Haqmar, Ik-Sakmar), 우르타(Urta '중앙'), 딤(Dim, Djom)
부르잔(서북)(Burzhan) 방언	개이내(Ġäjnä, Gajna), 니즈네벨(Nizhnebel' '하류 벨'), 카리딜(Qariðel, Karaidel' '검은 볼가'), 타느프(Tanyp), 스레드네우랄(Sredneural' '중류 우랄')[8]

<표 4-6> 바시키르어의 방언 분류

각 방언의 음운적 특징은 다음과 같다.

(1) 쿠바칸 방언

① 접미사/어미의 어두 자음에서 자음 동화 현상이 있다.

attar '말(馬)들', ildär '나라들'. qïrðar '들판들'. yĕldĕ '두드러진, 현저한', attï '말(馬)이 있는', žäyäwðĕ '도보의'. dandïq '용기(勇氣)', qarttïïq '노령, 노년', qïrðïq '명아주 씨'. höyðä- '말하다', ĕštä- '일하다', yïrða- '노래하다', yŏqta- '잠자다'

② 어두에서는 y 대신에 주로 ž가 사용된다.

žäy '여름', žïy- '모으다'

③ 순음 조화가 없다.

bŏyïq '슬픈', bŏyĕk '큰, 위대한' 등.

(2) 유르마트 방언

① 복수 어미 -lar, -nar, 접미사 -lï, -nï. -lïq, -nïq. -law, -naw가 사용된다. 즉 비음 다음에만 n이 있는 형태가 사용되고 그 밖의 경우에는 l이 있는 형태가 사용된다.

atlar '말(馬)들', bolonnar '목초지들'. yĕllĕ '두드러진, 현저한', yäyäwlĕ '도보의'. qartlïq '노령, 노년'

② 어두에서는 주로 y가 사용된다.

yäy '여름', yïy- '모으다'

③ 순음 조화가 있다.

bŏyŏq '슬픈', bŏyŏk '큰, 위대한' 등.

(3) 부르잔 방언

① 공통 튀르크어의 č에 대하여 s와 č가 나란히 사용된다.

sibär~čibär '아름다운'

② 공통 튀르크어의 y에 대하여 y와 ž가 나란히 사용된다.

yawïn~žawïn '비(雨)'

[그림 4-82] 우랄산맥 기슭

③ 공통 튀르크어의 어두음 s가 보존되어 있다(쿠바칸 방언과 유르마트 방언에서는 h로 바뀌었다).

sülä- '말하다', särä- '끌다, 당기다'

④ 공통 튀르크어의 z에 대하여 z와 ð가 나란히 사용된다(주로 ð가 사용된다).

qïzïl~qïðïl '붉은', zur~ður '큰' 등.

문어에서 복수 어미가 모음 뒤에서는 -lar/-lär로, l, m, n, ŋ, ž, z 뒤에서는 -dar/-där로, ð, r, w, y 뒤에서는 -ðar/-ðär로, 무성 자음 뒤에서는 -tar/-tär로 되는데, 제5자료제공인인 이스쿠지나 씨의 방언에서는 언제나 -lar/-lär로 실현되는 등 음운적으로 많은 차이가 있음을 확인할 수 있었다. 딤(Dim) 하위 방언을 구사하는 제6자료제공인 샤쿠로바 씨의 경우에 문어의 h- (< s-)에 대하여 언제나 θ를 사용하였는데, 중앙아시아의 투르크멘어도 이러한 특징이 있다. 쿠바칸

방언의 크즐(Kyzyl) 하위 방언을 구사하는 제7자료제공인 미르하이다로프 씨와 제8자료제공인 카말로프 씨의 경우에 문어의 접미사 어두에 있는 자음 l-이 앞의 자음에 따라 l-/n-(비음 뒤)/d-/ð-/t- 등으로 실현되는 것을 확인할 수 있었다.

3.7. 추바시어(Chuvash)

3.7.1. 언어 개관

추바시어는 공통 튀르크어(Common Turkic)의 /z/과 /š/에 각각 /r/과 /l/을 지니는 등의 특징을 지니고 있어서 별도의 그룹을 이루는데 이 그룹에는 추바시어만 있다. 따라서 추바시어는 튀르크조어(Proto-Turkic)가 아니라 이것의 자매어라 할 수 있는 불가르조어(Proto-Bulgarian)에서 발전한 언어이다. 이 점을 고려하면 추바시어를 포함하는 언어들을 추바시-튀르크어파이라 부르는 것이 더 타당하다. 공통 튀르크어의 /z/과 /š/에 각각 /r/과 /l/을 지니는 볼가 불가르어(13~14세기)는 추바시어의 전단계라 할 수 있다.

2002년 러시아 인구 조사에 따르면 추바시족은 1,637,094명, 추바시어를 아는 사람은 1,325,382명이다. 2001년 우크라이나 인구 조사에 따르면 10,593명의 추바시족 중 모어 사용자가 2,268명이다. 추바시어는 에스토니아, 카자흐스탄, 키르기스스탄, 우즈베키스탄 등에서도 사용된다. 추바시족의 절반가량은 러시아의 추바시공화국에서 살고 있다. 추바시족은 러시아 정교를 믿는데, 볼가 불가르인은 이슬람교를 믿었다. 추바시어는 비리얄(Viryal '위쪽의') 방언과 아나트리(Anatri '아래쪽의') 방언으로 대별되는데, 문어의 토대가 된 것은 아나트리 방언이다.

3.7.2. 현지 조사 개황

○ **조사 기간**: 2007년 8월 22일(115분)
○ **조사 장소**: 러시아연방 바시코르토스탄공화국 우파시 '아이굴(Ajgul')' 호텔 405호
○ **조사 참가자**: 이용성(총괄, 전사), 양재민(녹음), 도정업(녹화), 릴리야 리모브나 아흐메토바(Lilija Rimovna AKHMETOVA, 통역)
○ **협력자**: 피르다우스 길밋디노브나 히사밋디노바(Firdaus Gil'mitdinovna KHISAMITDINOVA, 러시아학술원 우파(Ufa)학술센터, 역사·언어·문학연구소 소장)
○ **자료제공인**: 이고리 게오르기예비치 페트로프(Igor' Georgijevich PETROV, 45세, 1962년생, 남)
  – 민족: 추바시족

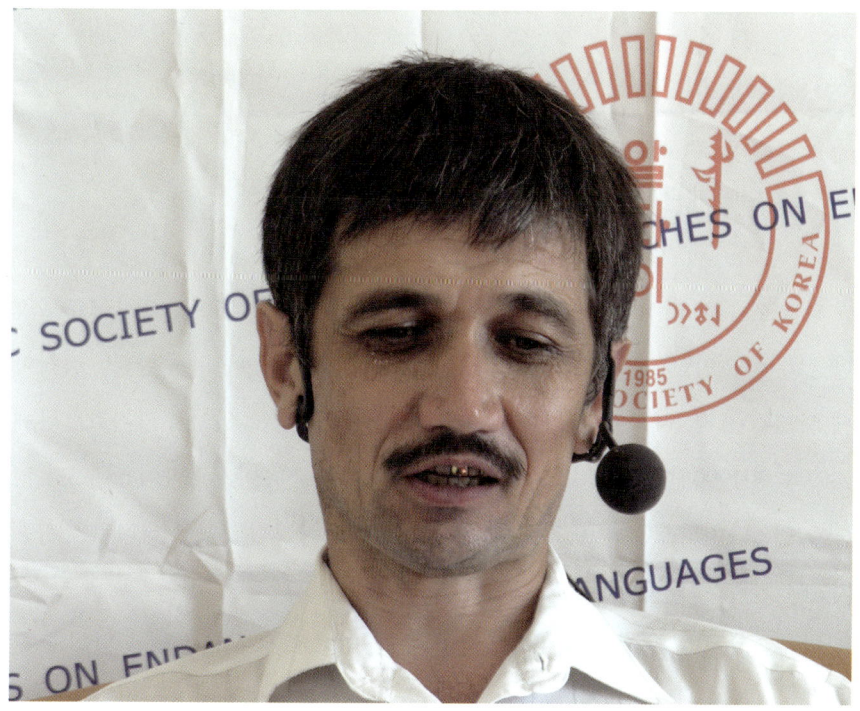

[그림 4-83] 추바시인 이고리 페트로프 씨

- 직업: 민속학자
- 학력: 대졸(국립 바시키르 사범대학교 졸업)
- 가족 사항: 자녀 2명, 배우자(추바시족)
- 거주 경력: 비즈불략크지구(Bizhbuljakskij rajon) 코시옐가(Kosh-Jelga) 마을에서 태어나 1979년까지 살았다. 후에 우파로 이주하여 지금까지 거주하고 있다. 코시옐가 마을에는 추바시족, 러시아인, 타타르족 거주하고 있다.
- 언어 사용 상황: 가정에서는 추바시어와 러시아어를 병용하고, 직장에서는 러시아어를 쓴다.

○ 조사 내용

어휘 1~2급, 3급은 선택하여 조사(1~2급은 40개 외에 모두 대답. 3급은 42개 중 1개 대답 못함), 자유발화(옛날이야기)

○ 언어의 특성

추바시어는 공통 튀르크어와 비교할 때 /z/에 대하여 /r/, /š/에 대하여 대개 /l/이 대응하고 어두의 /y/가 /ś/로 바뀌는 등 매우 다른 특징을 지니고 있다.

3.8. 타타르어(Tatar)

3.8.1. 언어 개관

타타르족은 러시아연방의 타타르스탄공화국을 중심으로 바시코르토스탄공화국과 인근 지역, 카자흐스탄, 키르기스스탄 등에 거주한다. 러시아에 5,554,601명, 타타르어를 아는 사람은 5,347,706명(2002년), 카자흐스탄에 248,952명(1999년), 키르기스스탄에 45,438명(1999년[*]), 아제르바이잔에 3만 명(1999년), 타지키스탄에 19,000명(2000년) 있었다. 바시키르족 중 타타르어 사용자가 37만 명 정도 된다.

타타르어는 크게 카잔(중부)(Kazan) 방언, 미셰르(서부)(Misher) 방언과 시베리아(동부) 방언으로 나뉘는데, 시베리아 방언에는 **Tobol-Irtysh, Baraba,**

---

* 1989년 인구 조사 자료를 보면 타타르족은 6,645,588명, 타타르어를 모어로 사용하는 사람은 5,715,000명이었다. Ethnologue(2009)의 자료를 보면 타타르족의 수는 6,496,600명이다.

Tom이 있고, 그 중에서 Tobol-Irtysh 방언의 하위 방언으로는 Tyumen, Tobol, Zabolotny, Tevriz, Tara(Tumasheva)가 있다. 카잔 방언을 중심으로 문어가 형성되었다.

타타르어는 바시키르어, 카자흐어, 카라칼파크어, 노가이어, 크림 타타르어, 카라차이-발카르어, 쿠므크어, 카라임어 등과 함께 튀르크어의 킵차크(Kypchak) 그룹에 속한다. 바시키르어와 매우 비슷하다.

3.8.2. 현지 조사 개황

○ **조사 기간**: 2007년 8월 22일(137분)
○ **조사 장소**: 러시아연방 바시코르토스탄공화국 우파시 '아이굴(Ajgul')' 호텔 405호
○ **조사 참가자**: 이용성(총괄, 전사), 양재민(녹음), 도정업(녹화), 릴리야 리모브나 아흐메토바(Lilija Rimovna AKHMETOVA, 통역)
○ **협력자**: 피르다우스 길밋디노브나 히사밋디노바(Firdaus Gil'mitdinovna KHISAMITDINOVA, 러시아학술원 우파(Ufa)학술센터, 역사·언어·문학연구소 소장)
○ **자료제공인**: 질랴 민니야로브나 다블렛시나(Zilja Minnijarovna DAVLETSHINA, 54세, 1953년생, 여)
  - 민족: 타타르족*
  - 직업: 민속학자
  - 학력: 대학원졸(국립바시키르대학교 졸업, 역사학 박사)
  - 가족 사항: 1녀, 배우자(바시키르족)
  - 거주 경력: 우파에서 태어나서 자랐고, 지금까지 우파에서만 거주하고 있다. 우파에는 러시아인, 타타르족, 바시키르족을 비롯하여 수많은 민족이 거주하고 있다.
  - 언어 사용 상황: 가정에서는 타타르어, 러시아어와 바시키르어를 사용하고, 직

* 자료제공인은 스스로에 대하여 카잔 타타르족과는 다른 여러 갈래의 타타르족 및 여러 다른 민족의 혼혈이라 하였다.

[그림 4-84] 타타르인 질랴 다블렛시나 씨

장에서는 러시아어와 바시키르어를 사용한다.

○ **조사 내용**

어휘 1~2급 (78개 대답 못함), 자유발화(자기소개, 바시코르토스탄에 사는 타타르 사람들)

○ **언어의 특성**

자료제공인의 언어 자료에서는 타타르 문어의 č에 대하여 카자흐어처럼 š가 사용되는데, 카자흐어와는 달리 š가 s로 바뀌지 않고 유지되고 있는 것을 볼 수 있었다. 자료제공인은 타타르어보다는 러시아어를 더 잘 구사하는 듯하였다.

3.9. 하카스어(Khakas)

3.9.1. 언어 개관

하카스족은 러시아연방의 하카스공화국(하카시야 **Khakasija**)를 중심으로 거

[그림 4-85] 서낭당 비슷한 사르츤(Sarchyn: 말 매는 말뚝)과 예를 올리는 하카스인

주한다. 2002년 러시아 인구 조사를 보면, 하카스족의 인구는 75,622명, 하카스어를 아는 사람은 52,217명이었다.

하카스어는 크게 사가이(**Sagai**) 방언, 카차(**Kacha**) 방언, 쇼르(**Shor**) 방언, 크즐(**Kyzyl**) 방언으로 나뉜다. 사가이 방언과 카차 방언이 문어의 토대가 되었다. 예전에는 벨티르(**Beltir**) 방언과 코이발(**Koibal**) 방언도 있었지만, 벨티르 방언은 사가이 방언에, 코이발 방언은 카차 방언에 흡수되었다.

하카시야는 중앙아시아 키르기스족의 조상이 살던 땅이다. 중국 당나라의 문헌에서는 이 키르기스족을 한자로 '黠戛斯'라고 부정확하게 기록하였는데, 이 중국어 명칭은 '하카스'로 읽혀서 소련 성립 이후 통합된 이 지역의 여러 종족의 공통 명칭이 되었다. 대부분이 러시아어를 병용한다.

러시아연방의 구성 주체인 하카스공화국은 남부 시베리아, 즉, 서부 사얀산맥의 북부와 예니세이강의 상류 지역에 위치한다. 러시아인, 하카스인, 독일인, 우

[그림 4-86] 아바칸의 거리 풍경

크라이나인을 비롯하여 100여 개의 민족이 살고 있다. 인구는 2002년 인구 조사에 따르면 546,072명이었는데, 80.3%는 러시아인, 12%는 하카스인, 1.7%는 독일인, 1.5%는 우크라이나인이었다. 즉, 하카스인 스스로가 자신의 땅에서 소수민족 신세인 것이다.

러시아어와 하카스어가 공용어로 지정되어 있지만, 수도 아바칸의 거리를 보면 표지판이 모두 러시아어로만 되어 있고, 특히 도시에 거주하는 하카스인 중에는 모어를 잘 구사하지 못하는 사람이 많다.*

3.9.2. 현지 조사 개황

○ **조사 기간**: 2008년 7월 30일~8월 21일 (실제 조사 기간: 2008년 8월 2~16일, 18일)

* 우리 조사팀이 하루 머물렀던 말로-코베지코보(Malo-kobezhikovo, Khyzyl aal '붉은 마을')라는 마을의 경우, 70여 가구 340여 명 주민 거의 대부분이 하카스족(Kacha)이었는데도, 어른들은 러시아어와 하카스어 카차 방언을 구사한 반면 아이들은 오직 러시아어로만 대화하였다.

[그림 4-87] 코이발리 마을에서 조사 장면

○ **조사 장소**: 러시아연방 하카스공화국

 - 아바칸(Abakan)시 'Abakan' 호텔 208호 (8월 2~4일, 7~11일, 13~16일, 18일)

 - 체르노고르스크(Chernogorsk)시 'Chernogorsk' 호텔 412호 (8월 5~7일)

 - 베야(Beja)지구 코이발리(Kojbaly) 마을 (8월 12일)

 - 아스키스(Askiz)지구 압치나예프(Apchinajev) 마을 (8월 12일)

 - 시라지구(Shira)지구 초르노예 오제로(Chjornoje ozero) 마을 (8월 18일)

○ **조사 참가자**: 이용성(총괄, 전사), 양재민(녹음), 박현덕(녹화), 김건숙(통역)

○ **협력자**: 타마라 게라시모브나 보르고야코바(Tamara Gerasimovna BORGOJAKOVA, 국립하카스대학교 사얀-알타이 뒤르크학연구소 소장)

○ **자료제공인 / 조사 내용**

(1) 일리야 프로코피예비치 토포예프(Il'ja Prokop'jevich TOPOJEV, 54세, 1954년생, 남)

 - 민족: 하카스족(사가이(Sagai)족의 호브이(Khobyj) 씨족)

- 직업: 작가(하카스 민족 신문에서 25년 동안 근무한 뒤 2008년 봄에 퇴직)
- 학력: 대졸
- 가족 사항: 1남 1녀, 배우자: 하카스족(사가이족)
- 거주 경력: 아스키스(Askiz)지구 우스티-예시(Ust'-Jes') 마을에서 태어나 1972년까지 거주하였다. 1972~1974년에 추콧카에서 군복무를 하였다. 1975~1976년에 아바칸에서 신발 공장에 근무하였고, 1976~1977년에 아바칸의 국립하카스대학교에 다녔다. 1977~1982년에 모스크바의 고리키문학대학(Literaturnyj institut)에 다녔다. 1982년 이후 아바칸에 거주하고 있다.

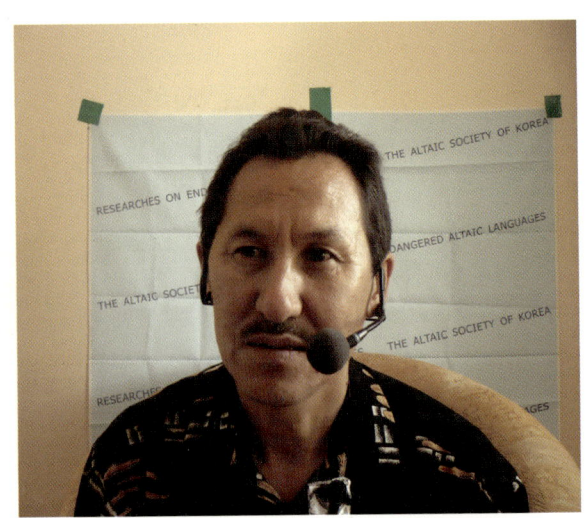

[그림 4-88] 하카스인 일리야 토포예프 씨

- 언어 사용 상황: 가정에서는 하카스어와 러시아어를 사용하고, 직장, 즉 하카시야 작가 연맹에서는 하카스어를 주로 사용하지만, 대화 상대에 따라 하카스어와 러시아어를 병용한다. 사가이(Sagai) 방언 화자이다.
- 조사 내용: 어휘 1~4급, 기초회화 344개, 문법 항목 380개, 자유발화(자기소개)

(2) 올레크 페트로비치 슐바예프(Oleg Petrovich SHULBAJEV, 54세, 1954년생, 남)
 - 민족: 하카스족(쇼르(Shor)족)
 - 직업: 언론인(하카스어 신문사, 라디오 방송국에서도 근무했음), 전직 교사(타슈틉(Tashtyp)중학교에서 1년 러시아어, 하카스어 가르침)
 - 학력: 대졸
 - 가족 사항: 1남 2녀 (장녀 33세, 아들 29세, 차녀 25세. 모두 결혼했고, 배우자들은 하카스족(사가이족)), 손자 1명(아들에게서), 손녀 2명(차녀에게서), 배우

자: 하카스족(사가이족)

- 거주 경력:* 타슈톱(Tashtyp)지구 니즈니 시르(Nizhnij Sir) 마을에서 태어나 2살 때까지 거주하였다. 이곳 사람들은 사가이 방언과 쇼르 방언이 혼합된 하카스어를 사용하였다. 이곳에서 20km 정도 떨어진 같은 지구의 안출(Anchul) 마을로 이주하여 10학년(1970년)까지 거주하였다. 안출 마을 사람들의 대부분은 하카스어의 쇼르 방언을 사용하였다. 1970-1975년에 아바칸에서 사범대학에 다녔고, 1975~1976년에 타슈톱중학교에서 1년 동안 러시아어와 하카스어를 가르쳤다. 1976년에 아바칸에 와서 6개월 정도 편집실 근무한 뒤, 1977년 5월~1978년 12월에 야쿠티야에서 군복무를 하였다. 현재 아바칸에 거주하고 있다.

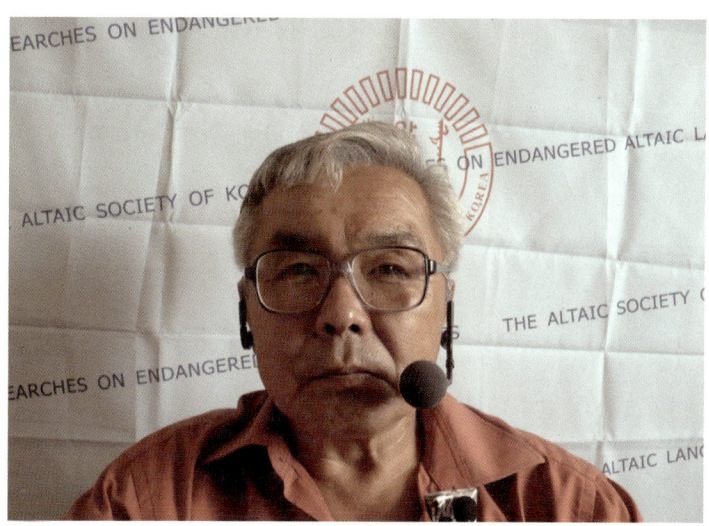

[그림 4-89] 하카스인 올레크 슐바예프 씨

- 언어 사용 상황: 가정에서는 하카스어(표준어)와 러시아어를 사용하고, 직장에서는 하카스어를 쓰며, 사회에서는 하카스어와 러시아어를 병용한다. 고향에 가거나 고향 사람들을 만나면 쇼르 방언을 사용한다.
- 조사 내용: 어휘 1~4급, 기초회화 344개, 문법 항목 380개, 자유발화(자기소개)

(3) 예카테리나 니콜라예브나 톨마체바(Jekaterina Nikolajevna TOLMACHEVA, 56세, 1952년생, 여)

- 민족: 하카스족(코이발(Koibal)족)
- 직업: 교사(영어, 아바칸의 직업전문학교 근무)
- 학력: 대졸

* 자료제공인은 자신의 선조가 17~18세기에 인근 케메로보(Kemerovo)주의 Gornaja Shorija에서 이주해 왔다고 말하였다.

- 가족 사항: 1남(1984년생), 배우자: 하카스족, 2004년 사망, 남편 성은 Mezhekov.
- 거주 경력: 베야(Beja)지구 코이발리(Kojbaly) 마을에서 태어나 10살까지 거주하였다. 할아버지는 러시아인이었다. 10~17살에 아바칸 인근의 체르노고르스크에 살면서 학교에 다녔다. 현재 아바칸에 거주하고 있다.
- 언어 사용 상황: 가정에서는 러시아어를 사용하고, 사회에서는 러시아어와 하카스어를 병용한다. 하카스어를 할 줄 아는 하카스인과는 하카스어로, 러시아어를 하는 하카스인과는 러시아어로 대화한다. 카차 방언 중 코이발 하위 방언 화자이다.
- 조사 내용: 어휘 1~817번 (1~2급, 3급 9개)

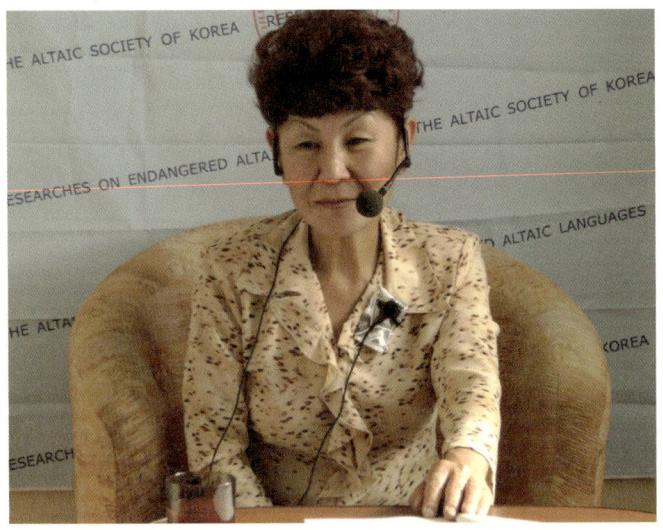

[그림 4-90] 하카스인 예카테리나 톨마체바 씨

(4) 발렌티나 페트로브나 얀굴로바(Valentina Petrovna JANGULOVA, 56세, 1952년생, 여)
  - 민족: 하카스족(카차(Kacha)족)
  - 직업: 농장원(젖짜는 사람)으로 근무, 연금 생활자
  - 학력: 중졸 (8학년 마침)
  - 가족 사항: 2남 1녀(장녀), 배우자: 하카스족(크즐(Kyzyl)족), 사망

- 거주 경력: 시라(Shira)지구 말로-코베지코보(Malo-kobezhikovo, Khyzyl aal(흐즐 아알) '붉은 마을')라는 하카스족(카차족) 마을에서 태어나 4학년까지 살았다. 트로슈킨(Troshkin) 마을에서 기숙사에서 지내며 5~8학년을 다니고 고향 마을로 돌아와 26살까지 지냈다. 26살에 초르노예 오제로(Chjornoje ozero, Khara köl(하라 쾰) '검은 호수')로 직장을 옮기고 남편을 만나 20년 거주하다가 남편이 죽은 뒤 고향 마을로 돌아와 살고 있다.
- 언어 사용 상황: 가정과 사회에서 하카스어 카차 방언과 러시아어를 병용한다. 직장에서는 러시아어를 쓴다. 원래는 크즐(Kyzyl) 방언 화자로 섭외되었으나, 카차 방언을 구사하다가 나중에 크즐 방언도 구사하게 된 경우이므로 조사를 오래하지 않았다.
- 조사 내용: 어휘 1~2급, 기초회화 1~203번, 자유발화(자기소개), 책 읽기

[그림 4-91] 하카스인 발렌티나 얀굴로바 씨

(5) 알렉산드르 스테파노비치 사모지코프(Aleksandr Stepanovich SAMOZHIKOV, 53세, 1955년생, 남)
- 민족: 하카스족(크즐(Kyzyl)족)
- 직업: 예술가(음악가), 전직 권투 선수

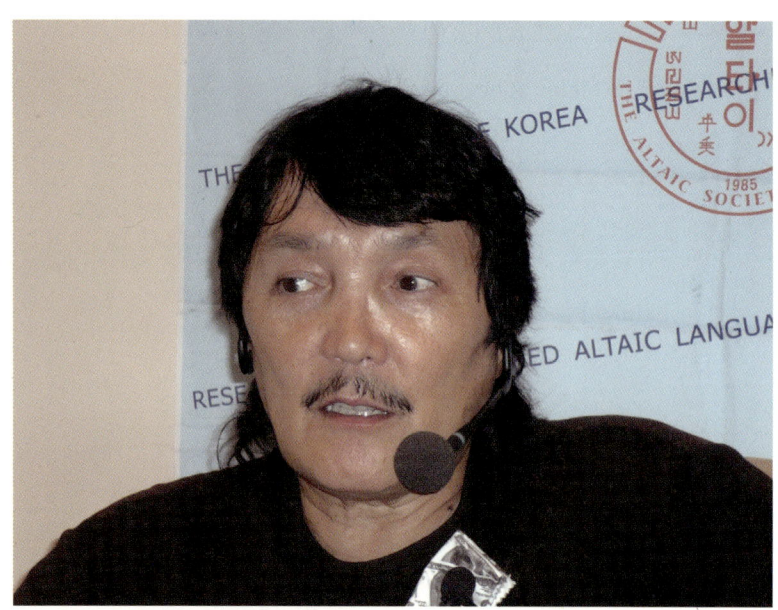

[그림 4-92] 하카스인 알렉산드르 사모지코프 씨

학력: 중졸(8학년 마침)
- 가족 사항: 전 배우자에게서 2녀, 손자 2명, 현 배우자에게서 2남 1녀. 전 배우자는 중앙아시아 키르기스스탄의 키르기스족, 현 배우자는 하카스족(카차족, **Valentina Petrovna JANGULOVA**의 언니의 딸)
- 거주 경력: 하카시야 최북단에 있는 오르조니키제(Ordzhonikidze)지구 우스티니키노(Ustinikino) 마을에서 태어나 8학년(1970년)까지 다녔다. 이 마을 사람들은 하카스어(크즐 방언)을 사용하였으며, 자료제공인은 3~4학년까지는 러시아어를 몰랐다. 1970~1975년에 투르크메니스탄의 아슈하바트에서, 1976~1980년에 키르기스스탄의 프룬제에서, 1980~1985년에 크라스노야르스크에서 권투 선수로 활동하였다. 1985~1992년에 시라지구에서 권투 트레이너로 활동하였다. 1992년부터 아스키스지구에서 음악가로 활동하고 있다.
- 언어 사용 상황: 가정에서는 러시아어를 쓰고, 사회에서는 하카스어와 러시아어를 병용한다. 크즐(Kyzyl) 방언 화자*이다.
- 조사 내용: 어휘 1~187번, 자유발화(자기소개)

* 이 사람은 우리가 제4자료제공인인 V.P. 얀굴로바 씨와 작업할 때 계속 간섭하며 잘못을 지적하였다. 그런데 그는 모어보다는 러시아어가 더 유창한 듯하였다.

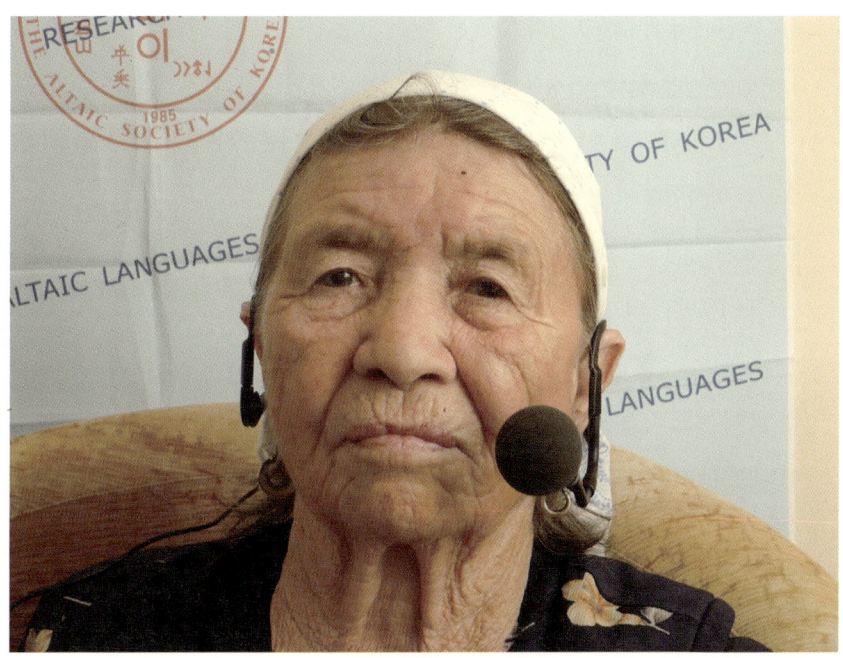

[그림 4-93] 하카스인 예프로시니야 이티게체바 씨

(6) 예프로시니야 바실리예브나 이티게체바(Jefrosinija Vasilijevna ITIGECHEVA, 79세, 1929년생, 여)

- 민족: 하카스족(크즐(Kyzyl)족)
- 직업: 농장원(젖짜는 사람)으로 근무, 연금 생활자
- 학력: 초등학교 중퇴(2학년까지 다님)
- 가족 사항: 2남 1녀 (모두 사망, 사위는 러시아인, 며느리는 하카스족), 손자 4명(2명은 러시아인과 결혼, 2명은 미혼), 손녀 1녕(하카스족(시기이족)과 결혼, 1남 1녀), 배우자는 하카스족(크즐족, 사망)
- 거주 경력: 오르조니키제지구 오슈콜(Uchastok 'Oshkol')에서 태어나 19살까지 거주하였다. 20살에 크라스노야르스크주(krai) 샤르포보(Sharypovo)지구 코스티나(Kostina)에 갔다가 2년 뒤에 하카시야의 시라지구 초르노예 오제로 마을에 가서 60살까지 농장원(젖짜는 사람)으로 근무하였다. 크라스노야르스크 주 미누신스크(Minusinsk)지구 셀리바니하(Selivanikha) 마을에서 7년간 요양하였다. 시라지구 초르노예 오제로 마을에서 10년 거주한 뒤 22년 동안 아

바칸에서 거주하고 있다.*

- 언어 사용 상황: 가정에서는 하카스어를 사용한다. 남편, 아이들과 하카스어 크즐 방언으로 대화하였다. 직장에서는 러시아어를 사용한다. 크즐(Kyzyl) 방언 화자이다.
- 조사 내용: 어휘 1~2급 모두, 어휘 3~4급 924개, 기초회화 344개, 문법 항목 1~160번, 노래, 자유발화

(7) 알렉산드라 로마노브나 보르고야코바(Aleksandra Romanovna BORGOJAKOVA, 46세, 1962년생, 여)

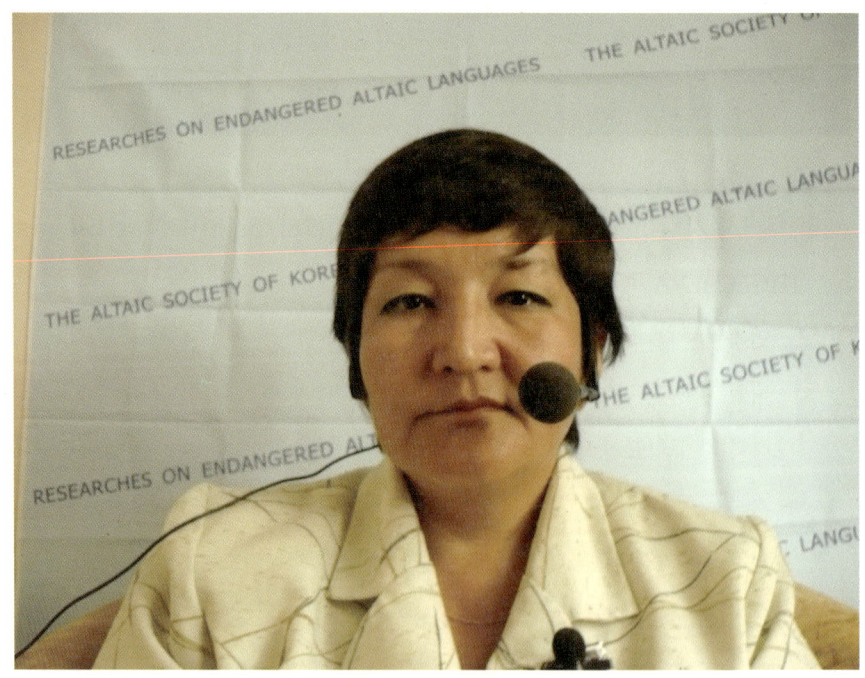

[그림 4-94] 하카스인 알렉산드라 보르고야코바 씨

- 민족: 하카스족(벨티르(Beltir)족)
- 직업: 의사
- 학력: 대졸
- 가족 사항: 2녀(1975년생), 배우자: 하카스족(사가이족)

* 이것은 바로 앞에서 "초르노예 오제로 마을에 가서 60살까지 농장원(젖짜는 사람)으로 근무하였다"고 한 것과 모순된다. 자료제공인이 착각한 듯하다.

- 거주 경력: 아스키스지구 압치나예프(Apchinajev)라는 하카스족(벨티르족) 마을에서 태어나 15살(1977년)까지 거주하였다. 1969~1977년에 마을의 학교에서 8학년까지 다녔다. 이 마을 사람들은 하카스어를 사용하였는데, 자료제공인은 초등학교에 입학하기 전까지는 러시아어를 몰랐다. 1977~1981년에 아바칸에서 의학전문학교에 다녔는데 이 학교에서는 주로 러시아어를 사용하였다. 1981~1985년에 아스키스지구 중앙 병원에서 응급처치 의사 조수로 근무하였다. 1985~1991년에 크라스노야르스크에서 의대에 다녔는데 이 학교에서는 주로 러시아어를 사용하였다. 1991~1992년에 체르노고르스크에서 견습의사 과정을 밟았다. 1992년부터 아바칸에서 응급실에 근무하고 있다.
- 언어 사용 상황: 가정에서는 하카스어와 러시아어를, 직장에서는 러시아어를 사용한다. 사가이 방언 중 벨티르(Beltir) 하위 방언 화자이다.
- 조사 내용: 어휘 1~2급 406개

(8) 알렉세이 이바노비치 코토제코프(Aleksej Ivanovich KOTOZHEKOV, 63세, 1945년생, 남)

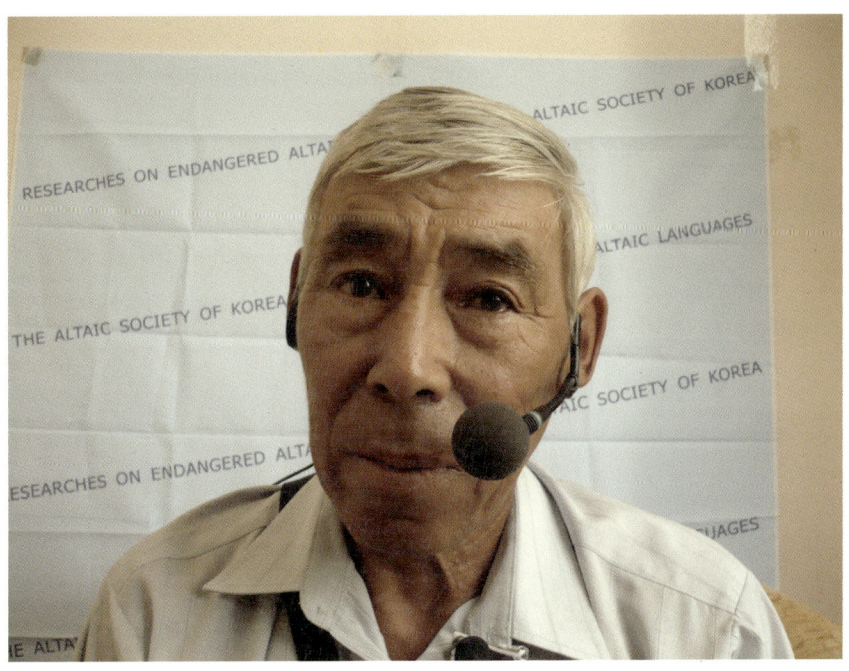

[그림 4-95] 하카스인 알렉세이 코토제코프 씨

- 민족: 하카스족(카차(Kacha)족)
- 직업: 언론인
- 학력: 대졸
- 가족 사항: 1남 2녀, 배우자: 하카스족
- 거주 경력: 알타이(Altaj)지구 흐즐-살다(Khyzyl-Salda '붉은 쟁기') 마을에서 태어나 1964년까지 거주하였다. 이 마을 주민의 80%이상이 하카스족(카차족)이어서 나머지 주민들도 하카스어를 배워 의사소통할 정도였다. 1964~1967년에 하바롭스크에서 군복무를 하였다. 1967~2006년에 아바칸의 하카스어 신문사 편집실에서 근무하였다. 모스크바에서도 공부하였다. 현재 아바칸에 거주하고 있다.
- 언어 사용 상황: 가정에서는 하카스어와 러시아어를 사용하고, 직장에서는 러시아어를 쓴다. 카차 방언 화자이다.
- 조사 내용: 어휘 1~4급, 기초회화 344개, 문법 항목 380개, 노래

(9) 리마 콘스탄티노브나 코첼로로바(Rima Konstantinovna KOCHELOROVA, 42세, 1966년생, 여)

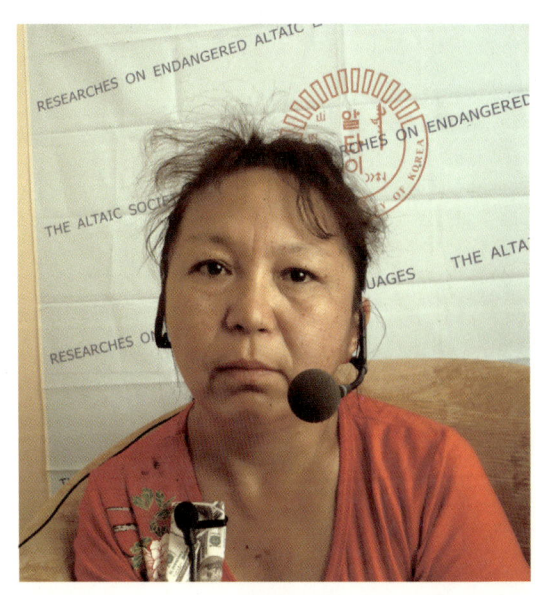

[그림 4-96] 하카스인 리마 코첼로로바 씨

- 민족: 하카스족(코이발(Koibal)족)
- 직업: 언론인
- 학력: 대졸
- 가족 사항: 1남 1녀(?), 배우자: 하카스족(코이발족)
- 거주 경력: 베야(Beja)지구 코이발리(Kojbaly) 마을에서 태어나 자랐다. 이곳 주민의 대부분은 코이발 하위 방언을 사용하였다. 현재 아바칸에 거주하고 있다.
- 언어 사용 상황: 가정에서는 하카스어(카차 방언의 코이발 하위 방언)을 사용하고, 사회에서는 하카스어와 러시아어를 병용한다. 카차 방언 중 코이발 하

위 방언 화자이다.
- 조사 내용: 1~2급 어휘 모두, 3급 어휘 296개, 문법 항목 1~183번

(10) 예고르 예고로비치 캅사르긴(Jegor Jegorovich KAPSARGIN, 51세, 1957년생, 남)
- 민족: 하카스족(코이발(Koibal)족)
- 직업: 상인, 생물-화학자
- 학력: 대졸
- 가족 사항: 1남 1녀(?), 배우자: 하카스족(사가이족)
- 거주 경력: 베야(Beja)지구 코이발리(Kojbaly) 마을에서 태어나 1978년까지 거주하였다. 이곳 주민의 대부분은 코이발 하위 방언을 사용하였다. 1978~1980년에 울란우데에서 군복무를 하였다. 1980~1984년에 아바칸에서 사범대에 다녔다. 현재 아바칸에 거주하고 있다.

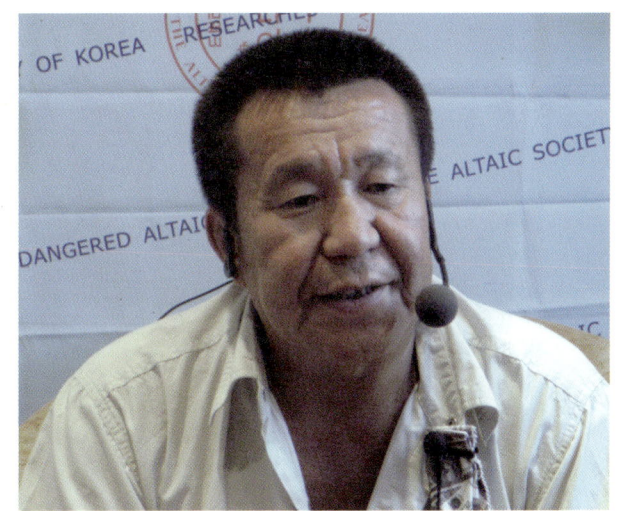

[그림 4-97] 하카스인 예고르 캅사르긴 씨

- 언어 사용 상황: 가정에서는 하카스어, 사회에서는 하카스어와 러시아어를 사용한다. 카차 방언 중 코이발 하위 방언 화자이다.
- 조사 내용: 1~2급 어휘 1~250번, 자유발화

(11) 올가 페트로브나 치치니나(Ol'ga Petrovna CHICHININA, 82세, 1926년생, 여)
- 민족: 하카스족(코이발(Koibal)족)
- 가족 사항: 배우자: 하카스족(코이발)족, 사망
- 언어 사용 상황: 카차 방언 중 코이발 하위 방언 화자이다.
- 조사 내용: 자유발화(자기소개)

[그림 4-98] 하카스인 치치니나 씨와 조사원들

[그림 4-99] 하카스어 자료제공인 엘비라 체보차코바 씨

(12) 엘비라 콘드라티예브나 체보차코바
 (El'vira Kondrat'jevna CHEBOCHAKOVA,
 68세, 1940년생, 여)
- 민족: 독일인
- 가족 사항: 배우자: 하카스족(코이발족), 사망. 니나 아파나시예브나 체보차코바(Nina Afana-s'jevna CHEBOCHAKOVA)의 동서
- 거주 경력: 볼가강 유역에서 1살 때 추방되었고, 소련군에 징집된 아버지는 전사하였다. 1941~1950년에 코이발리 마을 인근의 샤르티크(Shartyk)에 거주하였다. 1950년부터 현재까

지 마을에 거주하고 있는데, 이곳은 주민 대부분이 코이발 하위 방언 사용한다.
- 언어 사용 상황: 카차 방언 중 코이발 하위 방언 화자이다.
- 조사 내용: 자유발화(자기소개)

(13) 알렙티나 막시모브나 코첼로로바(Alevtina Maksimovna KOCHELOROVA, 57세, 1951년생, 여)

[그림 4-100] 하카스인 체보차코바 씨와 코첼로로바 씨 (오른쪽)

- 민족: 하카스족(코이발(Koibal)족)
- 가족 사항: 배우자: 하카스족(코이발)족, 사망)
- 언어 사용 상황: 카차 방언 중 코이발 하위 방언 화자이다.
- 조사 내용: 자유발화(자기소개)

(14) 니나 아파나시예브나 체보차코바(Nina Afanas'jevna CHEBOCHAKOVA, 83세, 1925년생, 여)
- 민족: 하카스족(사가이(Sagai)족)
- 가족 사항: 4남 1녀, 배우자: 하카스족(코이발족, 1960년 사망). 엘비라 콘드라

[그림 4-101] 하카스인 니나 체보차코바 씨

티예브나 체보차코바(El'vira Kondrat'jevna CHEBOCHAKOVA)의 동서

- 거주 경력: 아스키스지구 테레슈킨(Tereshkin) 마을에서 태어났다. 1946년에 결혼하였다. 현재 코이발리 마을에 거주하고 있다.
- 언어 사용 상황: 사가이 방언 화자이다.
- 조사 내용: 자유발화(자기소개), 노래

(15) 류드밀라 야코블레브나 크즐라소바(Ljudmila Jakovlevna KYZLASOVA, 57세, 1951년생, 여)

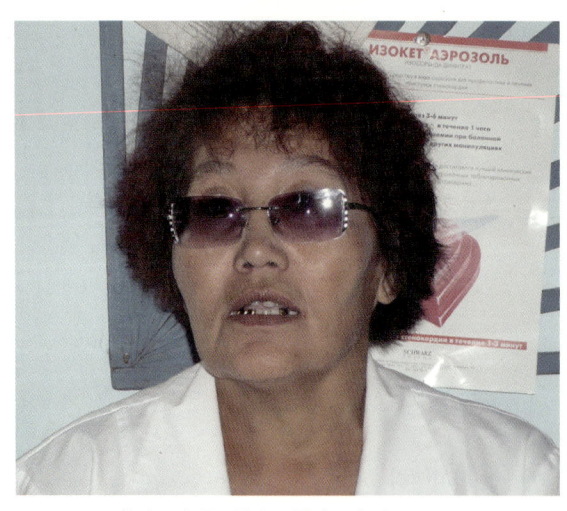

[그림 4-102] 하카스인 류드밀라 크즐라소바 씨

- 민족: 하카스족(벨티르(Beltir)족)
- 직업: 의료인
- 학력: 대졸
- 가족 사항: 2남(?), 배우자: 하카스족(사가이족)
- 거주 경력: 아스키스지구 압치나예프(Apchinajev)라는 하카스족(벨티르족) 마을에서 태어나 8학년까지 다녔다. 1966~1970년에 아바칸에서 의학전문학교에 다녔다. 지방에서 근무할 때 결혼하여 1972년에 첫 아들이 태어난 뒤 아바칸에서 근무하였다. 1978년에 둘째 아이가 태어난 뒤부터 1990년까지 아스키스지구 병원에서 근무하였다. 2004년부터 고향 마을에서 근무하고 있다. 고향 마을의 인구는 아이들을 포함하여 465명인데 독일인 가정 4~5가구와 러시아인 가정 2~3가구가 있다.
- 언어 사용 상황: 가정에서는 하카스어를 사용하고, 직장에서는 하카스어와 러

시아어를 병용한다. 사가이 방언 중 벨티르 하위 방언 화자이다.
 - 조사 내용: 자유발화(자기소개, 옛날이야기), 수사 50여개, 어휘 60여개, 벨티르 하위 방언이 사가이 방언과 다른 점 설명

(16) 알렙티나 세묘노브나 부흐바노바(Alevtina Semjonovna BUKHVANOVA, 30세, 1978년생, 여)
 - 민족: 하카스족(사가이(Sagai)족)
 - 직업: 라디오 방송 기자
 - 학력: 대졸
 - 언어 사용 상황: 사가이 방언 화자이다.
 - 조사 내용: 하카스어 표준어 교재(Khakasskij jazyk) 녹음·녹화

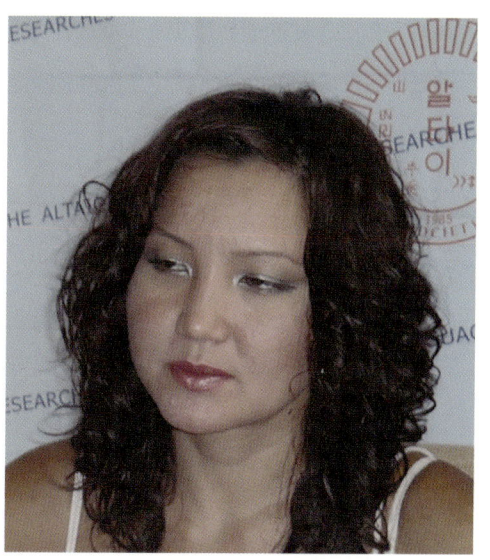

[그림 4-103] 하카스인 알렙티나 부흐바노바 씨

(17) 예카테리나 파블로브나 울추가체바(Jekaterina Pavlovna ULCHUGACHEVA, 80세, 1928년생, 여)
 - 민족: 하카스족(카차(Kacha)족)
 - 직업: 농장원(젖짜는 사람)으로 근무, 연금 생활자
 - 학력: 초등학교 중퇴(2학년까지 다님)
 - 가족 사항: 1남 5녀(아들은 7년 전에 사고로 사망, 딸 2명도 사망. 막내딸은 1965년생), 손자 8명, 증손자 6명, 며느리는 러시아인, 사위는 1명만 하카스족이고 나머지는 모두 러시아인, 배우자: 하카스족(크즐족), 사망.
 - 거주 경력: 오르조니키제지구 포로쇼니카(Porosjonika) 마을에서 태어나서 8살까지 거주하였다. 이 마을은 당시에는 시라지구에 속하였는데, 마을의 4가구 모두 카차족이고 하카스어(카차 방언)을 사용하였다. 마을 사람들이 모두

이유스(Ijus)역에서 12 km 떨어진 코뱌코보(Kobjakovo) 마을로 이주하였는데, 이곳에서는 러시아인, 독일인과 섞여 살았다. 학교에 들어갔지만 전쟁 때문에 2학년까지만 다니고 농장원(젖짜는 사람)으로 일하기 시작하였다. 이곳에서는 사람들이 하카스어(카차 방언)와 러시아어를 사용하였다. 부모님이 돌아가신 뒤 13살부터 크즐(Kyzyl) 방언 지역인 초르노예 오제로로 가서 거주하다가 18살에 결혼하였다. 1969년경부터 14년 동안 미누신스크(Minusinsk)에서 25km 떨어진 쿠투제코보(Kutuzhekovo)에서 거주하였는데, 이곳에서는 하카스인이 없어서 러시아어를 사용하였다. 아스키스지구의 후타르 카므시타(Khutar Kamyshta) 마을에서 4년 거주하였는데, 이곳에서는 크즐 사람, 사가이 사람이 섞여서 8가구가 양을 길렀다. 여러 지역에서 거주하다가 3년 전부터 아바칸에서 딸과 함께 거주하고 있다.

- 언어 사용 상황: 가정에서는 하카스어와 러시아어를 사용한다. 자녀들과 대화할 때 하카스어로 질문하면 자녀들은 러시아어로 대답한다. 손자들은 러시아어만 사용한다. 원래는 카차 방언 화자였지만 크즐 사람들 사이에서 자라고 남

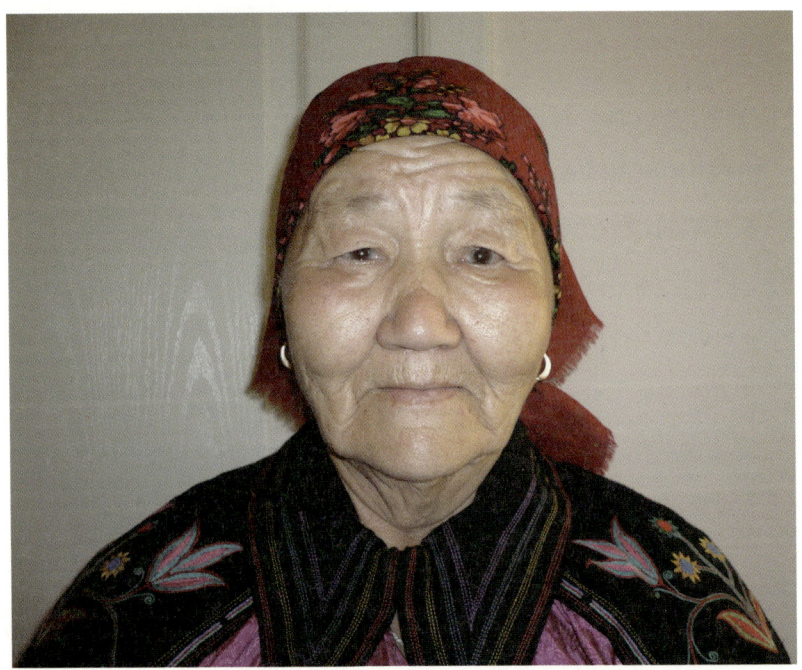

[그림 4-104] 하카스인 예카테리나 울추가체바 씨

편도 크즐 사람이어서 크즐 방언을 구사한다.

- 조사 내용: 자유발화(자기소개)

(18) 올가 알렉세예브나 얀굴로바(Ol'ga Aleksejevna JANGULOVA, 57세, 1951년생, 여)

[그림 4-105] 하카스인 올가 얀굴로바 씨

- 민족: 하카스족(크즐(Kyzyl)족)
- 가족 사항: 2남(장남은 전남편에게서 낳음), 배우자: 하카스족(크즐족), 전남편은 러시아인. 시아버지도 함께 거주함. 올레크 미하일로비치 얀굴로프(Oleg Mikhajlovich JANGULOV)의 어머니. 발렌티나 페트로브나 얀굴로바(Valentina Petrovna JANGULOVA)의 시아주버니의 딸
- 언어 사용 상황: 크즐 방언 화자이다.
- 조사 내용: 자유발화 (자기소개, 어른들에게 들은 이야기, 크즐 노래)

(19) 올레크 미하일로비치 얀굴로프(Oleg Mikhajlovich JANGULOV, 36세, 1972년생, 남)

[그림 4-106] 하카스인 올레크 얀굴로프 씨(오른쪽), 왼쪽은 아버지 다른 동생

- 민족: 하카스족(크즐(Kyzyl)족, 아버지는 러시아인
- 가족 사항: 미혼. 올가 알렉세예브나 얀굴로바(Ol'ga Aleksejevna JANGULOVA)의 아들
- 언어 사용 상황: 크즐 방언 화자이다.
- 조사 내용: 자유발화 (자기소개, 자기 고장의 동식물)

○ 특기 사항

(1) 제1자료제공인: 모어를 잘 구사한다. 그렇지만 사가이 방언형이 아니라 문어형으로 대답한 경우가 있다.

(2) 제2자료제공인: 모어를 잘 구사한다. 그렇지만 쇼르 방언형이 아니라 문어형으로 대답한 경우가 있다.

(3) 제3자료제공인: 많은 낱말을 러시아어식으로 발음하였다.

(4) 제4자료제공인: 카차 방언형과 크즐 방언형이 섞여 있다.

(5) 제5자료제공인: 모어보다는 러시아어가 더 유창한 듯하다.

(6) 제6자료제공인: 아바칸에서 오래 거주한 탓인 듯 많은 어휘를 기억하지 못하고, 생각이 잘 안 나는 것들은 무조건 러시아어로 대답하려 하였다. 일상생활에서 러시아어를 사용하는 탓인 듯 러시아어가 자연스럽게 나왔고, 질문자가 러시아어 문장 성분의 순서를 바꾸어 질문하면 거의 자동적으로 이 어순에 맞추어 대답하였다.

(7) 제7자료제공인: 모어를 잘 구사한다. 충분히 조사할 시간이 없었다.

(8) 제8자료제공인: 모어를 잘 구사한다.

(9) 제9자료제공인: 모어를 살 구사한다. 충분히 조사할 시간이 없었다.

(10) 제17자료제공인: 모어를 잘 구사한다.

[그림 4-107] 하카스의 선사시대 유적

[그림 4-108] 말로-코베지코보(Malo-Kobezhikovo, Khyzyl-Salda(흐즐-살다) '붉은 쟁기') 마을

3.10. 알타이어(Altai)

3.10.1. 언어 개관

알타이족은 러시아연방에서 러시아 알타이공화국을 중심으로 인근의 알타이 주(krai)와 케메로보(Kemerovo)주의 벨로보(Belovo)지구, 구리옙스크(Gur'-jevsk)지구, 노보쿠즈네츠크(Novokuznetsk)지구에도 거주한다. 2002년 러시아 인구 조사를 보면, 알타이족은 77,822명, 알타이어를 아는 사람은 69,445명이었다.*

알타이어는 크게 남부 방언권과 북부 방언권으로 나뉜다. 남부 방언권에는 알타이-키지(Altai-kizhi, Atai Proper) 방언, 텔렝기트(Telengit) 방언, 텔레우트(Teleut) 방언, 북부 방언권에는 투바(Tuba) 방언, 쿠만드(Kumandy) 방언,

[그림 4-109] 알타이공화국 입구의 표지석

찰칸두(Chalkandu) 방언이 속한다. 남부 방언권과 북부 방언권은 잘 소통되지 않는다.

남부 방언군은 알타이공화국, 북부 방언군은 알타이주(krai)에서 주로 사용된다. 남부 방언군은 중앙아시아의 키르기스어와 밀접한 관계에 있다. 북부 방언군은 출름 튀르크어의 하류 출름(Lower Chulym) 방언 및 쇼르어의 콘도마-하류 톰(Kondoma-Lower Tom) 방언과 밀접한 관계에 있다. 최근에는 알타이어의 여러 방언을 사용하는 사람들이 러시아에서 별도의 민족 집단으로 인정받기도 한다. 알타이어 사용자들은 알타이공화국에서조차

* 알타이족의 종족별 인구와 해당 방언을 아는 사람의 수를 표로 정리하면 다음과 같다(출처: 2002년 러시아 인구조사 자료, RAIPON 2006)

종 족	종족의 인구수(명)	해당 방언을 아는 사람의 수(명)	
		2002년 러시아 인구조사 자료	RAIPON 2006
알타이-키지(Altai-kizhi)족	67,239	65,534	자료 없음
텔렝기트(Telengit)족	2,399	자료 없음	2,300 (95.9%)
텔레우트(Teleut)족	2,650	1,892	1,382 (52.2%)
투바(Tuba)족	1,565	436	385 (24.6%)
쿠만드(Kumandy)족	3,114	1,044	670 (21.5%)
찰칸두(Chalkandu)족	855	539	448 (52.4%)

소수민족에 속한다.

알타이-키지 방언이 알타이 문어의 토대가 되었다. 이전에는 알타이-키지의 명칭이 오이로트(Ojrot)였는데 알타이로 바뀌었다. 물론 몽골어파의 칼미크-오이라트어와는 다르다.

3.10.2. 현지 조사 개황

○ **조사 기간**: 2009년 1월 15~30일 (실제 조사 기간: 2009년 1월 18~28일)
○ **조사 장소**: 고르노-알타이스크(Gorno-Altajsk)시 '리지 표스(Ryzhij Pjos)' 호텔 1층
○ **조사 참가자**: 이용성(총괄, 전사), 양재민(녹음), 최운호(녹화), 예브게니이 발레리예비치 페레페친(Jevgenij Valer'evich PEREPECHIN, 통역)
○ **협력자**: 수르나 보리소브나 사르바셰바(Surna Borisovna SARBASHEVA, 국립고르노알타이스크대학교 알타이어문학과 부학과장)

○ **자료제공인 / 조사 내용**
(1) 타마라 예멜리야노브나 오르술로바(Tamara Jemel'janovna ORSULOVA, 51세, 1958년생, 여)
  - 민족: 알타이족(텔렝기트(Telengit)족 중 즛타스(D'ittas) 씨족)
  - 직업: 교수(국립고르노알타이스크대학교 알타이어문학과)
  - 학력: 대학원(박사)
  - 가족 사항: 1녀(1991년생, 대학생), 배우자: 알타이족(텔렝기트족 중 쾨뵈크(Köbök) 씨족), 제8자료제공자인 **Trifon Dmitrijevich BELEJEV**.
  - 거주 경력: 울라간(Ulagan)지구 사라탄(Saratan) 마을에서 태어나서 1973년(8학년)까지 거주하였다. 이 마을에서는 텔렝기트 방언이 주로 사용되고 러시아어는 제2언어였다. 1973년에 고르노-알타이스크로 이주하여 사범학교에 다녔다. 1978년 9월부터 1983년 5월까지 고향 마을의 초등학교에서 근무하였다.

[그림 4-110] 알타이인 트리폰 벨레예프 씨와 타마라 오르술로바 씨 부부

1982년부터 사범대학에 다니고 졸업 후 지금의 직장에서 근무하고 있다. 1996년에 박사 과정에 입학하여 타타르스탄의 카잔대학교에 학위 논문을 제출하였다.

- 언어 사용 상황: 가정에서는 알타이어를 사용하고, 직장에서는 러시아어를 쓴다. 텔렝기트 방언 화자이다.
- 조사 내용: 어휘(1~2급 6개, 3급 112개, 4급 38개 대답하지 못함), 기초회화, 문법, 자유발화

(2) 류드밀라 미하일로브나 아브셰바(Ljudmila Mikhajlovna ABYSHEVA, 49세, 1960년생, 여)

- 민족: 알타이족(알타이-키지족 중 소용(Soyoŋ) 씨족)
- 직업: 잡지 편집장
- 학력: 대졸(국립 모스크바 대학교 언론학부)
- 가족 사항: 1남(1991년생, 대학생). 배우자: 알타이족(알타이-키지족 중 문두스(Mundus) 씨족), 사망

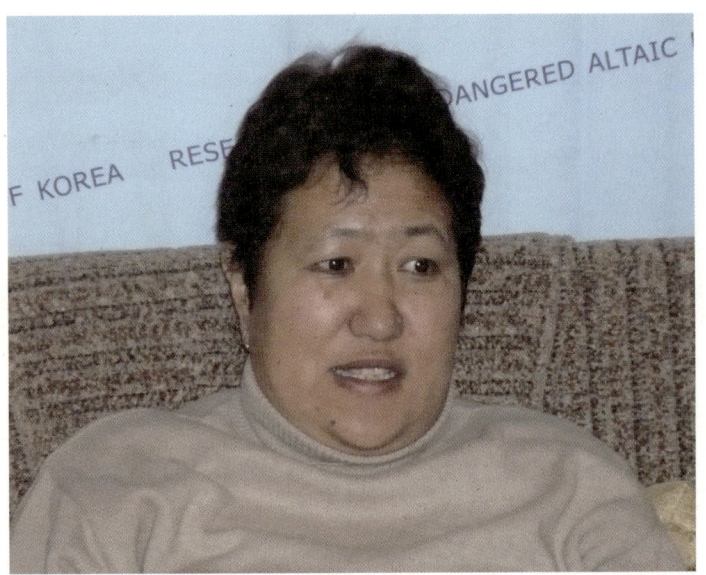

[그림 4-111] 알타이인 류드밀라 아브셰바 씨

- 거주 경력: 우스티-칸(Ust'-Kan)지구 코줄(Kozul') 마을에서 출생하여 1978년까지 거주하였다. 이 마을 주민들은 알타이어를 사용하였다. 1978년에 고르노-알타이스크로 이주하였다. 1980~1987년에 모스크바에서 공부하였다. 현재 고르노-알타이스크에 거주하고 있다.
- 언어 사용 상황: 가정에서는 알타이어를 쓰고, 사회에서는 주로 러시아어를 사용한다. 알타이-키지 방언 화자이다.
- 조사 내용: 어휘(1~2급 13개, 3급 124개, 4급 63개 대답하지 못함), 기초회화, 문법, 자유발화

(3) 라이사 아트바소브나 팔키나(Raisa Atvasovna PALKINA, 71세, 1938년생, 여)
- 민족: 알타이족(쿠만드(Kumandy, Kubandy)족)
- 직업: 알타이학연구소 문학 전문학자
- 학력: 대학원졸(박사)
- 가족 사항: 1남(1960년생), 손녀 4명, 배우자: 알타이족(알타이-키지족), 사망, 유명한 시인, 며느리(알타이족(투바(Tuba)족))

- 거주 경력: 알타이주(kraj) 크라스노고르스키(Krasnogorskij)지구 사르코보(Sarykovo) 마을에서 출생하여 14세까지 거주하였다. 이곳 주민들은 쿠만드 방언을 사용하였다. 14세부터 고르노-알타이스크에서 거주하고 있다. 대학을 졸업한 후에 1960년부터 1968년까지 민족학교(고등학교)에서 러시

[그림 4-112] 알타이인 라이사 팔키나 씨

아어와 문학을 가르쳤다. 대학원에 다닐 때 3~4년 동안 모스크바에서 거주하였다.
- 언어 사용 상황: 가정에서는 남편이 살아있을 때에는 알타이어를 사용하였지만 이제는 러시아를 우선 사용한다. 사회에서는 러시아어를 사용하고, 직장에서는 알타이어 사용한다. 쿠만드 방언 화자이다.
- 조사 내용: 어휘(1~2급 723개, 3급 72개, 4급 8개 대답하고 1~2급 87개, 3급 9개, 4급 1개 대답하지 못함), 기초회화(82개 대답하고 2개 대답하지 못함), 문법(262개 대답하고 8개 대답하지 못함), 자유발화

(4) 알렉세이 안겔레예비치 수마차코프(Aleksej Angelejevich SUMACHAKOV, 38세, 1971년생, 남)
- 민족: 알타이족(찰칸두(Chalkandu)족(자칭 Shalganu) 중 논도-코이(Ńondo-koj) 씨족)
- 직업: 은행경비원(Sibenergobank 은행)
- 학력: 대졸(국립고르노알타이스크대학교 경제학부)

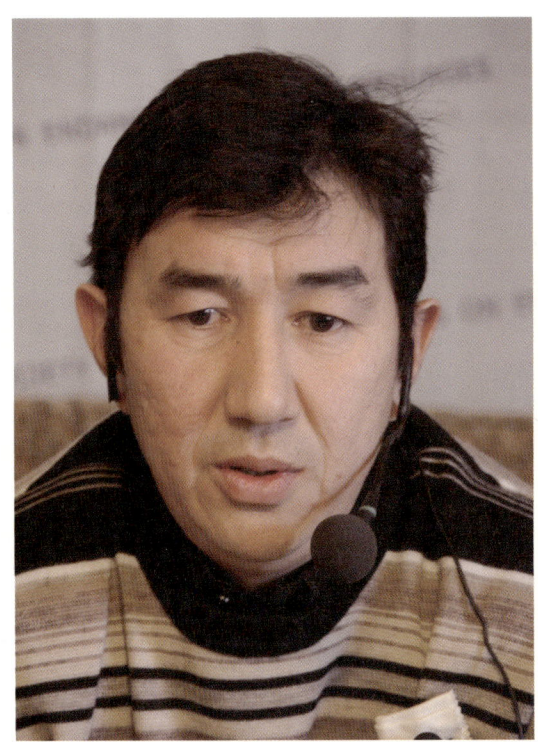

[그림 4-113] 알타이인 알렉세이 수마차코프 씨

- 가족 사항: 1녀(15세), 배우자: 알타이족(알타이-키지족 중 카라-마이만 Kara-Majman* 씨족)
- 거주 경력: 알타이주(kraj) 투로차크(Turochak)지구(현재는 알타이공화국에 속함) 쿠르마치-바이골(Kurmach-Bajgol) 마을에서 출생하여 15세까지 거주하였다. 이곳 주민들은 쿠만드 방언을 사용하였다. 1986~1988년에 고르노-알타이스크에서 고등학교에 다녔다. 1988~1991년에 바르나울(Barnaul)에서 농업전문대학에 다녔다. 1995년부터 고르노-알타이스크에 거주하고 있다.
- 언어 사용 상황: 가정에서는 알타이어를 사용하는데 드물게 찰칸두 방언을 쓰며, 직장에서는 주로 러시아어를 사용하고 드물게 알타이어를 쓴다. 찰칸두 방언 화자이다.
- 조사 내용: 어휘(1~2급 26개, 3급 119개, 4급 84개 대답하지 못함), 기초회화, 문법, 자유발화

* Majman=Najman(나이만).

(5) 알렉산드르 알프예비치 바다노프(Aleksandr Alpyjevich BADANOV, 34세, 1975년생, 남)
- 민족: 알타이족(알타이-키지족 중 오츠(Ochy) 씨족)
- 직업: 보안업체직원(Garant회사)
- 학력: 고졸
- 가족 사항: 미혼, 형 1명, 누나 2명, 여동생 1명, 부모님. 어머니와 형수는 알타이 키지족 중 쾨뵈크(Köbök) 씨족 출신. 매형 2명은 알타이 키지족 중 이르키트(Irkit)씨족 출신, 여동생은 미혼

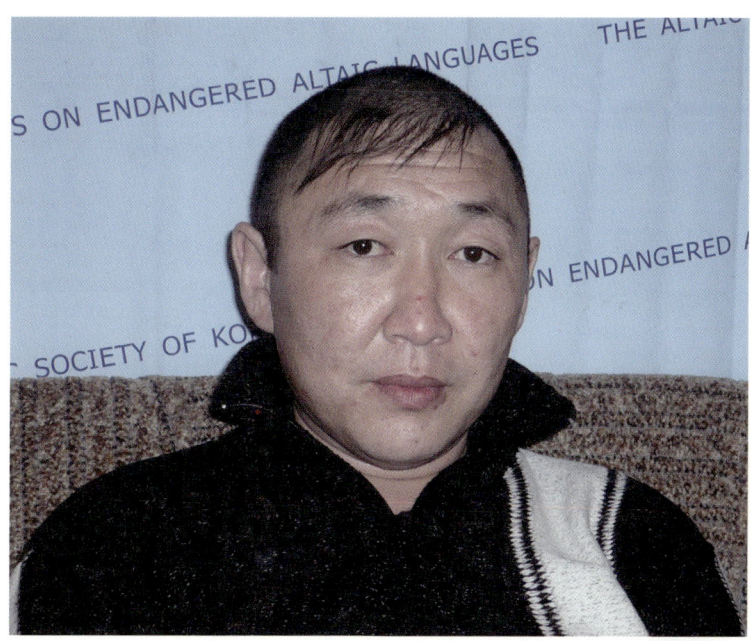

[그림 4-114] 알타이인 알렉산드르 바다노프 씨

- 거주 경력: 우스티-칸(Ust'-Kan)지구 베르흐-무타(Verkh-Muta)에서 출생하여 31세까지 거주하였다. 이곳 주민들은 알타이-키지 방언을 사용하였다. 3년 동안 블라디보스토크에서 군복무를 하였다. 직장관계로 2007년부터 고르노-알타이스크에서 거주하고 있다.
- 언어 사용 상황: 가정에서는 알타이어, 사회에서는 러시아어를 쓴다. 알타이 키지 방언 화자이다.
- 조사 내용: 어휘(1~2급 12개, 3급 122개, 4급 105개 대답하지 못함), 기초회화, 문법, 자유발화

(6) 갈리나 미하일로브나 쿠카코바(Galina Mikhajlovna KUKAKOVA, 55세, 1954년생, 여)
 - 민족: 알타이족(텔레우트(Teleut)족 중 통둘(Toŋdul) 씨족)
 - 직업: "Altyn tuu"('金山') 출판사 조판담당자
 - 학력: 대졸

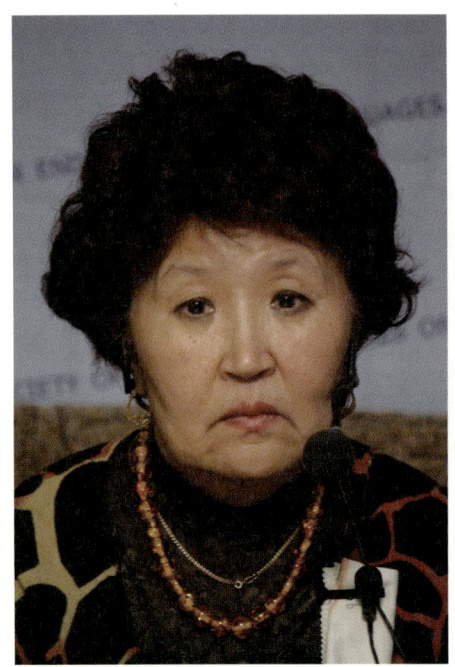

[그림 4-115] 알타이인 갈리나 쿠카코바 씨

- 가족 사항: 1남(1977년생) 1녀(1978년생), 손자 손녀 4명, 며느리 및 사위는 알타이족(며느리는 사갈(Sagal) 씨족 출신, 사위는 고아 출신으로 씨족 모름). 배우자: 알타이족(알타이-키지족 중 토도슈(Todosh) 씨족)
- 거주 경력: 케메로보주 구리옙스크(Gur'evsk)지구 샨다(Shanda) 마을에서 출생하여 1970년까지 거주하였다. 이곳 주민들은 텔레우트 방언을 사용하였다. 자료제공인의 아버지는 쇼르(Shor)족, 어머니는 텔레우트족이었다. 1970년에 고르노-알타이스크로 이주하여 학교에 다녔다. 1974~1975년에 졸업하여 고향에서 일하였다. 1975~1976년에 바르나울(Barnaul)에서 일하였다. 1976년에 결혼하여 고르노-알타이스크로 다시 이사 와서 계속 거주하고 있다.
- 언어 사용 상황: 가정에서는 알타이어(표준어)와 텔레우트 방언을 사용하며, 사회에서는 러시아어를 쓴다. 텔레우트 방언 화자이다.
- 조사 내용: 어휘 419개(1~2급 413개, 4급 6개), 문법(140개), 자유발화

(7) 아나스타시야 세묘노브나 토도조코바(Anastasija Semjonovna TODOZHOKOVA, 68세, 1941년생, 여)
- 민족: 알타이족(투바(Tuba)족 중 쾰 차가트(Köl Chagat) 씨족)
- 직업: 교수(국립고르노알타이스크대학교)
- 학력: 대학원졸(화학 박사)
- 가족 사항: 1남(30세), 손자 1명(9세). 배우자: 알타이족(투바(Tuba)족 중 콤도슈(Komdosh) 씨족, 며느리도 알타이족(투바족)
- 거주 경력: 알타이주 투로차크(Turochak)지구(현재는 알타이공화국에 속함) 이즈베치(Izvech) 마을에서 출생하여 9세까지 거주하였다. 이곳 주민들은

[그림 4-116] 알타이인 아나스타시야 토도조코바 씨

투바 방언을 사용하였다. 1957년까지 우이멘(Ujmen') 마을에서 학교에 다녔다. 1957년에 진학 문제로 고르노-알타이스크로 이주하였다. 1960~1965년에 바르나울(Barnaul)에서 공부하였고 1967년까지 일하였다. 1968~1975년에 모스크바에서 대학원에 다녔다. 현재 고르노-알타이스크에 거주하고 있다.

- 언어 사용 상황: 가정과 사회에서 러시아어를 사용한다. 투바 방언 화자이다.
- 조사 내용: 어휘(1~2급 5개 대답하지 못함, 3급 7개와 4급 4개 대답함), 문법(104개), 자유발화

(8) 트리폰 드미트리예비치 벨레예프(Trifon Dmitrijevich BELEJEV, 63세, 1946년생, 남)
  - 민족: 알타이족(텔렝기트(Telengit)족 중 쾨뵈크(Köbök) 씨족)
  - 직업: 택시 기사, 전직 교사
  - 학력: 대졸(비이스크(Bijsk)사범대 물리-수학과 졸업)
  - 가족 사항: 1녀(1991년생, 대학생). 배우자: 알타이족(텔렝기트족 중 즛타스(D'ittas) 씨족, 제1자료제공자인 Tamara Jemel'janovna ORSULOVA). 아버지

는 투바(Tuba)족 출신
- 거주 경력: 알타이주 울라간(Ulagan)지구(현재는 알타이공화국에 속함) 카라-쿠듀르(Kara-Kudjur) 마을에서 태어나 1965년까지 거주하였다. 이곳 주민들은 텔렝기트 방언을 사용하였다. 1965~1968년에 폴란드에서 군복무를 하였다. 1974~2004년에 직장관계로 알타이주 크라스노고르스코예(Krasnogorskoje)지구 프룬제(Frunze) 마을에서 거주하였다. 2004년부터 고르노-알타이스크에서 거주하고 있다.
- 언어 사용 상황: 가정에서는 알타이어를 사용하고, 사회에서는 러시아어와 알타이어를 병용한다. 텔렝기트 방언 화자이다.
- 조사 내용: 어휘(1~2급 5개 대답하지 못함, 3급 7개와 4급 4개에 대답함), 문법(255개), 자유발화(자기소개)

○ **언어의 특성**

(1) 제1자료제공인: 간혹 알타이어 표준어의 영향이 보였다.

(2) 제2 자료제공인: 기초회화와 문법에서는 막히는 것이 없었지만 어휘에서는 많은 것을 모르거나 잘못 대답하였다. 특히 기초 어휘 부분에서도 그러하였다. 모음의 발음에서 장단의 구별이 확실하지 않았다. 동사기본형을 미래시제(-Vr)형태로 제시하였다.

(3) 제3자료제공인: 자신의 방언을 사용할 기회가 적어서인지 많은 어휘를 기억해 내지 못하였다. 자료제공인의 말로는 고르노-알타이스크시에는 쿠만드 사람이 500명 정도 거주한다고 한다. 알타이 표준어의 영향이 눈에 띈다.

어두의 /j/음이 비음 앞에서 /ɲ/으로 바뀐다. /č/대신에 주로 /š/를 사용하는 듯하지만, 많은 경우에 /č/와 /š/가 자유롭게 교체하고 구분도 명확하지 않다.

(4) 제4자료제공인: 자신의 방언을 아주 잘 구사하였다. 다만 배우자가 알타이-키지족 출신인데다 찰칸두 방언을 잘 사용하지 않아서인지 알타이 표준어의 영향이 자주 눈에 띈다.

어두의 /j/음이 비음 앞에서 /ɲ/으로 바뀐다. /č/대신에 주로 /š/를 사용하는 듯하지만, 많은 경우에 /č/와 /š/가 자유롭게 교체하고 구분도 명확하지 않다. 어중에서 알타이 표준어의 /b/에 대해서 /v/를 사용한다. 동사 기본형을 현재분사 형태로 제시한다.

(5) 제5자료제공인: 모음의 장단음 구분이 명확하다. 동사기본형이 -VrGA 형태로 제시되지만, 간혹 행위명사접미사인 -Vš 형태로 대답하기도 하였다. 3인칭 복수와 관련하여 동사활용에서 특히 주어를 밝히지 않은 경우 어간 다음에 -lA-를 붙인 다음에 시제나 기타 활용어미를 붙이는 경우들이 있었다.

(6) 제6자료제공인: 자신의 방언을 늘 사용하지는 않는 데다 긴장한 탓인지 대답하지 못한 어휘가 많다. 자료제공인의 발음에서는 알타이 표준어를 비롯해서 남부시베리아 튀르크언어들의 공통적인 특징인 모음사이에서의 무성자음의 유성음화가 사실상 없다. 심지어는 본래 유성음이었던 자음조차 무성음으로 발음하였다. 예를 들면, qïzïl 대신에 qïsïl '붉은'. 어두의 파열음과 파찰음이 알타이 표준어에 비해 상당히 기식음이 강하다. 1인칭 복수 인칭어미가 시베리아의 튀르크어들을 제외한 다른 튀르크들에서처럼 -VK으로 실현된다. 이것은 알타이 표준어에서는 -V(bV)s로 실현된다. 동사기본형을 -VrGA 형태로 제시한다.

(7) 제7자료제공인: 오랫동안 자신의 방언을 사용하지 못한 탓인지 많은 어휘를 기억하지 못하였다. 알타이 표준어의 영향이 강하게 나타난다. 자료제공인의 제1언어는 러시아어인 듯하다. 그러므로 이 자료제공인에게서 얻은 자료는 자료로서의 신빙성이 떨어진다.

자료제공인은 투바 사람들이 사는 마을로서 노보트로이스크(Novotrojsk)만 남았다고 했는데, 협력자인 수르나 선생에게 듣기로는 이 마을에서도 60~70대 할머니 5명만 모어를 제대로 구사할 수 있다고 한다. 이 마을도 점차 러시아인의 수가 늘어나고 러시아인과의 혼혈도 많아진다고 한다.

(8) 제8자료제공인: 모어를 잘 구사한다. 시간이 없어서 기초회화 등을 조사하지 못하였다.

[그림 4-117] 알타이어 조사 장면

5장

알타이언어
현지 조사의
과제와 전망

1. 알타이언어 조사 총괄
2. 절멸 정도에 따른 알타이언어 평가
3. 과제와 전망

1. 알타이언어 조사 총괄

이제 2003년부터 2009년까지 6년간 수행되었던 알타이언어 현지 조사를 정리하여 보이기로 한다. 지도에 조사한 언어를 동그라미로 표시해 놓았다.

[그림 5-1] 현지 조사를 수행한 알타이언어(붉은 동그라미로 표시)

각 언어별로 조사 시기, 조사 지역, 자료제공인의 순서로 제시하기로 한다.

1.1 만주퉁구스어파

1.1.1. 어원어(Ewen)

[1] 2006년 2월. 하바롭스크
- 옐레나 세묘노브나 발듀(1940년생, 여)

[2] 2007년 1월. 야쿠츠크
- 마리야 이바노브나 불두키나(1946년생, 여), 콜리마 지역

- 예카테리나 콘스탄티노브나 투라두키나(1955년생, 여), 콜리마 지역
- 이반 블라디미로비치 불두킨(1985년생, 남), 콜리마 지역

1.1.2. 어웡키어(Ewenki)

[1] 2003년 9월. 헤이허
- 모구이루(1943년생, 여)
- 멍수전(1946년생, 여, 중국 오로챈어)

[2] 2004년 4월. 울란우데
- 담딘 스테파노비치 베렐투예프(1929년생, 남)
- 지나이다 로마노브나 델보노바(1938년생, 여)
- 나탈리야 발렌티노브나 몬고(1977년생, 여)

[3] 2005년 2월. 야쿠츠크
- 안나 니콜라예브나 미레예바(1930년생, 여)

[4] 2006년 2월. 하바롭스크
- 클라브디야 바실리에브나 솔로비요바(1941년생, 여)

1.1.3. 솔론어(Solon)

[1] 2005년 2월. 하이라얼
- 마니(1954년생, 여) 올로구야 방언

[2] 2009년 6월. 하얼빈
- 투지청(1970년생, 남)

[3] 2009년 8월. 너허
- 아오싱화(1937년생, 여)
- 투웨이신(1937년생, 남)

1.1.4. 네기달어(Negidal)

[1] 2008년 8월. 하바롭스크
- 리디야 인노켄티예브나 우디(1950년생, 여)

[2] 2008년 12월. 하바롭스크
- 리디야 인노켄티예브나 우디(1950년생, 여)
- 마리야 알렉산드로브나 카자로바(1955년생, 여)

1.1.5. 나나이어(Nanai)

[1] 2006년 2월. 하바롭스크
- 안토니나 세르게예브나 킬레(1929년생, 여)

[2] 2009년 6월. 하얼빈
- 유원란(1943년생, 여)

1.1.6. 윌타어(Uilta)
- 조사하지 못함

1.1.7. 울치어(Ulchi)

[1] 2008년 8월. 하바롭스크
- 나데즈다 다닐로브나 두반(1950년생, 여)

1.1.8. 우디허어(Udihe)

[1] 2006년 2월. 하바롭스크
- 발렌티나 툰샤노브나 칼룬주가(1936년생, 여)

1.1.9. 오로치어(Orochi)

[1] 2008년 12월. 하바롭스크
- 림마 니콜라예브나 프롤로바(1942년생, 여)

1.1.10. 만주어(Manchu)

[1] 2005년 5월. 푸위
- 멍셴샤오(1931년, 남)
- 자오펑란(1925년, 여)
- 우허윈(1925년생, 여)
- 타오좐란(1945년생, 여)
- 스쥔광(1975년생, 남)

[2] 2006년 2월. 치치하얼
- 멍셴샤오(1931년, 남)

[3] 2006년 8월. 푸위
- 자오펑란(1925년, 여)
- 멍수징(1925년, 여)

[4] 2007년 8월. 치치하얼
- 자오펑란(1925년, 여)
- 멍수징(1925년, 여)
- 타오윈칭(1925년생, 남)
- 멍셴샤오(1931년, 남)

1.1.11. 시버어(Sibe)

[1] 2003년 10월. 우루무치
- 허원친(1933년생, 남)

[2] 2004년 10월. 타청
- 퉁푸창(1934년생, 남)
- 춘융창(1946년생, 남)

1.2 몽골어파

1.2.1. 다고르어(Dagur)

[1] 2003년 9월. 메이리쓰
- 더스슈(1935년생, 남)
- 둬잔성(1949년생, 남)
- 우잉쥔(1929년생, 남)
- 왕진(1944년생, 남)

[2] 2004년 10월. 타청
- 자쯔(1947년생, 남)

1.2.2. 몽구오르어(Monguor)

[1] 2006년 8월. 시닝
- 장후이친(1981년생, 여)
- 왕정강(1984년생, 남)

[2] 2009년 2월. 란저우
- 바오. 차이단줘마(1982년생, 여)

1.2.3. 보난어(Bonan)

[1] 2006년 8월. 시닝
- 차이궈지(1984년생, 여)

[2] 2009년 2월. 란저우/린샤
- 마가이셰(1950년생, 여)
- 마잉룽(1992년생, 남)
- 마량(1991년생, 남)

1.2.4. 캉자어(Kangjia)
- 조사하지 못함

1.2.5. 둥샹어(Dongxiang)

[1] 2009년 2월. 란저우
- 마수란(1970년생, 여)
- 마후이메이(1976년생, 여)

1.2.6. 동부요구르어(East Yugur)

[1] 2005년 10월. 유구족자치현
- 안장다룽둥즈(1965년생, 남)
- 안위빙(1965년생, 남)
- 안지차이(1942년생, 남)

1.2.7. 부리야트어(Buriat)

[1] 2004년 4월. 울란우데
- 치벨마 체레노브나 발지니마예바(1950년생, 여)

[2] 2005년 2월. 후룬베이얼
- 바오인더리거얼(1947년생, 남)

[3] 2005년 10월. 서울
- 다리마 산다노브나 치데노바(1978년생, 여)

[4] 2007년 1월. 이르쿠츠크/툰카
- 발레리이 보리소비치 바르투예프(1943년생, 남)
- 엘레오노라 블라디미로브나 투무로바(1966년, 여)
- 다리마 곰보예브나 샥두로바(1948년생, 여)
- 파이나 다시예브나 문코노바(1947년생, 여)

[5] 2007년 8월. 셀렝게/지진/오량하이
- 류드밀라 다시치레보브나 투바예바(1950년생, 여)
- 수릉 치렌다리예브나 착두로바(1948년생, 여)
- 후불레이 곰보예브나 라드나예바(1928년생, 여)

1.2.8. 몽골어(Mongolian)

[1] 다르하드 방언: 2005년 6월. 홉스굴(알락에르덴)
- 뎀베렐 바이갈마(1968년생, 여)
- 발단 바트오치르(1948년생, 남)
- 도르지 간바트(1969년생, 남)

[2] 아릭 오량하이 방언: 2006년 6월. 홉스굴(찬드만-운두르)
- 다와남 다와체렝(1950년생, 여)

- 부리야드(1944년생, 여)

[3] 다르하드 방언: 2007년 6월. 서울
- 세르담바 툽신자르갈(1982년생, 여)

[4] 함니강 방언: 2007년 7월. 헨티(빈데르, 다달)
- 지그메드 체체그마(1957년생, 여)
- 롭상체렝 첸드아요시(1947년생, 여)
- 출템 다르카(1945년생, 여)

[5] 바린, 오르도스, 호르친 방언: 2008년 8월. 후흐호트
- 오르트나스트(1941년생, 남)
- 나. 바오쉬얼(1945년생, 남)
- 어르던촐로(1958년생, 남)

1.2.9. 칼미크어(Kalmyk-Oirat)

[1] 2004년 6월. 아르항가이(울지트)
- 담딩 잠잉수렝(1929년생, 남)
- 오드월메드 사랑게렐(1973년생, 여)
- 소브딩 마후(1924년생, 여)
- 에르덴촐로 푸레브놀마(1946년생, 여)
- 부지노브 다시돈도브(1973년생, 남)

[2] 2006년 4월. 엘리스타
- 만자 도르지예비치 바바예프(1930년생, 남)

[3] 2008년 1월. 호복사이르/징깅 골/우루무치
- 카마시(1947년생, 남)
- 지른타이(1959년생, 남)
- 하제(1935년생, 남)

■ 우랑(1952년생, 남)

1.2.10. 모골어(Moghol)

- 조사하지 못함

1.3. 튀르크어파

1.3.1. 추바시어(Chuvash)

[1] 2005년 4월. 체복사르
- ■ 발레리 바실리예비치 안드레예프(1956년생, 남)
- ■ 블라디미르 페트로비치 파블로프(1950년생, 남)

[2] 2007년 8월. 우파
- ■ 이고리 게오르기예비치 페트로프(1962년생, 남)

1.3.2. 할라지어(Khalaj)

- 조사하지 못함

1.3.3. 터키어(Turkish)

- 조사하지 않음

1.3.4. 가가우즈어(Gagauz)

[1] 2006년 2월. 키예프
- ■ 페도라 이바노브나 아르나우트(1970년생, 여)

1.3.5. 아제르바이잔어(Azerbaijani)
 - 조사하지 못함

1.3.6. 투르크멘어(Turkmen)

[1] 2004년 5월.
- 투르크메니스탄 할라치 아무다랴 유역. 비(非)투르크멘어 오구즈 방언
  (실제 투르크멘어 방언은 조사하지 못함)

1.3.7. 호라산 튀르크어(Khorasan Turkish)
 - 조사하지 못함

1.3.8. 카시카이어(Qashqa'i)
 - 조사하지 못함

1.3.9. 아프샤르어(Afshar)
 - 조사하지 못함

1.3.10. 아이날루어(Aynallu)
 - 조사하지 못함

1.3.11. 살라르어(Salar)

[1] 2006년 8월. 시닝
- 한젠예(1936년생, 남)
- 한량(1978년생, 남)

- 마원란(1986년생, 여)

1.3.12. 위구르어(Uyghur)
- 조사하지 못함

1.3.13. 우즈베크어(Uzbek)
- 조사하지 않음

1.3.14. 크림 타타르어(Crimean Tatar)

[1] 2006년 2월. 심페로폴
- 다비드 일리치 레비(1922년생, 남) (크름차크 방언) (실제 크림 타타르어 방언은 조사하지 못함)

1.3.15. 우룸어(Urum)

[1] 2006년 2월. 마리우폴
- 발레리 이바노비치 키오르(1951년생, 남) (오구즈 방언 오구즈 하위 방언)
- 마리야 하를람피예브나 코류체바(1928년생, 여) (큽차크 방언 큽차크-폴로베츠 하위 방언)
- 콘스탄틴 그리고리예비치 시도로프(1942년생, 남) (큽차크 방언 큽차크-폴로베츠 하위 방언)

1.3.16. 카라임어(Karaim)

[1] 2006년 2월. 옙파토리야/심페로폴
- 다비드 모이세예비치 엘(1928년생, 남) (크림 방언)

[2] 2007년 7월. 트라카이
- 리디야 마시케비치(1922년생, 여) (트라카이 방언)
- 세묘나스 유흐네비치우스(1927년생, 남) (트라카이 방언)
- 마리올라 압코비치(1964년생, 여) (트라카이 방언 화자이나 구사하지는 못함. 폴란드의 브로츠라프 출신).
- 유제프 피르코비치(1934년생, 남) (트라카이 방언)
- 마르크 라브리노비치(1938년생, 남) (트라카이 방언)

1.3.17. 카라차이 발카르어(Karachai-Balkar)
- 조사하지 못함

1.3.18. 쿠므크어(Kumyk)
- 조사하지 못함

1.3.19. 타타르어(Tatar)

[1] 2006년 5월. 톰스크
- 아미나 자키로브나 아바네예바(1948년생, 여) (동부 방언 중 바라바 방언)

[2] 2007년 8월. 우파
- 질랴 민니야로브나 다블렛시나(1953년생, 여) (표준 방언은 조사하지 못함)

1.3.20. 바시키르어(Bashkir)

[1] 2007년 8월.
- 우파
  - 플류라 아디가모브나 가리포바(1940년생, 여) (유르마트(남부) 방언 이

이크-하크마르 하위 방언)
- 굴시라 가이넷디노바 다블렛바예바(1949년생, 여) (유르마트(남부) 방언 이이크-하크마르 하위 방언)

- 크라스노우솔스키
  - 미니자르 라시토브나 구바이둘리나(1960년생, 여) (유르마트(남부) 방언 이이크-하크마르 하위 방언)
  - 구젤 누르갈레에브나 가델시나(1960년생, 여) (유르마트(남부) 방언 중 우르타 하위 방언)
  - 랴이산 아부바키로브나 이스쿠지나(1982년생, 여) (유르마트 방언 중 우르타 하위 방언의 질린 하위 방언(Zilinskij podgovor)).

- 라옙카
  - 불랴크 바트르가레예브나 샤쿠로바(1945년생, 여) (유르마트(남부) 방언중 딤 하위 방언)

- 아스카로보
  - 일신 무갈랴모비치 미르하이다로프(1936년생, 남) (쿠바칸(동부) 방언 중 크즐 하위 방언)
  - 바히트 구자이로비치 카말로프(1960년생, 남) (쿠바칸(동부) 방언 중 크즐 하위 방언)

1.3.21. 카자흐어(Kazakh)

[1] 2004년 10월. 아커하바
  - 젱이스 (1968년생, 남)

[2] 2005년 1월
  - 지베크 베갈리예브나 듀셈비노바(1938년생, 여)

1.3.22. 카라칼파크어(Karakalpak)

- 조사하지 못함

1.3.23. 노가이어(Nogai)

- 조사하지 못함

1.3.24. 키르기스어(Kirghiz)

[1] 2006년 12월~2007년 1월. 비슈케크

- 톡토뷔뷔 비이가즈크즈 아크마토바(1947년생, 여) (북부 방언 중 탈라스 하위 방언)
- 이나야트 하미드크즈 칼르코바(1946년생, 여) (남부 방언 중 이치킬리크 하위 방언)
- 카라마트 하미드크즈 하미도바(1947년생, 여) (남부 방언 중 이치킬리크 하위 방언)
- 살모르베크 자크프우울루 자크포프(1936년생, 남) (북부 방언 중 나른 하위 방언)
- 젱이슈 이마날르크즈 이마날리예바(1939년생, 여) (북부 방언 중 추이 하위 방언)
- 나즈귈 졸로오추크즈 마제코바(1973년생, 여) (북부 방언 중 으스크-퀼 하위 방언)
- 탈란타알르 알름베크우울루 박치예프(1971년생, 남) (북부 방언 중 으스크-퀼 하위 방언, 서사시 마나스 구연자)

1.3.25. 알타이어(Altai)

[1] 2004년 2월. 고르노-알타이스크
- 미하일 파파셰비치 타르파코프(1938년생, 남)
- 발렌티나 니콜라예브나(1946년생, 여)

[2] 2004년 8월. 노보시비르스크
- 알료나 로베르토브나 타즈라노바(1975년생, 여, 텔렝기트 방언)

[3] 2009년 1월. 고르노-알타이스크
- 류드밀라 미하일로브나 아브셰바(1960년생, 여)
- 알렉산드르 알프예비치 바다노프(1975년생, 남) (알타이-키지 방언)
- 타마라 예멜리야노브나 오르술로바(1958년생, 여)
- 트리폰 드미트리예비치 벨레예프(1946년생, 남) (텔렝기트 방언)
- 갈리나 미하일로브나 쿠카코바(1954년생, 여) (텔레우트 방언)
- 라이사 아트바소브나 팔키나(1938년생, 여) (쿠만드 방언)
- 알렉세이 안겔례예비치 수마차코프(1971년생) (남, 찰칸두 방언)
- 아나스타시야 세묘노브나 토도조코바(1941년생) (여, 투바 방언)

1.3.26. 하카스어(Khakas)

[1] 2004년 2월. 노보시비르스크
- 올가 수브라코바 (1939년생, 여)

[2] 2008년 8월
- 아바칸
  - 일리야 프로코피예비치 토포예프(1954년생, 남) (사가이 방언)
  - 알렉산드라 로마노브나 보르고야코바(1962년생, 여) (사가이 방언의 벨티르 하위 방언)

- 알렉세이 이바노비치 코토제코프(1945년생, 남) (카차 방언)
- 예카테리나 니콜라예브나 톨마체바(1952년생, 여) (카차 방언의 코이발 하위 방언)
- 리마 콘스탄티노브나 코첼로로바(1966년생, 여) (카차 방언의 코이발 하위 방언)
- 예고르 예고로비치 캅사르긴(1957년생, 남) (카차 방언의 코이발 하위 방언)
- 발렌티나 페트로브나 얀굴로바(1952년생, 여) (크즐 방언. 본래는 카차 방언 화자)
- 예카테리나 파블로브나 울추가체바(1928년생, 여) (크즐 방언. 본래는 카차 방언 화자)
- 알렉산드르 스테파노비치 사모지코프(1955년생, 남) (크즐 방언)
- 예프로시니야 바실리예브나 이티게체바(1929년생, 여) (크즐 방언)
- 알렙티나 세묘노브나 부흐바노바(1978년생, 여) (사가이 방언, 하카스어 표준어 교재(Khakasskij jazyk) 녹음·녹화)

- 베이지구 코이발리 마을
  - 니나 아파나셰브나 체보차코바(1925년생, 여) (사가이 방언)
  - 올가 페트로브나 치치니나(1926년생, 여) (카차 방언의 코이발 하위 방언)
  - 엘비라 콘드라티예브나 체보차코바(1940년생, 여) (카차 방언의 코이발 하위 방언)
  - 알렙티나 막시모브나 코첼로로바(1951년생, 여) (카차 방언의 코이발 하위 방언)

- 아스키스지구 압치나예프 마을
  - 류드밀라 야코블레브나 크즐라소바(1951년생, 여) (사가이 방언의 벨티르 하위 방언)

- 체르노고르스크/아바칸
  - 올레크 페트로비치 슐바예프(1954년생, 남) (쇼르 방언)
- 시라지구 초르노예 오제로 마을
  - 올가 알렉세예브나 얀굴로바(1951년생, 여) (크즐 방언)
  - 올레크 미하일로비치 얀굴로프(1972년생, 남) (크즐 방언)

1.3.27. 쇼르어(Shor)

[1] 2004년 4월. 므스키
- 블라디미르 예고로비치 탄나가셰프(1932년생, 남) (므라스·상류 톰 방언)

1.3.28. 출름 튀르크어(Chulym Turkish)

[1] 2006년 5월. 톰스크
- 바실리 미하일로비치 가보프(1952년생, 남) (중류 출름 방언)
- 드미트리 그리고리예비치 마몬토프(1921년생, 남) (하류 출름 방언)

1.3.29. 투바어(Tuvan)

[1] 2004년 10월.
- 하바허
  - 아슬란(1979년생, 남) (쾨크 몬차크 방언)
- 아커하바
  - 게렐(1963년생, 남) (쾨크 몬차크 방언)

[2] 2005년 4월~5월. 카나쓰/아커하바
- 매치기르(1949년생, 여)
- 카드르한(1962년생, 남) (쾨크 몬차크 방언)

[3] 2005년 6월. 훕스굴(알락-에르덴)
- 닥지(1954년생, 남) (차아탕 방언)
- 오욘바담(1972년생, 여) (차아탕 방언)

[4] 2006년 7월. 스굴자(차가앙-우우르)
- 바다르치(1955년생, 남) (우우링 오량하이 방언)
- 바아산잡(1941년생, 남) (우우링 오량하이 방언) (표준 방언은 조사하지 못함)

1.3.30. 토파어(Tofa)
- 조사하지 못함

1.3.31. 야쿠트어(Yakut)

[1] 2005년 2월. 야쿠츠크
- 안드레이 인노켄티예비치 이바노프(1965년생, 남)

[2] 2007년 2월. 야쿠츠크
- 알렉산드라 그리고리예브나 니키포로바(1964년생, 여, 뉴르바지구 출신)

1.3.32. 돌간어(Dolgan)

[1] 2007년 1월~2월. 야쿠츠크
- 안나 그리고리예브나 추프리나(1946년생, 여, 하탕가지구 출신)
- 옐레나 폴리카르포브나 티모페예바(1944년생, 여, 아나바르지구 출신)

1.3.33. 서부요구르어(West Yugur)

[1] 2005년 10월. 쑤난 유구족자치현
- 양쉐팡(1966년생, 여)
- 투오쯔룽(1939년생, 남)
- 안위링(1957년생, 여)

1.3.34. 푸위 키르기스어(Fuyu Kirghiz)

[1] 2003년 9월. 푸위
- 한수전(1934년생, 여)
- 창수펀(1936년생, 여)
- 창위(1952년생, 남)
- 창수위안(1935년생, 여)
- 우펑전(1928년생, 여)
- 차이원빈(1934년생, 남)
- 우궈쉰(1934년생, 남)

[2] 2004년 1월. 푸위
- 창수위안(1935년생, 여)
- 우궈쉰(1934년생, 남)
- 한슈란(1924년생, 여)

위에 정리한 것과 같이 6년간의 현지 조사를 통해 55개의 알타이언어 중에서 38개의 언어를 조사하였으며 각 언어마다 방언을 달리하여 조사하려고 노력하였다. 기간 내에 조사하지 못한 17개의 언어는 다음과 같다.
- 만주퉁구스어파: 윌타어
- 몽골어파: 모골어, 캉자어

- 튀르크어파: 할라지어, 터키어, 아제르바이잔어, 호라산 튀르크어, 카시카이어, 아프샤르어, 아이날루어, 위구르어, 우즈베크어, 카라차이 발카르어, 쿠므크어, 카라칼파크어, 노가이어, 토파어

이 언어들을 조사하지 못했거나 조사하지 않은 이유는 각각 다음과 같다.
- 윌타어: 러시아 사할린에서 사용되는 절멸 임박언어인데 언어 사용자에 대한 정보를 전혀 확보할 수 없었다.
- 모골어: 아프가니스탄에서 사용되었던 언어로서 절멸이 임박했거나, 이미 절멸한 언어이다. 게다가 전쟁 중인 지역이여서 조사할 엄두를 내지 못하였다.
- 할라지어, 아제르바이잔어, 호라산 튀르크어, 카시카이어, 아프샤르어, 아이날루어: 분쟁 지역인 이란에서 사용되는 언어이여서 조사를 하지 못하였다.
- 토파어: 절멸 임박언어인데 현지에 접근하기 위해서는 헬리콥터를 전세 내어서 가야 하는 지역이여서 비용 문제 때문에 조사를 포기할 수밖에 없었다.
- 그 외 튀르크어파 언어들(터키어, 위구르어, 우즈베크어, 카라차이 발카르어, 쿠므크어, 카라칼파크어): 언어 사용자가 최소한 30만 명에서 수천만 명에 이르므로 절멸 위기에 처한 언어를 우선적으로 조사하는 취지에 맞지 않아서 조사를 하지 않았다. 이 언어들은 당분간은 사라질 위험 없이 사용될 언어라고 판단했기 때문이다.

2. 절멸 정도에 따른 알타이언어 평가

언어의 절멸 위험 정도는 여러 가지 요인을 기준으로 측정할 수 있으나 가장 보편적으로 사용되는 요인은 세대 간 언어 전승 여부와 전승 정도이다. UNESCO는 세대 간 언어 전승 여부와 정도에 따라 안전(safe), 취약(vulnerable), 명백한 절멸 위기(definitely endangered), 심각한 절멸 위기(severely endangered), 치명적인 절멸 위기(critically endangered), 절멸(extinct) 등 여섯 등급으로 나누고 있다(Moseley 2010 참조).

절멸 위험 정도	세대 간 언어 전승
안전	모든 세대가 모어를 사용함. 세대 간 언어 전승에 문제가 없음.
취약	대부분의 어린이들이 모어를 사용함. 그러나 해당 언어 사용은 특정 영역에 국한됨(예: 가정).
명백한 절멸 위기	어린이들이 더 이상 가정에서 해당 언어를 모어로 배우지 않음.
심각한 절멸 위기	조부모 세대 이상의 세대에서 사용됨. 부모 세대는 해당 언어를 이해할 수는 있지만 동년배에게, 혹은 자녀들에게 말하지 않음
치명적인 절멸 위기	가장 젊은 사용자가 조부모 세대 이상의 노년층임. 해당 언어를 부분적으로, 드물게 사용함.
절멸	구사하는 사람이 없음.

<표 5-1> 세대 간 언어 전승에 따른 절멸 위험 정도 분류(Moseley 2010 참조)

2011년 현재 대부분의 알타이언어는 절멸 과정에 진입해 있는데, 알타이언어들의 절멸 위험 정도는 Moseley(2010)에서 검색할 수 있다. Moseley(2010)의 자료는 유네스코 홈페이지(http://www.unesco.org/culture/languages-atlas)에 연결되어 있으며, 유네스코의 공식 입장을 반영한다고 볼 수 있다. 유네스코에서 분류한 알타이언어들의 절멸 위험 정도는 우리가 현지 조사를 하면서 파악한 절멸 위험 정도와 완전히 일치하지는 않는다.

이제 유네스코와 한국알타이학회의 알타이언어 절멸 위험 정도 분류가 어떻게 다른지 어파별로, 언어별로 대조해서 제시하고자 한다.

2.1. 만주퉁구스어파

언어 이름	유네스코 분류	한국알타이학회 분류
어원어	심각한 절멸 위기	심각한 절멸 위기
어웡키어	심각한 절멸 위기	심각한 절멸 위기
솔론어	명백한 절멸 위기	명백한 절멸 위기
네기달어	치명적인 절멸 위기	치명적인 절멸 위기
나나이어	심각한 절멸 위기	심각한 절멸 위기
윌타어	치명적인 절멸 위기	치명적인 절멸 위기
울치어	치명적인 절멸 위기	치명적인 절멸 위기
우디허어	치명적인 절멸 위기	치명적인 절멸 위기
오로치어	치명적인 절멸 위기	절멸
만주어	치명적인 절멸 위기	치명적인 절멸 위기
시버어	심각한 절멸 위기	명백한 절멸 위기

<표 5-2> 유네스코와 한국알타이학회의 절멸 위험 정도 분류의 비교(만주어파)

2.2. 몽골어파

언어 이름	유네스코 분류	한국알타이학회 분류
다고르어	치명적인 절멸 위기	취약(농촌), 치명적인 절멸 위기(도시)
몽구오르어	명백한 절멸 위기(Minhe), 심각한 절멸 위기(Huzhu)	취약(Minhe), 취약(Huzhu)
보난어	명백한 절멸 위기	취약
캉자어	심각한 절멸 위기	심각한 절멸 위기
둥샹어		취약
동부요구르어	심각한 절멸 위기	명백한 절멸 위기
부리야트어	심각한 절멸 위기	명백한 절멸 위기(Buriatia), 치명적인 절멸 위기(Irkutsk)
몽골어		안전(몽골), 취약(내몽골)
칼미크어	명백한 절멸 위기	치명적인 절멸 위기(Kalmyk), 취약(중국신장), 안전(몽골)
모골어	치명적인 절멸 위기	절멸

<표 5-3> 유네스코와 한국알타이학회의 절멸 위험 정도 분류의 비교(몽골어파)

2.3. 튀르크어파

언어 이름	유네스코 분류	한국알타이학회 분류
추바시어	취약	취약
할라지어	취약	취약
터키어	안전	안전
가가우즈어	명백한 절멸 위기(Bessarabia), 심각한 절멸 위기(Maritime, South Balkan), 치명적인 절멸 위기(Deli Orman)	명백한 절멸 위기(Bessarabia), 심각한 절멸 위기(Maritime, South Balkan), 치명적인 절멸 위기(Deli Orman)
아제르바이잔어		
투르크멘어		
호라산 튀르크어	취약	취약
카시카이어		
살라르어	취약	취약
위구르어		안전
우즈베크어		
크림 타타르어	심각한 절멸 위기	심각한 절멸 위기
카라임어	심각한 절멸 위기(Lithuania), 치명적인 절멸 위기 (Western Ukraine), 절멸(Crimea)	심각한 절멸 위기(Lithuania), 치명적인 절멸 위기 (Western Ukraine), 절멸(Crimea)
카라차이 발카르어	취약	취약
쿠므크어	취약	취약
타타르어	명백한 절멸 위기(Alabugat Tatar, Siberian Tatar, Yurt Tatar), 심각한 절멸 위기(Baraba Tatar, Crimean Tatar)	명백한 절멸 위기(Alabugat Tatar, Siberian Tatar, Yurt Tatar), 심각한 절멸 위기(Baraba Tatar)
바시키르어	취약	취약
카자흐어		
카라칼파크어		
노가이어	명백한 절멸 위기(Caucasus), 심각한 절멸 위기(Crimea), 심각한 절멸 위기(Dobruja)	명백한 절멸 위기(Caucasus), 심각한 절멸 위기(Crimea), 심각한 절멸 위기(Dobruja)
키르기스어		안전
알타이어	명백한 절멸 위기(Southern Altai), 심각한 절멸 위기(Northern Altai)	명백한 절멸 위기(Southern Altai), 심각한 절멸 위기(Northern Altai)
하카스어	명백한 절멸 위기	명백한 절멸 위기

쇼르어	심각한 절멸 위기	명백한 절멸 위기 또는 심각한 절멸 위기
출름 튀르크어	치명적인 절멸 위기	치명적인 절멸 위기 중류 출름 방언), 절멸(하류 출름 방언)
투바어	취약	
토파어	치명적인 절멸 위기	치명적인 절멸 위기
야쿠트어	취약	취약
돌간어	명백한 절멸 위기	명백한 절멸 위기
서부요구르어	심각한 절멸 위기	명백한 절멸 위기 또는 심각한 절멸 위기
푸위 키르기스어	치명적인 절멸 위기	치명적인 절멸 위기 또는 절멸

<표 5-4> 유네스코와 한국알타이학회의 절멸 위험 정도 분류의 비교(튀르크어파)

3. 과제와 전망

앞으로의 알타이언어의 현지 조사에 대한 과제와 전망은 크게 두 가지 방면에서 논의할 수 있다. 한 가지는 프로젝트의 후속 과제이고, 다른 한 가지는 절멸 위기에 처한 언어를 어떻게 그 위기에서 구하느냐 하는 것이다.

위에서 살펴본 바와 같이 알타이언어, 특히 만주퉁구스어파 언어들의 절멸 과정은 이미 돌이키기 힘들 정도로 심각하여 얼마 지나지 않아서 우리는 지구상에서 이들 언어를 말하는 사람을 찾아볼 수 없을지도 모른다. 그러므로 소극적인 방법으로는 이 언어들을 현지 조사를 통해서 녹음·녹화하고 이렇게 디지털화한 자료를 문서화하는 작업이 반드시 필요하며, 다른 한편으로 적극적인 방법으로는 이 언어들이 더 이상 절멸의 길을 걷지 않도록 그들의 중앙 정부나 지방 정부 차원에서 보호하고 교육하는 것이 필요하다.

언어 절멸의 과정을 살펴보면 그것을 개인의 의지와 노력으로 극복하기는 매우 힘들다는 사실을 알게 된다. 이 과정을 어원어 사용자들의 예를 통해서 살펴보자. 위에서 보았듯이 어원어는 만주퉁구스어의 북부어군에 속하며 2002년 통계에 따르면 어원인은 19,071명 가운데 4,743명(24.9%)이 어원어를 모어로 사용한다고 한다. 우리가 현지 조사 중에 만났던 바실리 로베크 교수(1937~2010), 마리야 불두키나 씨(1946년생), 예카테리나 투라두키나 씨(1955년생), 이반 불두킨 씨(1985년생)는 그나마 자신의 언어를 사용할 수 있는 사람들이었다. 이들 모두는 콜리마강 유역에서 태어난 사람이며 대도시에서 비교적 멀기 때문에 그들의 고유의 전통과 생업을 유지하며 살던 지역에서 성장한 분들이다. 예를 들어 마리야 불두키나 씨는 20여 시간에 걸쳐 이동을 해야 비로소 우리와의 면담 조사지인 야쿠츠크로 올 수 있었다. 그녀는 닛찬이라는 지역에서 자신의 사슴 800여 마리와 이웃 사람의 사슴 100여 마리를 치고 있었는데, 야쿠츠크로 오라는 연락을 받자 그 사슴들을 다른 사람에게 맡기고 다음과 같은 경로를 통해 야쿠츠크로 왔다. 그녀는 먼저 스키를 타고 산간 마을로 내려와서, 보란이라는 썰매차를 10시간 동안 타고 베료좁카(인구 350명이며 이 분이 태어난 곳)에 도착하였고, 여기에서 다시 자동차로 세 시간 이동하여 8개의 마을로 이루어진 스레드네칼름스크에 도착한 후, 거기서 비행기를 타고 야쿠츠크 시에 온 것이다. 비행시간은 3시간 30분이라고 한다. 이처럼 대도시에서 멀리 떨어져서 전통 생업을 영위하면서 살고 있기 때문에 그들의 고유 언어를 유지할 수 있었던 것이다.

그런데 로베크 교수는 자신이 초등학교에 입학할 무렵에 생긴 인테르나트(Internat)에 입학을 하게 되었다. 인테르나트란 스탈린 시대에 소수민족을 대상으로 한 공민 교육을 강화하면서 초등학교 교육을 의무화하고 곳곳에 세운 기숙형 학교이다. 아이들이 부모와 격리되어 함께 생활하면서 러시아어만으로 생활해야 했기 때문에 저절로 자신의 언어를 잊게 되는 곳이다. 모든 것이 무상인데다 사슴을 치고 있을 소수민족이 교육의 혜택을 받게 되자 그는 국가에 감사하면서 열심히 공부하여 박사학위까지 받고 러시아 학술원의 연구원이 되어 자신의 민족뿐만 아니라 다른 소수민족을 위해서도 봉사할 수 있는 위치에까지 오게 되었다. 그러나 그는 뒤늦게 깨닫게 되었다. 자신의 자식들이 어원어를 말하지 못한다는 사실을. 그는 자식들이 어원어보다는 러시아어를 더 잘 말하는 것이 필요하다고 생각했을 것이며, 그들이 학교에 다니면서 러시아어를 배우고 집에서도 러시아어를 말하는 것이 자연스럽게 느껴졌을 것이다. 그러나 로베크 교수 자신이 소수민족의 언어문화를 보존해야 하는 연구자가 되어서야 비로소 자식들의 머릿속에 모어인 어원어가 없다는 것을 깨닫게 된 것이리라. 마리야 불두키나 씨는 교육을 받은 이후에도 고향으로 돌아가서 전통 생업을 유지하고 있으므로 그의 언어를 지켜낼 수 있었고, 에카테리나 투라두키나 씨도 그 정도의 나이인 사람으로서는 어원어를 꽤 구사하는 편이었다.

한편 우리는 20대 초반인 이반 불두킨 씨가 어원어를 말할 수 있다는 이야기를 듣고는 놀라면서도 내심으로는 기대하지는 않았다. 언어가 사라지는 과정을 보면 처음에는 어느 언어와 마찬가지로 사회교제 언어로 기능하다가 여러 가지 이유로 인하여 절멸 단계에 들어서면 가정 언어로 그 쓰임새가 줄어든다. 가정 언어의 사용 양상을 살펴보면 대개 노인층이 말을 하고 젊은 층은 그 말을 알아듣는 데는 문제가 없지만 그 말을 사용하지 않게 되어 그 다음 세대로 말이 전승되지 않게 된다. 이렇게 되면 언어가 사라지게 되는 것이다. 그를 만나보았는데 우리는 질문지의 300번 어휘 항목까지 조사를 하고 녹음을 중단해야 했다. 아주 쉬운 수준의 어휘 항목들임에도 불구하고, 그때까지 질문했던 것 중에서 대답이 나온 것은 5분의 1인 60개 정도에 불과했기 때문이었다. 그나마 그도 최근까지 시골에서 살다가 대도시로 나왔으므로 이 정도의 언어를 유지할 수 있었던 것이었다. 이상에서 본 것처럼 이 시대에 이루어진 언어의 절멸 과정은 개인의 의지와는 상관 없이 자신들도 모른 채 진행이 되었던 것이다.

이제, 늦은 감이 있지만, 이 상황을 더 이상 방치해서는 안 되며 절멸 위기의 언어를 되살려야겠다고 언어학자들이 나서게 되었다. 우리는 이 프로젝트를 통해서 값진 일을 했다고 믿는다. 위에서 본 대로 절멸 위기에 처한 언어는 그대로 두면 지구상에서 사라지게 되며 우리 인류는 대체할 수 없는 지식의 보고를 잃게 된다. 여기에서 언어학자가 할 수 있는 일은 제한적이다. 기껏 그들의 언어를 기록할 수 있을 뿐이다. 그러나 그나마 기록하지 않는다면 대부분이 혼적을 남기지 않은 채 사라지고 만다. 지금 세계의 언어학계에서 수행하고 있는 '절멸 위기의 언어 문서화 작업'은 이러한 절멸 위기의 언어를 기록하려는 소극적인 노력의 일환이다. 우리는 이러한 생각에 바탕을 두고 세계의 언어학자들이 비교적

관심을 덜 기울이는 알타이언어를 대상으로 하여 문서화 작업을 수행하였다. 그 결과 마지막 사라져가는 모습의 언어를 기록하기도 하였고 이미 사라졌다고 생각되는 언어의 화자를 만나서 기억을 되살려 내기도 하였다. 알타이언어에 대한 문서화 노력은 앞으로도 계속되어야겠지만 이 시기의 언어를 담아 놓은 것도 큰 의미가 있다고 생각한다. 게다가 알타이언어는 지리적으로나 계통적으로 한국어와 밀접한 관련이 있는 언어이다. 이렇게 축적된 자료를 통해서 과거에 보지 못했던 한국어의 계통적 특성이 드러날 수도 있을 것이다.

더욱 중요한 일은 절멸 위기에 처한 언어를 어떻게 구하느냐 하는 것이다. 20세기는 유례없는 획일화를 통해서 소수민족의 언어의 존립에 대한 위협이 가속화된 시기였다. 그것이 겉으로 드러나는 언어 동화 정책을 통해서가 아니라 소수민족의 언어와 문화를 보호한다는 명분하에서 이루어진 것이기 때문에 더욱 충격적이다. 위에서 보았듯이 언어가 절멸 위기에 처하게 되는 가장 큰 원인은 생애 첫 교육, 즉 초등학교의 교육과 관련이 있다. 즉, 러시아와 중국의 경우, 당시로서는 국민통합을 위해서 당연한 과정이었겠지만, 초등학교 교육을 국가의 공용 언어, 즉 각각 러시아어와 중국어로 하게 함으로써 소수민족이 자신의 언어로 교육받을 수 있는 기회를 잃게 되었고 자연스럽게 공용 언어를 말하게 되었다. 한편, 자신의 고유의 언어는 비록 가정 내에서는 사용할지 모르지만 사회에서는 자신을 소수민족으로 낙인찍히게 하는 표지가 되기 때문에 모어 사용을 꺼리는 경향도 있었다. 물론 성장한 후에 그 사회에서 직장을 얻고 사회인의 일원으로 살아가기 위해서도 공용 언어를 사용하는 것이 필요한 일이다. 그러나 이러한 과정을 거쳐서 50년 정도가 흐르면 본인은 듣고 이해할 수 있지만 자식에게 전수할 수 없는 상태의 언어로 된다. 즉 절멸 위기에 처하게 되는 것이다. 1920년대에 소비에트 정권을 세운 러시아나, 1949년에 중화인민공화국을 세운 중국의 경우 각각 50년 이후에 생긴 소수민족 언어의 절멸 현상을 이렇게 설명할 수가 있다.

그러므로 언어가 더 이상 절멸 상태로 빠지지 않게 하기 위해서는 국가적, 사회적 정책이 필수적임이다. 가장 중요한 것은 생애 최초의 교육을 자신의 모국어로 받게 하는 것이다. 이러한 교육 정책을 통해서 소수민족 언어 화자는 자신의 언어의 소중함을 자연스럽게 깨닫게 될 것이다. 나아가 사회적 인식이나 분위기가 바뀌어야 한다. 소수민족과 그들의 언어를 존중하고 보호한다는 인식이 보편화되어야 하는 것이다. 당연히 소수민족어를 쓰는 사람으로서는 자신이 그 언어를 씀으로써 피해를 보지 않는다는 보장이 되어야 안심하고 자신의 말을 쓸 것이다.

20세기는 유례없는 동물·식물과 언어·문화의 절멸을 경험한 시기였다. 뒤늦기는 하지만 20세기 끝 무렵에 학자와 지식인들이 생물 다양성과 언어·문화 다양성의 가치를 인식한 것은 인류의 장래를 위하여 필수적이고도 획기적인 일이었다. 이러한 관점에서 언어학자들은 절멸 위기에 치한 언어의 문서화 작업을 하는 것이 의미 있는 일임을 깨닫고 의무감을 가지고 이 작업을 계속하여야 할 것이다.

참고문헌

김주원(2008), 알타이언어의 새로운 연구 방향에 대하여, 한글 282: 343-367.

김주원, 권재일, 고동호, 김윤신, 전순환(2008), 『사라져 가는 알타이언어를 찾아서』, 파주: 태학사.

유원수(2007a), 「서부 부리야트 방언들의 모습」, 『2007年度 春季學術大會 發表要旨』, pp. 1~12, 中央아시아學會.

_____ (2007b), 「다르하드 방언 소고」, 『몽골학』 23: 5~28, 한국몽골학회.

_____ (2008), 「저항력 없는 어휘: 절멸 위기의 알타이언어들에 대한 현지 조사 결과를 중심으로」, 『몽골학』 25: 47~69, 한국몽골학회.

_____ (2009a), "절멸위기 몽골어계 언어들에 대한 한국 학자들의 조사연구," *Revisiting Korea·Mongolia Relations*, Mongolian Academy of Sciences, Northeast Asian History Foundation, Ulaanbaatar, Mongolia. pp. 77~92.

_____ (2009b), 『몽골의 언어와 문화』, 서울: 소나무.

国家统计局人口和社会科技统计司, 国家民族事务委员会经济发展司(2004), 『2000年人口普查中国民族人口资料』, 北京: 民族出版社.

斯钦朝克图(2002), 「康家语概况」, 『民族语言』, 2002年第6期(总第138期), 66~77.

孙竹(主编), 照那斯图, 陈乃雄, 吴俊峰, 李克旭, 1990, 『蒙古语族语言词典』, 西宁: 青海人民出版社.

吴宝柱(2003), 「赫哲语使用现状的调查与分析」, 『满语研究』 2003(2): 93~99.

林莲云编著(1985), 『撒拉语简志』, 北京: 民族出版社.

_____(1992), 『撒拉汉汉撒拉词汇』, 成都: 四川民族出版社.

朝克(2006), 『现代锡伯语口语研究』, 北京: 民族出版社.

曹道巴特尔(2007), 『喀喇沁蒙古语研究』, 孙宏开(主编), 中国少数民族语言方言研究丛书, 北京: 民族出版社.

赵阿平, 郭孟秀, 唐咯(2002), 「满-通古斯语族语言文化抢救调查——富裕县三家子满族语言文化调查报告」, 『满语研究』 2002(2): 39~44.

胡振华编著(1986), 『柯尔克孜语简志』, 北京: 民族出版社.

Aksenova, E. E., N. P. Bel'tjukova, & T. M. Kosheverova (1992), *Slovar' dolgansko-russkij i russko-dolganskij*, Sankt-Peterburg: Otdelenije izdatel'stva "Prosveščenie".

Baskakov, N. A. & A. I. Inkizhekova-Grekul (1953), *Khakassko-russkij slovar'*, Moskva: Izdatel'stvo inostrannykh i nacional'nykh slovarej.

Baskakov, N. A. & T. M. Toshchakova (1947), *Ojrotsko-russkij slovar'*, Moskva: OGIZ.

Bayarmendü, B. (1997), *Bayarin aman ayalγun-u sudulul*, 呼和浩特: Öbör mongγol-un arad-un keblel-ün qoriya.

Berta, Á. (1998a), "Tatar and Bashkir," In L. Johanson and É. Á. Csató (eds.), *The Turkic Languages*, London and New York: Routledge, pp. 283~300.

─────── (1998b), "West Kipchak Languages," In L. Johanson and É. Á. Csató (eds.), *The Turkic Languages*, London and New York: Routledge, pp. 301~317.

Boeschoten (1998), "The Speakers of Turkic Languages," In L. Johanson and É. Á. Csató (eds.), *The Turkic Languages*, London and New York: Routledge, pp. 1~15.

Bulaga, To. (2005), *Mongγol kelen-ü oyirad ayalγu-yin sudulul*, 烏魯木齊: Sinǰiang-un arad-un keblel-un qoriy-a.

Burajev, I. D. (1996), "Problemy klassifikacii burjatskikh dialektov," *Problemy burjatskoj dialektologii*, 3-16, Ulan-Ude: Burjatskij Nauchnyj Centr Sibirskoje Otdelenije Rossijskoj Akademii Nauk.

Čhoyiǰungǰab, Na. G. (1998), *Mongγol kelen-ü Oyirad ayalγun-u üges*, 呼和浩特: Öbör mongγol-un yeke surγaγuli-yin keblel-ün qoriya.

Deny, J. et al. (eds.) (1959), *Philologiae Turcicae Fundamenta I*, Wiesbaden: Franz Steiner.

Dwyer, A. M. (2007), *Salar: A Study in Inner Asian Language Contact Processes, Part 1: Phonology*, Wiesbaden: Harrassowitz Verlag.

Gáspár, Cs. (2006), *Darkhat*, Muenchen: Lincom GmbH.

Georg, S. (2003), "Mongghul," In J. Janhunen (ed.), *The Mongolic Languages*, London and New York: Routledge, pp. 286~306.

Hahn, R. F. (1998), "Yellow Uyghur and Salar," In L. Johanson and É. Á. Csató (eds.), *The Turkic Languages*, London and New York: Routledge, pp. 397~402.

Hinton, L. (2007), "Languages of California", In O. Miyaoka et al. (eds.), *The Vanishing Languages of the Pacific Rim*, Oxford: Oxford University Press, pp. 442~459.

Hugjiltu, Wu (2003), "Bonan," In J. Janhunen (ed.), *The Mongolic Languages*, London and New York: Routledge, pp. 325~345.

Institut istorii, jazyka i literatury Bashkirskogo filiala AN SSSR (1981), *Grammatika sovremennogo bashkirskogo literaturnogo jazyka*, Moskva: Nauka.

Institut jazyka i literatury Akademii nauk kirgizskogo SSR (1987), *Grammatika kirgizskogo literaturnogo jazyka*, Frunze: Ilim.

Janhunen, J. (2003), "Khamnigan Mongol," In J. Janhunen (ed.), *The Mongolic Languages*, London and New York: Routledge, pp. 83~101.

_____ (2005), *Khamnigan Mongol*, Muenchen: Lincom GmbH.

Johanson, L. & É. Á. Csató (eds.) (1998), *The Turkic Languages*, London and New York: Routledge.

Judakhin, K. K. (1965), *Kirgizsko-russkij slovar'*, Moskva: Sovetskaja Ehnciklopedija.

Kakuk, Z. (1962), "Un vocabulaire salar," *Acta Orientalia Academiae Scientiarum Hungaricae* 14(2): 173~196.

Kim, S. S. (2003), "Santa," In J. Janhunen (ed.), *The Mongolic Languages*, London and New York: Routledge, pp. 346~363.

Kirchner, M. (1998), "Kirghiz," In L. Johanson and É. Á. Csató (eds.), *The

Turkic Languages, London and New York: Routledge, pp. 344~356.

Krauss, M. (1992), "The world's languages in crisis", *Language* 68(1): 1~42.

Lessing F. D., M. Haltod, J. G. Hangin & S. Kassatkin (1982), *Mongolian-English Dictionary*, Bloomington: The Mongolia Society. (Corrected reprinting)

Li, Yong-Sŏng (2008), "Endangered Turkic Languages — Preliminary Report on Fieldwork Studies —", *Sibirische Studien* 3(1): 1~25.

_____ (2009), "The Names of Parts of Human Body in Dolgan", *Central Asiatic Journal* 53(2): 228~261.

Moseley, C. (ed.) (2010), *Atlas of the World's Languages in Danger*, 3rd edn., Paris: UNESCO Publishing. (Online version: http://www.unesco.org/culture/language-atlas)

Poppe, N. (1964), *Bashkir Manual*, Bloomington: Indiana University.

Sanzhejev, G. D. (1931), *Darkhad govor i fol'klor,* Leningrad: Izdatel'stvo Akademii Nauk SSSR.

Schönig, C. (1998), "South Siberian Turkic," In L. Johanson and É. Á. Csató (eds.), *The Turkic Languages*, London and New York: Routledge, pp. 403~416.

Slater, K. W. (2003), "Mangghuer," In Juha Janhunen (ed.), *The Mongolic Languages*, London and New York: Routledge, pp. 307~324.

Stachowski, M. (1993), *Dolganischer Wortschatz*, Kraków: Uniwersytet Jagielloński.

_____ (1998), *Dolganischer Wortschatz — Supplementband*, Kraków: Księgarnia Akademicka.

_____ & Astrid Menz (1998), "Yakut," In L. Johanson and É. Á. Csató (eds.), *The Turkic Languages*, London and New York: Routledge, pp. 417~433.

Subrakova, O. V. (ed.) (2006), *Khakassko-russkij slovar'*, Novosibirsk: Nauka.

Tekin, T. (1991), "A New Classification of the Turkic Languages," *Türk Dilleri Araştırmaları I*: 5~18.

_____ & M. Ölmez (1999), *Türk Dilleri -Giriş-*, İstanbul: Simurg.

Tenišev, Ėh. R. (1976), *Stroj salarskogo jazyka*, Moskva: Nauka.

Ubrjatova, E. I. (1985), *Jazyk noril'skikh dolgan*, Novosibirsk: Nauka.

UNESCO Ad hoc expert group on endangered languages (2003), Language vitality and endangerment: Document submitted to the International Meeting on UNESCO Programme Safeguarding of Endangered Languages.
(http://www.unesco.org/culture/ich/doc/src/00120-EN.pdf)

Uraksin, Z. G. (1996) (ed.), *Bashkirsko-russkij slovar'*, Moskva: Digora.

Yu, Wonsoo (2006a), "Remarks on Khuuchin Barga Affricates," *Altai Hakpo* 16: 127~141, The Altaic Society of Korea, Seoul.

_____ (2006b), "Preliminary Report on Korean-Mongolian Joint Darkhad Fieldwork Studies," *Summaries of Congress Papers*, pp. 58~59, The 9th International Congress of Mongolists, Secretariat International Association For Mongol Studies.

_____ (2006c), "Peculiarities of the Darkhat Mongolian: With Special Reference to the Speeches of Three Different Informants," *Proceedings of the 7th Seoul International Altaic Conference*, pp. 209~218, The Altaic Society of Korea, Seoul.

Амаржаргал Б., Ж. Цолоо, Г. Гантогтох (1988), *БНМАУ дахь монгол хэлний аялгууны толь бичиг I: Халх аялгуу*, БНМАУ-ын ШУА, Хэл Зохиолын Хүрээлэн, Улаанбаатар.

Мөөмөө, С. Ю. and Мөнх-Амгалан (1984), *Орчин үеийн монол хэл, аялгуу*, Шинжлэх Ухааны Академийн хэвлэх үйлдвэр, Улаанбаатар.

Төмөртогоо, Д. (1967), "Дархадын аман аялгууны урт эгшиг," тэдгээрийн үүслийн тухай товч тэмдэглэл, *Хэл Зохиол* IV: 196~203, БНМАУ-ын ШУА, Хэл Зохиолын Хүрээлэн, Улаанбаатар.

Цолоо, Ж. (1987), "БНМАУ-ын нутгын аялгуу," *Хэл Зохиол Судлал* 18: 5~144, БНМАУ Шинжлэх Ухааны Академи, Хэл Зохиолын Хүрээлэн, Улаанбаатар.

_____ (1988), *БНМАУ дахь монгол хэлний аялгууны толь бичиг II: Ойрд аялгуу*, БНМАУ-ын ШУА, Хэл Зохиолын Хүрээлэн, Улаанбаатар.

http://www.raipon.org/Народы/СтатистическиеданныепоКМНС/ЧисленностьКМНСиДВРФ/tabid/351/Default.aspx

http://www.cld-korea.org/

찾아보기

ㄱ

가가우즈어 209, 272, 286
관찰자의 역설 29
국제음성문자 87
기록언어학 8, 24, 25, 26, 27, 28, 30, 303
기술언어학 24, 26, 27

ㄴ

나나이어 37, 116, 117, 127, 132, 133, 266, 284
네기달어 36, 58, 108, 109, 119, 129, 130, 131, 266, 284
노가이어 48, 210, 227, 277, 283, 286
녹음 장비 53, 69, 70, 71
녹화 장비 51, 53, 55, 69, 70, 73

ㄷ

다고르어 38, 57, 98, 164, 268, 285
단일지향성 77
돌간어 50, 57, 106, 107, 193, 194, 195, 196, 197, 201, 281, 287
동부요구르어 39, 269, 285
등샹어 39, 58, 80, 108, 109, 176, 177, 269, 285
디지털화 6, 32, 71, 77, 82, 287

ㅁ

마이크 53, 54, 55, 70, 72, 75, 76, 77
마킹 77, 78, 79, 80, 81, 82, 83, 84, 88
만주어 38, 57, 92, 93, 106, 107, 108, 122, 123, 125, 126, 267, 285
만주퉁구스어파 34, 36, 89, 107, 108, 109, 112, 264, 282, 284
명백한 위기 20, 154, 157
모골어 41, 272, 282, 283, 285
몽골어 40, 57, 62, 67, 68, 91, 92, 93, 106, 107, 108, 109, 137, 138, 144, 146, 147, 148, 153, 157, 158, 159, 160, 161, 162, 163, 164, 167, 169, 170, 175, 178, 198, 201, 285
몽골어파 268, 282, 285
몽구오르어 58, 106, 107, 108, 109, 141, 142, 144, 268, 285
문서화 14, 18, 19, 23, 26, 27, 28, 30, 31, 287, 290

ㅂ

바시키르어 47, 57, 107, 108, 209, 210, 213, 214, 215, 216, 217, 218, 219, 220, 221, 227, 228, 275, 286
보난어 39, 57, 58, 106, 107, 108, 109, 134, 135, 136, 137, 138, 140, 141, 142, 269, 285

부리야트어 40, 57, 106, 107, 108, 146, 147, 148, 149, 153, 154, 157, 159, 161, 285

ㅅ

살라르어 44, 57, 106, 107, 179, 180, 182, 183, 184, 273, 286
생물 다양성 6, 12, 24, 291
생태언어학 24
서부요구르어 50, 281, 287
솔론어 36, 108, 112, 119, 265, 284
쇼르어 49, 251, 280, 287
시버어 38, 267, 285
심각한 위기 20, 153, 177

ㅇ

아이날루어 44, 273, 282, 283
아제르바이잔어 43, 272, 282, 283, 286
아카이브 6, 28, 30, 31, 32, 77, 89, 90, 91, 92, 101, 102
아프샤르어 44, 273, 282, 283
알타이어 48, 58, 100, 102, 104, 106, 107, 146, 186, 250, 251, 253, 254, 255, 256, 257, 258, 260, 277, 286
알타이언어 6, 7, 14, 23, 32, 34, 35, 50, 62, 63, 89, 91, 94, 98, 112, 264, 282, 283, 284, 287, 290, 292
야쿠트어 50, 57, 106, 107, 194, 196, 197, 198, 200, 201, 218, 281, 287
어윈어 36, 57, 106, 107, 119, 120, 121, 122, 129, 130, 264, 284, 287, 288, 289

어윙키어 36, 109, 114, 119, 167, 197, 265, 284
언어 다양성 보존 활용 센터 16
언어 문서화 6, 7, 14, 15, 19, 24, 26, 28, 30, 31, 289
언어·문화 다양성 12, 16, 24, 291
언어 활성도 19
언어 활성화 18
영상자료 28, 56, 59
오로치어 38, 58, 108, 109, 132, 133, 134, 267, 285
우디허어 34, 37, 132, 133, 266, 285
우룸어 46, 274
우즈베크어 45, 193, 282, 283, 286
울치어 37, 58, 108, 109, 127, 129, 266, 285
웹 서비스 77, 81, 85, 89
위구르어 44, 180, 181, 183, 274, 282, 283, 286
월타어 37, 127, 266, 282, 283, 285
유네스코 12, 13, 14, 135, 144, 160, 170, 171, 177, 284, 285, 286
음성자료 28, 59
인테르나트 288

ㅈ

자료제공인 29, 30, 51, 52, 53, 54, 55, 56, 58, 59, 60, 61, 62, 63, 64, 69, 70, 71, 73, 75, 76, 77, 81, 84, 87, 89, 91, 102, 104, 114, 116, 118, 120, 122, 125, 128, 129, 131, 132, 133, 134, 136, 137, 138, 140, 142, 144, 147, 149, 152, 153, 154, 157, 161,

162, 163, 164, 167, 173, 175, 176, 177, 178, 180, 184, 186, 189, 192
전사 26, 28, 59, 61, 77, 81, 87, 113, 114, 115, 118, 120, 123, 125, 128, 129, 131, 133, 136, 138, 144, 149, 154, 162, 164, 173, 177, 180, 186, 194, 199, 202, 212, 225, 231, 252
절멸 위기 언어 13
질문지 6, 51, 52, 54, 55, 56, 57, 58, 59, 60, 61, 62, 63, 64, 66, 67, 68, 69, 77, 78, 79, 84, 289

ㅊ

추바시어 41, 57, 107, 108, 224, 226, 272, 286
출름 튀르크어 49, 251, 280, 287
치명적 위기 20

ㅋ

카라임어 46, 57, 107, 108, 201, 202, 203, 204, 205, 206, 207, 208, 209, 210, 227, 274, 286
카라차이 발카르어 275, 282, 286
카라칼파크어 48, 210, 227, 276, 283, 286
카시카이어 273, 282, 283, 286
카자흐어 47, 170, 180, 186, 210, 227, 228, 276, 286
칼미크어 41, 169, 171, 172, 271, 285
캉자어 39, 269, 282, 285
쿠므크어 46, 210, 227, 275, 283, 286
크림 타타르어 45, 202, 210, 227, 274, 286
키르기스어 48, 50, 57, 106, 107, 184,

185, 186, 187, 188, 189, 190, 192, 193, 251, 277, 282, 286, 287

ㅌ

타타르어 47, 57, 107, 108, 210, 213, 226, 227, 228, 275, 286
터키어 42, 272, 282, 283, 286
토파어 49, 281, 283, 287
투르크멘어 43, 201, 224, 273, 286
투바어 40, 49, 280, 287
튀르크어파 34, 40, 41, 89, 107, 108, 109, 179, 193, 197, 209, 210, 224, 272, 282, 283, 286, 287

ㅍ

푸위 키르기스어 50, 282, 287

ㅎ

하카스어 49, 58, 108, 109, 228, 229, 230, 232, 233, 234, 235, 236, 238, 239, 240, 241, 244, 245, 246, 278, 286
한국알타이학회 14, 32, 284, 285, 286, 287
한스라우징 절멸 위기 언어 프로젝트 31
할라지어 42, 201, 272, 282, 283, 286
현지 조사 6, 14, 32, 50, 51, 53, 54, 56, 57, 62
현지 조사 방법 27
호라산 튀르크어 43, 273, 282, 283, 286

부록 1

알타이언어 범례

알타이언어 범례

만주퉁구스어파

1. 어원어(Ewen)
2. 어웡키어(Ewenki)
3. 솔론어(Solon)
4. 네기달어(Negidal)
5. 나나이어(Nanai)
6. 윌타어(Uilta)
7. 울치어(Ulchi)
8. 우디허어(Udihe)
9. 오로치어(Orochi)
10. 만주어(Manchu)
11. 시버어(Sibe)

몽골어파

12. 다고르어(Dagur)
13. 몽구오르어(Monguor)
14. 보난어(Bonan)
15. 캉자어(Kangjia)
16. 둥샹어(Dongxiang)
17. 동부요구르어(East Yugur)
18. 부리야트어(Buriat)
19. 몽골어(Mongolian)
20. 칼미크어(Kalmyk-Oirat)
21. 모골어(Moghol)

튀르크어파

22. 추바시어(Chuvash)
23. 할라지어(Khalaj)
24. 터키어(Turkish)
25. 가가우즈어(Gagauz)
26. 아제르바이잔어(Azerbaijani)
27. 투르크멘어(Turkmen)
28. 호라산 튀르크어(Khorasan Turkish)
29. 카시카이어(Qashqa'i)
30. 아프샤르어(Afshar)
31. 아이날루어(Aynallu)
32. 살라르어(Salar)
33. 위구르어(Uyghur)
34. 우즈베크어(Uzbek)
35. 크림 타타르어(Crimean Tatar)
36. 우룸어(Urum)
37. 카라임어(Karaim)
38. 카라차이 발카르어(Karachai- Balkar)
39. 쿠므크어(Kumyk)
40. 타타르어(Tatar)
41. 바시키르어(Bashkir)
42. 카자흐어(Kazakh)
43. 카라칼파크어(Karakalpak)
44. 노가이어(Nogai)
45. 키르기스어(Kirghiz)
46. 알타이어(Altai)
47. 하카스어(Khakas)
48. 쇼르어(Shor)
49. 출름 튀르크어(Chulym Turkish)
50. 투바어(Tuvan)
51. 토파어(Tofa)
52. 야쿠트어(Yakut)
53. 돌간어(Dolgan)
54. 서부요구르어(West Yugur)
55. 푸위 키르기스어(Fuyu Kirghiz)

부록 2

알타이언어 사용 지역 지도

1. 알타이언어 사용 지역
2. 황허 상류 지역(부분 상세도)
3. 아무르강 하류 지역(부분 상세도)

3. 아무르강 하류 지역(부분 상세도)